쿠버네티스로 구현하는 머신러닝

쿠버네티스로 구현하는 머신러닝

오픈소스 기반 머신러닝 플랫폼 구축과 활용

최준 옮김 파이살 마수드 · 로스 브리골리 지음

i!i
에이콘

에이콘출판의 기틀을 마련하신 故 정완재 선생님 (1935-2004)

"나의 딸, 엘리아나 조렐에게.
아빠가 생계를 위해 무엇을 하는지 이해하는 데 이 책이 도움이 되면 좋겠다."

– 로스 브리골리Ross Brigoli

"아내 부샤라 아리프에게.
당신의 응원 없이 이룬 것은 아무것도 없어."

– 파이살 마수드Faisal Masood

| 옮긴이 소개 |

최준(fullsocrates@hotmail.com)

기계공학을 전공했던 학창 시절에 누구에게나 매력덩어리였던 컴퓨터로 기계의 데이터를 처리하고 동작을 제어하는 과정에서 흥미를 갖게 돼 정보 기술 분야에 뛰어들었다. 2001년부터 마이크로소프트 한국, 싱가포르 지사에서 근무하고 아시아 지역 200여 개의 글로벌 기업 현장에서 기술 지원을 수행하면서 다양한 기업용 IT 솔루션 문제를 이해하고 해결 방안을 찾는 소중한 경험을 갖게 됐다. 이후에는 여러 프로젝트에서 .NET 기반의 C# 개발자로서 상용 프로그램을 공급하는 즐거움도 누릴 수 있었다. 현재는 캐나다에 IT 컨설팅 회사를 설립하고 기업 고객에게 필요한 소프트웨어 개발과 컨설팅 서비스를 제공하고 있다.

| 옮긴이의 말 |

한두 가지 공부해서 잘해도 살아가는 데 별 어려움이 없다면 삶이 얼마나 더 여유로울까? 적어도 IT 분야에서 20년 넘게 일하면서 이미 오래전에 이 질문에 관한 결론을 봤다. 20년 전에 알고 있던 여러 지식과 기술 대부분은 이제 프로필에 적지도 않는다. 그때를 기억해보면 윈도우 NT부터 윈도우 2003 서버의 제어를 위한 레지스트리 키와 배치 스크립트가 많지만 기억의 저편에서 사라지고 있다. 그리고 여전히 다양한 기술이 앞서 변화하는 모습을 보며 뒤에서 따라잡고 있다.

지금의 데브옵스^{DevOps}는 앱 개발, 테스트, 배포, 운영 과정을 매끄럽게 관리하는 중요한 플랫폼이고 머신러닝 또한 코드와 데이터, 모델 등이 동작하는 플랫폼에서 다양한 소프트웨어와 데이터 처리 기술을 활용한다. 갑자기 팀원 누군가에게 위의 두 가지 플랫폼의 운영을 맡긴다면 어떤 표정을 볼 수 있을까? 머신러닝, 앱 관리, 클라우드 인프라, 운영 지식 모두를 배워서 만들어야 한다면 이 책은 몇 배 더 두꺼워야 하며 기꺼이 배우고 운영할 마음도 쉽게 생기지 않을 것이다.

정신적으로 혹은 시간적으로도 여유 있는 삶을 아직도 고민하는 입장에서 생각해보면 결국 작업의 생산성을 높이는 것이 해답에 가까운 것으로 보인다. 머신러닝 분야에서는 이 책에 등장하는 MLOps^{Machine Learning Operations}가 생산성을 높이는 운영 방식으로서 조금 더 구체적인 실마리를 준다. 또한 고맙게도 이런 고민에 공감한 수많은 개발자의 노력으로 많은 도구가 심지어 오픈소스로 등장했다. MLOps를 실현하기 위한 인프라는 쿠버네티스에게 우리가 원하는 인프라를 특정 형식으로 표현해주면 그 인프라를 쿠버네티스가 구현해준다.

여러 소프트웨어 기술 이외에도 생산성을 높이는 또 하나의 핵심 요소는 소통이다. 손발이 잘 맞는 팀들은 서로에게 무엇을 요구해야 하는지, 요구 사항을 받으면 어떤 선택지를 제시해야 하는지 잘 이해하고 있다. 이러한 조직의 팀 사이 어딘가에 존재하는 애매한 부분을 세련된 도구로 채울 수 있다면, 밝은 표정으로 출근할 수 있는 날이 많아질 것이다. MLOps가 머신러닝 시스템을 설계, 개발 또는 운영하는 팀, 데이터 과학자에게 이러한 존재다. 시스템의 완성을 위해 무엇을 서로 채워야 할지 이 책에서 제시하는 내용을 참고하길 바란다.

개인적으로 다섯 번째 번역을 마친 책을 세상에 선보일 시점이 왔다. 알파벳이 빼곡한 페이지 옆에 옮겨놓은 한글로 온전히 가득 찬 페이지를 보는 것은 큰 보람이다. 어렵고 긴 설명을 풀어내거나 또는 전문 용어의 우리말 짝 찾기가 너무 힘겨워 터지는 나의 불평을 받아주는 아내 은정과 긴 번역 과정의 끝까지 함께해준 에이콘출판사 편집 팀의 한결같은 도움과 인내에 감사한다.

| 지은이 소개 |

파이살 마수드^{Faisal Masood}

레드햇의 수석 설계자다. 지금까지 오픈시프트와 레드햇의 기업용 쿠버네티스 서비스를 활용해 데이터 사이언스, 앱 플랫폼을 설계하고 제작하는 일을 지원했다. 소프트웨어 제작에 20년이 넘는 경험이 있고, 쿠버네티스가 등장하기 전부터 마이크로서비스를 만들었다.

로스 브리골리^{Ross Brigoli}

레드햇의 책임 설계자다. 다양한 분야에서 18년 이상 소프트웨어를 설계하고 제작해왔다. 데이터 플랫폼과 워크플로 자동화 플랫폼을 설계하고 제작했다. 레드햇에 오기 전에는 금융 서비스 분야에서 데이터 엔지니어링 팀을 책임지는 설계 담당자로 일했다. 현재는 오픈시프트를 기반으로 마이크로서비스 아키텍처와 머신러닝 솔루션을 설계, 제작하는 일을 하고 있다.

| 기술 감수자 소개 |

오드리 레즈닉Audrey Reznik

레드햇 클라우드 서비스에서 AI/머신러닝 공정과 차세대 플랫폼 등의 매니지드 서비스를 담당하고 있는 수석 소프트웨어 엔지니어다. 해당 분야에서 20년 이상 데이터 사이언스 관련 업무에서 풀스택 개발자로 일했다. 예전에는 기술에 대한 조언자이자 데이터 과학자로서 오픈시프트 컨테이너(이미지)를 사용해 지능형 MLOps를 구성, 개발, 훈련 및 배포하는 기술의 교육에 중요한 역할을 했다. 데이터 과학과 함께 특히 머신러닝과 오픈소스 기술 분야에 열정을 갖고 있다.

코리 라치코우스키Cory Latschkowski

지난 20년간 고성능 컴퓨팅HPC, High-Performance Computing, 사이버 보안, 데이터 과학, 컨테이너 플랫폼 설계 등을 포함한 IT 분야에서 여러 중요한 이정표를 만들어냈다. 그 경험은 대부분 〈포춘Fortune〉 100대 기업에 속하는 거대한 기업 조직에서 얻은 것이다. 코우의 성은 라치-코우-스키로 발음한다. 열정적이기보다는 온화한 편이지만 아마도 자동화와 쿠버네티스, 설명서를 보면서 스스로 해결하기와 베이컨을 좋아한다는 점은 인정할 것이다. 인터넷 뱅킹 보안 질문에 대해 더 알고 싶다면 깃허브를 통해 연락하길 바란다.

샤헤바즈 사예드 Shahebaz Sayed

스크립트 개발과 데이터 직렬화 언어에 깊은 지식을 가진 뛰어난 개발 능력이 돋보이는 숙련된 클라우드 컴퓨팅 엔지니어다. AWS, 애저, 구글 클라우드와 같은 주요 클라우드 서비스 전문가이며 쿠버네티스, 테라폼, 도커 등을 활용하는 데브옵스 분야에서도 전문성을 갖추고 있다. 또한 AWS가 인증한 데브옵스 전문가, AWS 솔루션 아키텍트, 애저 데브옵스 전문가, 애저 개발자 및 쿠버네티스 CKA 등의 자격 인증을 받았다. 팩트출판사와 함께 AWS 자동화 설명서, AWS 쿠버네티스, 서버리스 앱을 위한 쿠버네티스 등의 여러 프로젝트에서 기술적 검토 역할을 맡았다.

차례

1부 — 머신러닝 도입의 문제점과 MLOps의 이해(정의와 근거)

1장   머신러닝의 도전 과제   031

6장　머신러닝 엔지니어링　177

7장　모델 배포와 자동화　215

3부 ― MLOps와 새로운 플랫폼을 사용한 전체 프로젝트 빌드

8장   우리의 플랫폼을 사용한 전체 머신러닝 프로젝트 만들기   277

| 들어가며 |

머신러닝^{Machine Learning}이 다시 유행하고 있다. 각 기업은 머신러닝을 채택하고 기능을 향상시켜 새로운 제품을 만들거나 고객 응대 능력을 개선한다. 이 책의 주제는 머신러닝의 갖가지 장점을 통해 기업이나 팀에서 사업적 가치를 얻어낼 수 있도록 돕는 것이다. MLOps를 쿠버네티스^{Kubernetes}로 구현해 데이터 과학자와 IT 운영 전문가 그리고 데이터 엔지니어가 협업해 업무에 실제로 도움이 되는 머신러닝 솔루션을 만들 수 있을 것이다. 이 책은 머신러닝 프로젝트 전반에 걸쳐서 소프트웨어 공학적인 규칙을 갖고 팀이 협업할 수 있도록 실용적인 접근을 시도한다.

먼저 MLOps가 왜 중요하고, 머신러닝 프로젝트 구성 요소의 차이점이 무엇인지 알아보는 것으로 시작할 것이다. 이 책의 후반부에는 가장 인기 있는 OSS^{Open Source Software} 구성 요소를 사용해 실용적인 머신러닝 프로젝트를 전체적으로 설계하고 제작해볼 것이다. 이 책을 따라가면서 MLOps의 기본과 머신러닝 프로젝트가 제공하는 장점에 더 익숙해질 것이고, 오픈소스와 쿠버네티스 클러스터로 구성된 머신러닝 플랫폼을 만들어 설정하고, 사용해보는 경험을 얻을 것이다. 결국 데이터를 어떻게 준비하고, 모델을 빠르게 빌드해 배포하고, 일반적인 플랫폼에서 효율적으로 머신러닝 파이프라인을 구성하기 위한 작업을 자동화하는 방법을 배울 것이다. 이 책의 예제를 통해 쿠버네티스를 기반으로 주피터허브^{JupyterHub}, MLflow^{ML플로}, Airflow^{에어플로} 등의 OSS와 통합하는 실습을 해볼 것이다.

이 책을 마치고 나면 직접 제작한 머신러닝 플랫폼으로 머신러닝 모델을 효과적으로 제작해 학습, 배포할 수 있을 것이다.

⁞⁞ 이 책의 대상 독자

데이터 과학자, 데이터 엔지니어, IT 플랫폼 운영자, 인공지능 제품 서비스 책임자와 오 픈소스 구성 요소로 머신러닝 플랫폼 제작을 원하는 데이터 설계 책임자를 위한 책 이다. 파이썬Python과 쿠버네티스에 대한 이해와 데이터 사이언스 및 공학에 대한 기본 개념을 갖고 있다면 이 책이 다루는 주제를 파악하는 데 큰 도움이 될 것이다.

⁞⁞ 이 책에서 다루는 내용

1장에서는 머신러닝 도입의 도전 과제를 다룬다. 기업이 머신러닝을 도입하면서 만나 게 될 문제점과 머신러닝의 도입 취지를 계획대로 달성하지 못하는 이유를 논의한다. 또한 기업이 이러한 문제를 만나게 되는 몇 가지 이유를 살펴본다.

2장에서는 MLOps가 무엇인지 이해한다. 1장에서 다룬 머신러닝 도입의 문제점에 이 어서 머신러닝 도입 장벽을 어떻게 극복할 수 있는지 논의한다. 2장에서는 MLOps란 무엇인지 정의하고, 기업이 MLOps 도입 취지를 달성할 수 있도록 돕는다. 또한 기업이 머신러닝 프로젝트를 통해 MLOps를 어떻게 도입하는지 청사진을 제시한다.

3장에서는 쿠버네티스를 살펴본다. 이 책에서 왜 쿠버네티스를 MLOps의 플랫폼으로 선택했는지 설명한다. 또한 쿠버네티스의 핵심 개념을 정의하고 코드를 테스트하기 위 한 환경을 만들 수 있도록 도와준다. 세상이 빠르게 변하는 만큼 빠른 변화에 대한 대응 도 클라우드와 클라우드 기반 솔루션의 일부다. 쿠버네티스 기반의 플랫폼을 통해 독자 의 솔루션이 어디서나 동작하게 만드는 유연함을 어떻게 갖추는지 알아본다.

4장에서는 머신러닝 플랫폼의 구조를 다룬다. 머신러닝 플랫폼이 어떤 모습을 갖고 있 는지 먼 발치에서 살펴볼 것이다. 이미 MLOps가 어떤 문제들을 해결하는지 정도는 알 고 있다. 4장은 기술의 이론적인 관점에서 MLOps 플랫폼 구성 요소를 정의한다. MLOps 플랫폼의 핵심 구성 요소를 기초를 튼튼하게 익힐 것이다.

5장에서는 데이터 엔지니어링에 대해 살펴본다. 머신러닝 프로젝트에서 중요하지만 가끔 놓치기 쉬운 부분이다. 상당수의 머신러닝 입문서가 CSV 파일과 같이 자신만의 모델을 만들기 위한 깔끔한 데이터셋으로 시작하지만 현실은 다르다. 데이터는 다양한 모양과 크기를 갖추고 있으며, 데이터 규모에 맞게 수집, 처리, 준비가 가능한 잘 정리된 전략이 중요하다. 5장에서는 성공적인 머신러닝 프로젝트의 데이터 엔지니어링 역할을 정의한다. 데이터 엔지니어링의 기초가 되는 OSS 도구들을 논의할 것이다. 아울러 이러한 도구들을 쿠버네티스 플랫폼에 설치하는 방법을 다룬다.

6장에서는 머신러닝 엔지니어링에 대해 알아본다. 이제 머신러닝 개발 과정에서 모델을 제작하고 배포하는 작업으로 논의를 이어간다. 6장에서는 같은 플랫폼에서 데이터 과학자가 더 효율적으로 데이터 엔지니어링 팀과 동료가 협업할 수 있게 돕는 셀프서비스 솔루션을 논의한다. 또한 모델 개발을 위한 OSS 도구들을 다룬다. 그리고 이러한 도구들을 어떻게 쿠버네티스 플랫폼에 설치하는지 설명한다.

7장에서는 머신러닝 프로젝트 중에서 배포 단계를 다룬다. 직접 만들어 본 모델은 만든 사람이 제공한 데이터를 이미 알고 있다. 하지만 현실에서는 데이터가 변화한다. 또 모델의 성능을 모니터하기 위한 도구와 기술을 논의한다. 성능 데이터를 사용해 새로운 데이터셋에 대한 재학습이 필요한지 또는 주어진 문제에 대한 새로운 모델이 필요한 시점인지 판단할 것이다.

8장에서는 플랫폼을 활용한 머신러닝 프로젝트 완성하는 방법에 대해 이야기한다. 전형적인 머신러닝 프로젝트에서 각각의 플랫폼 구성 요소를 프로젝트 단계별로 어떻게 활용하는지 정의한다. 이러한 프로젝트의 산출물과 요구 사항도 8장에서 정의하고, MLOps가 어떻게 프로젝트를 용이하게 만드는지 주로 살펴본다.

9장에서는 스파크Spark 클러스터로 데이터를 어떻게 수집하고 처리하는지 보여줄 것이다. 그리고 플랫폼이 어떻게 어느 저장소에서도 원시 데이터를 읽을 수 있도록 데이터 엔지니어를 돕는지 보여준다. 핵심은 스파크 클러스터가 필요시 어떻게 생성되며 작업이 어떻게 공유된 환경에서 구분되는지 설명하는 것이다.

10장에서는 모델의 제작, 배포, 모니터링에서는 주피터허브 서버를 활용해 모델을 어떻게 플랫폼을 기반으로 제작, 학습, 조정하는지 보여준다. 또한 이러한 플랫폼이 데이터 과학자가 스스로 동작하는 모델을 구현하는 과정을 어떻게 지원하는지 보여준다. 모델을 시험하고 등록하는 구성 요소인 MLflow도 10장에서 소개한다. 잘 동작하는 모델이 있을 때 이 모델을 어떻게 다른 팀에서 활용할 수 있게 만들까? 10장에서 셀돈 코어 Seldon Core 구성 요소로 모델을 REST API 형태로 접근해 개발자가 아니어도 사용할 수 있게 만드는 방법을 보여줄 것이다. 또한 배포한 API에 대해서 쿠버네티스의 기능을 활용해 자동으로 용량을 확장하는 방법을 알아본다.

11장에서는 쿠버네티스 기반의 머신러닝에 대해 독자가 더 깊이 알아야 할 핵심적인 개념을 소개한다. 여기서는 머신러닝 플랫폼과 머신러닝의 안정화, 쿠버네티스 운영에 대한 실제 사례들을 다룬다.

⁝⁞▶ 이 책을 활용하는 방법

예제를 최대한 이해하고 활용하기 위해서는 쿠버네티스와 파이썬에 대한 기본적인 지식이 필요하다. 여기서 플랫폼은 전체 머신러닝 개발 과정을 다루면서 여러 소프트웨어 구성 요소를 사용할 것이다. 이 구성 요소를 손쉽게 실행하기 위해 권장하는 하드웨어 사양이 있다.

이 책에 등장하는 소프트웨어/하드웨어	운영체제 요구 사항
쿠버네티스, 파이썬, 스파크, MLflow, 셀돈, Airflow	윈도우, 맥OS, 또는 리눅스

플랫폼을 구동하기 위해서는 연산을 위해 충분한 자원이 필요하다. 독자의 컴퓨터가 CPU 코어나 메모리가 충분하지 않다면 구글 클라우드나 다른 클라우드 플랫폼에서 가상 서버를 사용할 것을 권한다.

이 책을 전자책으로 보고 있다면 직접 코드를 입력해보거나 깃허브 리포지터리의 코드를 직접 열어보기를 권한다(다음 절에 링크가 있다). 따라서 코드를 책 본문에서 복사하고 붙여넣는 과정에서 발생할 수 있는 오류를 예방할 수 있다.

이 책을 다 읽으면 이 플랫폼을 독자의 팀이나 회사에서 개념 검증을 해보는 것이 좋다. 기업의 데이터 사이언스와 머신러닝 프로젝트 개발 주기를 어떻게 최적화할 수 있는지 배우고 여러 장점을 살펴보자.

예제 코드 다운로드

이 책의 예제 파일은 깃허브(https://github.com/PacktPublishing/Machine-Learning-on-Kubernetes)에서 다 운로드할 수 있다. 코드 업데이트도 이 리포지터리에서 수행할 것이다.

컬러 이미지 다운로드

이 책에서 사용한 화면이나 도표의 컬러 이미지를 포함하는 PDF 파일을 제공한다. 팩 트출판사 웹 사이트(https://packt.link/5RXwo)와 에이콘출판사의 도서정보 페이지(http://www.acornpub.co.kr/book/ml-kubernetes)에서 컬러 이미지를 다운로드할 수 있다.

편집 규약

이 책에서 사용하는 문장의 몇 가지 표시 형식이 있다.

본문의 코드: 데이터베이스 테이블명, 폴더명, 파일명, 파일 확장자, 경로, 기타 URL, 사용자 입력, 트위터 주소 등은 다음의 예와 같이 표시한다.

"이 명령을 실행하기 전에 명령어의 quay.io/ml-on-k8s/ 부분을 수정해야 한다."

코드 블록은 다음과 같이 나타낸다.

```
docker tag scikit-notebook:v1.1.0 quay.io/ml-on-k8s/
scikitnotebook:v1.1.0
```

코드에서 주의해야 할 부분이 있다면 관련 부분은 다음과 같이 굵게 표시할 것이다.

```
gcloud compute project-info add-metadata --metadata
enableoslogin=FALSE
```

굵게: 표시한 단어는 새로운 용어, 중요한 용어, 또는 화면에 표시된 용어 등이다. 즉 메뉴 또는 대화상자에 표시된 경우 등이다. 예를 들어, "설치 도구는 다음과 같이 **라이선스 동의** 화면에서 **동의함**을 클릭한다."

NOTE

> 팁 또는 중요 공지는 이와 같이 표시할 것이다.

문의

독자 피드백은 언제나 환영이다.

일반 문의: 이 책과 관련해 질문이 있다면 questions@packtpub.com으로 문의하길 바란다. 한국어판에 관한 질문은 에이콘출판사 편집 팀(editor@acornpub.co.kr)이나 옮긴이의 이메일로 문의하길 바란다.

정오표: 책의 정확성을 보장하기 위해 모든 주의를 기울였음에도 불구하고 실수가 있을 수 있다. 만약 당신이 이 책에서 오류를 발견했다면 에이콘출판사 편집 팀(editor@acornpub.co.kr)에 알려주길 바란다.

저작권 침해: 인터넷상에서 어떠한 형태로라도 이 책의 불법 복제를 알게 되면 주소나 사이트명을 알려주면 고맙겠다. 이메일 copyright@packt.com으로 링크를 보내주길 바란다.

불법 복제: 인터넷에서 어떤 형태로든 당사 저작물의 불법 복제물을 발견한 경우 주소 혹은 웹 사이트 이름을 제공해주길 바란다. 자료 링크와 함께 copyright@packtpub.com으로 알려주길 바란다.

독자 의견: 이 책을 읽은 여러분의 생각을 듣고 싶다! 이 책을 구매한 도서 웹 사이트에 리뷰를 남겨주길 바란다. 남겨준 리뷰는 우리와 기술 커뮤니티에 중요하며 우수한 품질의 콘텐츠를 제공하는 데 도움이 될 것이다.

1부

머신러닝 도입의 문제점과 MLOps의 이해(정의와 근거)

MLOps란 무엇이며, AI를 향한 여정을 성공하기 위해 매우 중요한 이유를 정의할 것이다. 또한 AI를 향한 여정 속에서 만나게 되는 문제점을 살펴보고, MLOps를 통해 어떻게 극복할 수 있는지 살펴볼 것이다.

1부의 마지막 부분에서는 쿠버네티스의 기능을 상기해보고 OSS에서의 역할도 알아볼 것이다. 쿠버네티스에 대한 안내서는 결코 아니며 쿠버네티스에 관해서라면 다른 자료를 찾아보는 것이 좋다.

1부는 다음과 같은 장으로 구성된다.

- 1장, 머신러닝의 도전 과제
- 2장, MLOps 이해하기
- 3장, 쿠버네티스 살펴보기

01

머신러닝의 도전 과제

많은 이들이 인공지능AI, Artificial Intelligence에 대해 사람처럼 생긴 로봇이나 사람을 대신하는 지능형 컴퓨터 프로그램을 떠올린다. 충격적인 사실은 우리는 아직 그 정도 수준의 근처에도 도달하지 못했다는 점이다. 이와 같이 뛰어난 컴퓨터보다는 사람을 흉내내는 지능이나 범용 인공지능AGI, Artificial General Intelligence 같은 표현이 더 적당하다.

그럼 인공지능은 정말 무엇일까? 조금 더 직관적으로 표현해본다면 데이터와 알고리듬을 사용해 예측 결과를 만들기 위한 시스템이다. 인공지능 종사자들은 머신러닝Machine Learning 또는 ML이라고 칭한다. 여러 머신러닝 알고리듬 중 일부는 딥러닝Deep Learning (이하 딥러닝 또는 DL)이라고 부르며, 연산을 위한 연속된 단계 또는 계층(Goodfellow, Bengio, and Courville, 2017)을 사용하는 알고리듬을 말한다. 이 기술은 인간의 뇌 구조를 모방한 여러 계층의 인공 뉴런으로 구성된 심층 신경망DNNs, Deep Neural Networks을 채택하고 있다. 다소 복잡하게 보이지만, 모든 딥러닝 시스템이 다른 인공지능 알고리듬이나 심지어 기존의 프로그래밍 기법보다 항상 더 나은 성능을 가진다는 의미는 아니다.

머신러닝이 언제나 딥러닝을 의미하는 것은 아니다. 가끔은 복잡한 DNNs보다 기본적인 통계 모델이 문제를 더 잘 해결할 수도 있다. 머신러닝을 구현할 때 접하는 어려운 점

중 하나는 적합한 접근 방법을 선택하는 것이다. 더군다나 머신러닝 프로젝트를 제공한다면 여러 문제점을 접하게 되는데, 이는 업무나 기술적인 문제만이 아니라 사람과 프로세스에 대한 문제도 포함한다. 이러한 도전 과제가 기대했던 결과를 얻고자 했던 머신러닝 프로젝트의 목적을 이루지 못하게 만드는 중요한 이유다.

1장에서 머신러닝의 기본에 대해 다시 살펴보고, 기대했던 성과를 얻지 못하게 되는 머신러닝 프로젝트의 문제점에 대해 이해해보자.

1장에서는 다음과 같은 주제를 다룬다.

- 머신러닝 이해하기
- 머신러닝 가치의 실현
- 올바른 접근 방법의 선택
- 머신러닝 도입의 도전 과제
- 머신러닝 플랫폼 개요

⁂ 머신러닝 이해하기

기존의 컴퓨터 프로그램의 경우, 컴퓨터 프로그램이 작업을 수행하거나 어떤 질문에 답을 주도록 사람, 즉 프로그래머가 일련의 명령어를 작성해야만 했다. 하지만 머신러닝은 사람(주로 머신러닝 엔지니어나 데이터 과학자)이 어떤 모델로 유용한 답이나 기댓값을 얻기 위한 최적의 파라미터를 결정하도록 데이터와 알고리듬을 사용한다. 기존의 프로그램은 분명한 논리(예/아니오, 참/거짓)를 사용해 답을 제공하는 반면, 머신러닝 알고리듬은 모호함 fuzziness(예/아마도/아니오, 80% 확실함, 불확실함, 모름 등)을 포함한다.

다르게 표현한다면 머신러닝은 질문의 바람직한 답을 추론 또는 예측하기 위해 데이터, 알고리듬, 통계 모델, 또는 신경망 등을 사용해 문제를 해결하는 기술이다. 문제를 풀기 위해 명확한 명령어를 사용하는 대신 여러 예시를 사용해 알고리듬이 최선의 방법(최선의 파라미터 집합)을 찾아내도록 만든다. ML은 문제 해결을 위해 명령어들로 프로그래밍하는 것이 불가능하거나 매우 어려운 상황에서 유용하다. ML이 활약할 수 있는 전형적인 예는 컴퓨터 시각CV, Computer Vision이다. 평범한 사람에게는 고양이를 인지하는 것이 쉽지만, 코드를 작성해서 그림에 고양이가 있는지 인식하는 것은 거의 불가능하거나 매우 어렵다. 독자가 프로그래머라면 머신러닝을 사용하지 않고 어떻게 코드를 만들어볼 수 있을지 생각해보자. 아마 좋은 정신 수양이 될 것이다.

다음 그림은 인공지능 분야에서 딥러닝과 머신러닝의 관계를 나타낸다.

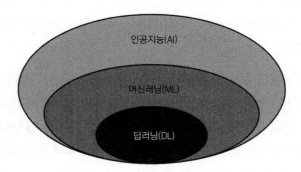

그림 1.1 인공지능, 머신러닝, 딥러닝의 관계

인공지능 즉, AI는 사람의 작업을 대신하도록 정해진 규칙을 기반으로 하는 에이전트 시스템과 머신러닝, 딥러닝 등을 포함하는 광범위한 개념이다. 머신러닝만을 따로 보더라도 역시 광범위한 주제다. 기본적인 선형 회귀linear regression의 몇 가지 알고리듬부터 매우 복잡한 컨볼루션 신경망CNNs, Convolutional Neural Networks까지 아우른다. 기존의 프로그래밍 방법은 어떤 언어나 프레임워크를 사용하더라도 개발과 앱을 완성하는 절차는 동일하다. 대조적으로 머신러닝은 알고리듬이 폭넓은 다양성을 갖고 있으며, 가끔은 모델을 사용하고 만드는 것부터 아주 다양한 접근법이 필요하다. 예를 들어 사람의 가짜 얼굴을 생성하기 위해 여러 창의적인 머신러닝 모델에서 활용하는 설계 방식인 생성형 대립 신경망GAN, Generative Adversarial Network의 경우에는 기본적 의사 결정 트리 모델에 따라 다르게 학습한다.

머신러닝 프로젝트의 기본적인 특성 때문에 소프트웨어 공학의 방법들이 머신러닝에 언제나 적용되지는 못하며, 기존 프로그래밍 분야에 없는 방법과 프로세스, 도구가 만들어져야 한다.

머신러닝 가치의 실현

머신러닝과 관련된 주제를 다루는 책, 비디오, 강의는 많다. 이 책에서는 더욱 적용하기 쉬운 접근 방법을 다루고, 독자 또는 기업에서 AI 혁신의 장점을 얻을 수 있는 기초를 제공하는 오픈소스 소프트웨어OSS, Open Source Software 활용 방법을 보여준다.

이 책의 후반부에는 쿠버네티스를 통해 배포해서 사용하는 오픈소스 도구들로 머신러닝 프로젝트 운영에 숨어 있는 문제를 예방할 것이다. 이 책을 끝까지 진행하면서 성공적인 머신러닝 프로젝트를 수행하기 위해 도움이 되는 필수 기능을 제공하는 재사용 가능한 머신러닝 플랫폼을 만들 것이다.

위와 같은 소프트웨어를 더 깊이 다루기 전에 기초 지식을 알아야 하고, 머신러닝 도입 취지와 같은 업무적 가치를 성공적으로 제공하기 위해 필요한 실용적인 과정에 대해서도 알아야 한다. 이와 같은 지식으로 머신러닝 플랫폼을 구현할 때 만나는 문제점을 진단하고 머신러닝 프로젝트로부터 얻고자 했던 가치를 실현하기 위해 각종 소프트웨어가 어떠한 도움을 줄 수 있는지 정의할 수 있다. 원래 의도했던 가치의 실현에 실패하는 가장 중요한 이유는 실제 운영에 활용하지 못하는 것이다. 독자가 월드컵 경기 결과를 예측하는 아주 훌륭한 머신러닝 모델을 만들었는데, 아무도 사용하지 못했다고 가정해보자. 모델은 좋을지 모르겠지만 결과적으로 사업적 가치를 얻는 것은 실패한 것이다. 많은 조직의 AI와 머신러닝 도입 취지들이 비슷한 상황에 놓여 있다. 기업의 업무나 고객에게 도움을 줄 수 있는 머신러닝 모델을 데이터 과학이나 머신러닝 엔지니어링 팀에서 완벽하게 동작하도록 만들더라도, 실제로는 모델이 운영 시스템에 배포되지 않는 경우가 많다. 그러한 팀들이 직면했던 문제가 무엇이기에 머신러닝 모델이 운영에 활용되지 못하고 있을까?

올바른 접근법 선택

주어진 프로젝트를 위한 머신러닝을 선택하기 전에 일단 문제를 먼저 이해해보고 머신러닝으로 해결할 수 있는 문제인지 진단해보자. 정확히 기대하는 것이 무엇인지 알 수 있도록 적합한 프로젝트 관계자와 협업하는 데 충분한 시간을 투자하자. 어떤 문제들은 이미 보유한 시스템에 사전에 정의된 업무 규칙이 있는 경우에는 기존의 접근법이 더 적합할 수 있다. 모델을 학습시키는 것보다 업무 규칙을 코딩하는 것이 더 빠르고 쉬우며, 심지어 엄청난 양의 데이터도 필요 없다.

머신러닝을 사용할 것인지 결정할 때에는 패턴 기반pattern-based 방식이 문제 해결에 더 적합할 것인지 고민해볼 수 있다. 만약 항공사의 단골 고객에게 특별 혜택을 전달하기 위해 데이터베이스에서 데이터를 읽어오는 시스템을 만든다면, 정해진 규칙을 기반으로 한 시스템을 사용하는 것이 적합한 결과를 얻기에 좋을 것이다. 머신러닝에 기반한 시스템은 특정 조건에서 더 좋은 결과를 줄 수도 있지만, 시스템 구축에 필요한 시간을 투자할 가치가 있는지 반문할 수 있다.

데이터의 중요성

머신러닝 모델의 효율성은 데이터의 품질과 정확성에 달려 있지만, 안타깝게도 데이터 수집과 처리 작업은 그 중요성만큼 충분한 관심을 받지 못하다가, 프로젝트 후반에 가서 그 모델이 주어진 과제에 적합하지 않을 경우에 값비싼 대가를 치른다.

> "모두들 데이터가 아니라 모델이 동작하길 원한다."
>
> – 「Data Cascades in High-Stakes AI고위험 인공지능의 적층형 데이터」
> (Sambasivan et al. 다음에 살펴볼 것이다.)

위 논문은 앞에서 언급한 문제점을 다룬다. 이 논문에서 인용한 흥미로운 예제는 환자를 검사해 특정한 유형에 대해서 감지해내는 모델 제작에 관한 것인데, 테스트 데이터로 훌륭하게 동작한다. 하지만 실제 운영에는 실패했는데, 그 이유는 모델에 사용한 검사 데이터가 포함하고 있던 미세한 먼지 입자가 결과적으로 모델의 성능을 망가뜨렸기 때문이다. 이 사례는 어떤 팀이 모델 제작에만 집중하고, 실제 상황에서 어떻게 사용할 수 있는지에 소홀하게 되면 생기는 전형적인 예다.

우리가 초점을 둬야 할 부분 중 하나는 데이터의 유효성과 정제^{cleansing}다. 많은 경우 데이터는 손실되거나 정확하지 않을 수 있다. 예를 들어 숫자 입력란의 문자나 날짜 형식이 다르거나 여러 시스템에서 데이터를 가져오는 경우 아이디가 중복된 레코드가 생기기도 한다. 이러한 모든 부적합한 데이터는 모델을 비효율적으로 만들고, 결과적으로 성능이 떨어진다.

위와 같은 고민을 거쳐서 머신러닝을 사용하기로 결론을 내렸다면 우리가 갈 길은 머신러닝이다. 이제 다음 단계를 알아보자.

⁝⁝ 머신러닝 도입의 도전 과제

기업에서는 사업의 성장을 이끌기 위해 머신러닝 도입을 간절히 원한다. 많은 프로젝트에서 기술적인 우수함에 너무 집중한 나머지 머신러닝 도입의 취지였던 사업적 가치를 제공하지 못하고 있다. 이런 현상은 프로젝트를 초기에 실패하게 만들 수 있어서, 미래의 프로젝트에 대한 투자가 줄어들 수 있다. 모든 사업 분야에서 머신러닝이 주도하도록 만들 때 직면하는 두 가지 주요 도전 과제는 다음과 같다.

- 큰 그림에만 집착하기
- 고립된 팀들

큰 그림에만 집착하기

기업이 만날 수 있는 첫 도전 과제는 사업적 가치를 생성하는 머신러닝 모델을 위한 환경을 만드는 것이다. 여기서 어려운 점은 팀들이 가끔씩 프로젝트의 모든 측면에 대해 관심을 기울이지 않고, 특정 영역에만 지나치게 집중해 결과적으로 형편없는 사업적 결과를 얻는 경우다.

우리가 아는 기업 가운데 얼마나 머신러닝으로 가는 여정을 성공했을까? 구글, 메타(구 페이스북), 넷플릭스 등을 제외하면 소수의 기업만이 성공적이었다. 그 첫 번째 이유가 팀들이 모델을 만드는 일에만 과도하게 집중했기 때문이다. 그렇다면 알고리듬 외에 어떤 것이 더 있을까? 구글은 머신러닝 프로젝트의 숨겨진 기술(1장의 마지막 부분에서 더 자세히 다룬다)을 공개했는데, 프로젝트 성공을 위해 고민해야 할 사항을 잘 요약하고 있다.

다음 그림을 살펴보자.

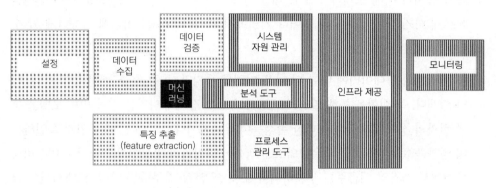

그림 1.2 머신러닝 시스템 구성 요소

그림 1.2에서 아주 작은 상자 하나를 볼 수 있을 것이다. 머신러닝이라고 써 있는 부분이 머신러닝 모델의 개발이고, 머신러닝 프로젝트는 많은 프로세스로 구성돼 있음을 볼 수 있다. 이 가운데 몇 가지만 이해해보자.

- **데이터 수집과 데이터 검증**: 신뢰할 수 있는 모델을 갖기 위해서는 좋은 데이터 세트가 필요하다. 머신러닝은 결국 데이터에서 유형을 찾아내고, 이 유형으로부터 보이지 않는 데이터 결과를 예측해내는 것이다. 그러므로 더 좋은 품질의 데이터를 사용하면 모델이 더욱 훌륭하게 동작한다. 하지만 데이터는 다양한 모양과 크기로 들어온다. 어떤 것은 파일로, 또는 상용 데이터베이스에 있기도 하고, 데이터셋이 스트림으로 들어오기도 하며, 어떤 경우에는 사물인터넷 장비에서 수집되기도 한다. 더군다나 이러한 데이터는 서로 다른 보안 규정을 갖고 있는 여러 팀들이 소유하는 경우도 있다. 그러므로 다양한 데이터 소스와 데이터 형식을 가진 데이터를 수집하고, 변환하고, 처리할 수 있는 기술들을 고민할 필요가 있다.

- **특징 추출과 분석**: 데이터 품질에 대한 기대와 실제 정확성이 일치하지 않는 경우가 종종 있다. 데이터 과학 팀은 탐구 데이터 분석[EDA, Exploratory Data Analysis] 즉, 가능한 한 빠르게 다양한 데이터 소스로부터 읽고 데이터를 처리하는 활동을 수행한다. 팀들은 일정 규모의 데이터를 처리하는 데 시간을 투입하기 전에 먼저 데이터에 대한 이해를 높이기 위해 노력하고 모델 개발 단계로 진행한다. 머신러닝으로 향한 여정을 빠르게 하기 위해서 독자의 팀이나 기업에서 데이터 탐구를 어떻게 가능하게 할 수 있는지 생각해보자.

  데이터 분석은 데이터에 대한 더 나은 이해를 돕지만, 특징 추출[Feature Extraction]은 이와 별개다. 즉 실험을 통해 일련의 데이터 속성을 정의해 나가는 절차이며, 모델을 통한 결과의 정확도와 함께 어떠한 속성들이 무관하거나 버려야 할 것들인지 확인하는 데 영향을 준다. 예를 들어 은행의 트랜잭션이 사기인지 정상인지 분류하는 머신러닝 모델에서 계좌의 예금주는 무관하거나 노이즈[noise]로 간주하는 반면, 트랜잭션의 금액은 중요한 특징이다. 이 프로세스의 출력은 오직 관련이 있는 특성만 포함하고 있는 데이터셋 버전으로 변환되고, 머신러닝 모델에서 학습하거나 적합성 함수[fitness function]에서 사용할 수 있는 형식으로 만드는데, 이를 피처 셋[feature set]이라고 한다. 관련 팀은 모델의 학습을 위해 사용할 수 있는 형식을 갖추도록 데이터를 분석하고 변환하기 위한 도구가 필요하다. 데이터 수집, 특징 추출, 분석 등을 통틀어 피처 엔지니어링[FE, Feature Engineering]이라고 한다.

- **인프라, 모니터링, 자원 관리**: 데이터 처리와 탐색, 모델의 빌드와 학습, 사용할 모델을 배포하기 위해서는 컴퓨터가 필요하다. 이 모든 활동에는 가능한 한 최저의 비용으로 처리 능력과 저장 용량이 구비돼야 한다. 자신의 팀에서 어떻게 필요한 시점에 하드웨어 자원을 직접 접근할 수 있을지 생각해보자. 여러 데이터 과학자와 엔지니어가 필요한 자원을 가장 신속한 방법으로 요청할 수 있어야 할 것이다. 이와 동시에 조직에서 필요한 정책이나 절차를 여전히 따라야 한다. 또한 자원을 최적화하기 위해 시스템을 모니터하고, 머신러닝 플랫폼의 운영 능력을 개선해 나가야 한다.

- **모델 개발**: 일단 활용할 수 있는 피처로 데이터가 준비되면 모델을 만들어야 한다. 모델 제작은 다양한 알고리듬과 파라미터를 사용한 많은 반복 작업을 요구한다. 다양한

시험의 결과와 모델의 저장 위치를 어떻게 추적할 수 있는지 생각해보자. 가끔은 팀들이 작업 속도를 높이기 위해서 여러 팀들이 다른 팀의 작업을 재사용할 수도 있다. 팀들이 작업 결과를 어떻게 서로 공유할 수 있는지 생각해보자. 모델의 학습과 시험을 쉽게 하고 모델의 분류, 승인 및 배포 가능한 상태를 관리할 수 있는 도구가 필요하다.

- **프로세스 관리**: 위와 같이 유용한 모델 하나를 만들기 위해서는 많은 작업이 필요하다. 이제 모델의 배포와 프로세스 모니터링을 자동화하는 과정을 생각해보자. 다양한 구성원들이 데이터, 모델, 인프라 등의 여러 작업을 진행할 것이다. 팀은 특정 결과를 얻기 위해 협업하고 공유한다. 실제로는 계속 변경해 나가게 되는데 일단 모델을 운영 시스템에 배포하면 새로운 데이터를 사용해 주기적으로 모델을 다시 학습시켜야 한다. 이러한 모든 활동은 팀이 지속적으로 좋은 성과를 낼 수 있도록 잘 정의된 프로세스와 자동화된 절차가 필요하다.

요약해보면 다음과 같은 작업 영역에 맞는 구성 요소를 갖춘 환경이 필요할 것이다. 하나의 플랫폼에서 머신러닝 시스템의 모든 요구 사항에 대해 팀의 일관된 경험을 통한 생산성을 높이기 위한 것이다.

- 데이터 가져오기와 저장 및 처리

- 모델의 학습, 조정, 추적

- 모델의 배포와 모니터링

- 데이터 처리, 모델 배포와 같은 반복된 작업의 자동화

하지만 어떻게 여러 팀이 협업하고 공통의 플랫폼에서 작업을 수행하도록 만들 수 있을까?

사일로 살펴보기

머신러닝 프로젝트를 완수하려면 다양한 역할을 아우르는 팀이 필요하다. 하지만 역할이 다양하기 때문에 팀의 소통과 활동, 우선순위 충돌 등의 어려움이 생긴다. 기업에서는 다양한 역할들이 보통 여러 업무 팀에 분산돼 있다.

머신러닝 프로젝트가 성공하려면 팀과 구성원의 다양성이 필요하다. 다음 그림은 간단한 머신러닝 프로젝트를 완료하기 위한 역할과 책임의 일부를 보여준다.

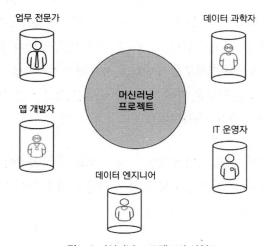

그림 1.3 머신러닝 프로젝트의 사일로

위 역할에 대해 조금 더 자세히 살펴보자.

- **데이터 과학자**: 가장 이해가 쉬운 역할이다. 데이터 과학자의 팀이나 팀원은 데이터를 탐색하고 문제 해결에 적합한 알고리듬을 결정하기 위한 반복 시험을 수행한다.

- **데이터 엔지니어**: 다양한 소스에서 데이터를 수집해오고, 정제하고, 데이터 과학자 팀이 활용할 수 있도록 만드는 역할을 한다.

- **개발자와 운영자**: 모델을 일단 완성하면 이 팀은 모델을 활용할 수 있도록 배포하는 역할을 한다. 운영 팀은 데이터 처리, 모델의 수명 주기^{lifecycle} 관리와 추론^{inference} 등이 가용하도록 컴퓨터와 저장소 등을 책임진다.

- **업무 분야별 전문가**: 데이터 과학자가 머신러닝 모델을 제작하더라도, 여전히 데이터와 업무 영역에 대한 이해는 올바른 모델 제작에 매우 중요하다. COVID-19에 대한 예측 모델을 만드는 어떤 데이터 과학자가 다양한 파라미터에 대한 이해가 없다고 생각해보자. 이런 경우에는 의학에 전문성이 있는 박사가 업무 분야별 전문가[SME, Subject Matter Expert] 역할일 수 있고, 모델 제작 단계에 들어가기 전에 데이터 과학자가 데이터를 이해할 수 있도록 돕는 것이 필요할 것이다.

물론 각 작업 영역에서 위와 같은 역할들을 갖추더라도, 첫 시도부터 성공하지 못할 가능성이 높다.

빠른 실패 문화

여러 역할을 수행할 수 있는 팀을 만드는 것만으로는 충분하지 않다. 팀이 자신의 의사결정을 하고, 다양한 접근 방법을 시도하는 데 두려움이 없어야 한다. 데이터와 머신러닝 분야는 빠르게 변화해 팀은 최신 기술이나 프로세스를 채택하거나 갖고 있는 성공의 기준에 따라 기존 것을 버려야 할 수도 있다.

업무에 열정이 있는 구성원들로 팀을 만들고 그들에게 자율성을 부여할 때 가장 최선의 성과를 얻을 수 있다. 여러 팀들이 빠르게 변화에 적응하고 가치 있는 성과를 낼 수 있도록 해야 한다. 팀이 지금까지 완료한 작업에 대한 피드백을 얻도록 반복적이고 빠른 피드백 주기를 설정해야 한다. 신속한 피드백 반복은 업무적인 문제의 해결에 집중할 수 있게 만든다.

하지만 이와 같은 방법 자체에서 만나는 문제가 있다. 오늘날의 기술들을 채택하는 것은 어렵고 시간이 많이 소요되기도 한다. 아마존 마켓플레이스를 떠올려보자. 어떤 새로운 화제의 상품을 아마존 마켓플레이스로 팔고 싶을 때, 마켓플레이스가 판매에 이르기까지의 많은 부분을 관리해주기 때문에 더 빠르게 시장에 제품을 공급할 수 있다. 독자가 이 책에서 배우는 머신러닝 플랫폼은 최근의 접근 방식과 기술을 기본적인 공통 서비스들과 빠른 실험을 위한 샌드박스[sandbox] 환경을 제공해 독자가 시험해볼 수 있게 해줄 것이다.

여러 그룹에 속하는 팀들을 다양한 역할을 수행할 수 있는 자율적인 팀으로 만드는 것은 프로젝트 성공에 매우 중요하다. 이 새로운 팀은 내부적인 마찰 없이 속도를 내면서 지겨운 절차와 지연 요소를 피할 수 있을 것이다. 다양한, 즉 경계를 넘나드는 역할을 수행하는 이 팀이 스스로 의사 결정을 하면서 독립적으로 동작하는 플랫폼을 지원받도록 해주는 것은 매우 중요하다. 이 책에서 만나게 될 머신러닝 플랫폼은 위와 같은 플랫폼의 기초를 제공해 각 팀이 서로 협업하고 공유할 수 있을 것이다.

이제 어떤 종류의 플랫폼이 지금까지 논의한 문제들을 다루도록 도울 수 있는지 살펴보자.

⁞⁞⁞ 머신러닝 플랫폼 개요

이번 절에서는 독자가 고려해볼 만한 머신러닝 플랫폼의 기능을 알아보자. 독자의 머신러닝을 향한 여정을 돕기 위한 환경을 구성하는 기본적인 작업 영역이 어떤 것들이 있는지 알아보는 것이 목표다. 머신러닝 플랫폼은 더 빠른 개발, 머신러닝 모델의 배포와 데이터 파이프라인을 지원하는 구성 요소로 이뤄진다.

머신러닝 플랫폼의 세 가지 주요 특징은 다음과 같다.

- **완전한 환경**: 플랫폼은 데이터, 머신러닝, 앱의 라이프사이클 관리와 관찰이 가능한 종단간$^{E2E, End-To-End}$ 솔루션을 제공해야 한다.

- **공개된 표준 기반의 개발**: 플랫폼은 기존의 기준치를 기반으로 확장해 만들 수 있는 방법을 제공해야 한다. 이 분야는 빠르게 변화하기 때문에 특정 요구에 맞게 추가적으로 개선하고, 맞춰 나가며, 최적화할 수 있게 만드는 것이 중요하다.

- **자동 서비스**: 플랫폼은 운영^{production} 시스템에 소프트웨어를 배포하기 위한 하드웨어 요청 등을 필요한 시점에 자동으로 팀이 필요한 자원을 확보할 수 있도록 지원해야 한다. 플랫폼은 기업의 정책에 맞게 자원을 파악하는 것을 자동화하고, 작업이 완료되면 반환 또는 복구할 수 있어야 한다. 이러한 자원에는 CPU, 메모리, 디스크 등을

포함한다. 코드 작성을 위한 통합 개발 환경IDEs, Integrated Development Environments과 같은 소프트웨어, 또는 이 중 몇 가지 조합도 포함할 수 있다.

다음 그림은 다양한 구성원이 공용 플랫폼에서 협업하는 머신러닝 플랫폼의 여러 구성 요소를 보여준다.

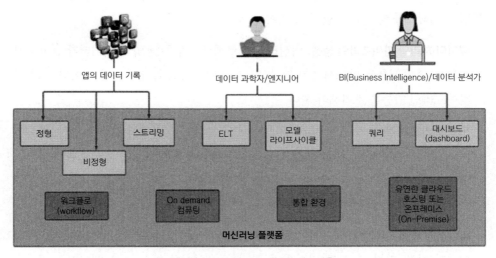

그림 1.4 구성원들과 플랫폼의 상호작용

플랫폼은 그림 1.4에서 제시된 특징 이외에도 다음과 같은 기술적인 능력을 가져야 한다.

- **워크플로 자동화**: 플랫폼은 데이터 엔지니어가 데이터 수집과 준비를 위한 반복적인 작업을 수행할 수 있게 하고, 데이터 과학자가 모델의 학습과 모델 배포 자동화를 조정할 수 있도록 돕는 형태의 워크플로 자동화 기능을 보유해야 한다.

- **보안**: 플랫폼은 사업에 악영향을 줄 수 있는 데이터의 누출과 손실 등을 막을 수 있어야 한다.

- **감시 능력**: 기존의 앱 또는 머신러닝 모델에 대해서 앱의 상태를 전혀 볼 수 없는 상태로 실행하기를 원하지 않는다. 감시 능력Observability 없이 운영에 앱을 배포하는 것은

눈을 가리고 자전거를 타는 것과 같다. 플랫폼은 전체 또는 하위 시스템을 실시간에 가깝게 상태와 성능을 모니터하기에 충분해야 한다. 또한 알림 기능도 포함해야 한다.

- **로깅**: 로그 기록은 시스템이 예상과 다른 동작을 할 때 무슨 일이 발생할 수 있는지 알아내기 위해 매우 중요하다. 플랫폼은 강력한 로깅 메커니즘으로 운영 팀이 머신러닝 프로젝트를 더 잘 지원할 수 있어야 한다.

- **데이터 처리와 파이프라인 생성**: 머신러닝 프로젝트는 엄청난 양의 데이터가 필요하기 때문에 그 플랫폼은 반드시 신뢰할 수 있고, 수평적으로 확장 가능한 데이터 처리 및 파이프라인 기능을 포함해야 한다.

- **모델 패키징과 배포**: 모든 데이터 과학자가 소프트웨어 엔지니어 경험을 가진 것은 아니다. 앱을 만들어본 경험이 있기도 하겠지만 데이터 과학자가 운영 시스템에 사용할 앱을 제작 또는 배포하는 것은 안전한 방법이 아니다. 그러므로 플랫폼은 자동으로 머신러닝 모델을 앱 패키지로 만들어 제공할 수 있어야 한다.

- **머신러닝 라이프사이클**: 플랫폼은 반드시 머신러닝 시험, 성능 추적, 학습과 시험 메타데이터 저장, 피처 셋, 모델 버전 등을 관리할 수 있어야 한다. 이는 데이터 과학자가 효율적으로 일하게 할 뿐만 아니라 협업도 가능하게 한다.

- **온디맨드 자원 할당**: 머신러닝 플랫폼의 또 하나의 중요한 기능은 데이터 과학자와 엔지니어가 실행에 필요한 자원을 자동으로 필요한 시점에 받을 수 있어야 한다는 것이다. 즉, 수동으로 자원을 준비해 두거나 대기하고 있다가 운영 팀에 맡기는 등의 시간 낭비를 없앤다. 플랫폼은 반드시 사용자들이 자신의 환경을 생성할 수 있도록 하고, 필요한 작업을 위해 올바른 컴퓨터 자원을 할당할 수 있어야 한다.

전부는 아니더라도 이미 대부분의 기능을 갖춘 플랫폼이 존재한다. 이후에 이 책에서는 쿠버네티스상에서 OSS를 기반으로 한 플랫폼을 만드는 방법을 다룰 것이다.

⠿ 요약

머신러닝이 새로운 것은 아니지만 최근 상대적으로 저렴해진 연산 능력의 성장 덕분에 많은 기업이 투자가 가능해졌다. 이렇게 널리 보급된 하드웨어는 그 자체로 몇 가지 문제점을 가져온다. 가끔은 팀이 큰 그림에 집중하지 않아 머신러닝 도입을 위해 처음에 약속한 가치를 제공하지 못하는 경우도 있다.

1장에서는 머신러닝을 위한 여정에서 기업이 만날 수 있는 두 가지 도전 과제를 논의했다. 이러한 어려움은 기술의 채택에서부터 팀이 협업하는 방법까지 걸쳐 있다. 머신러닝으로의 여정에 성공하려면 시간과 노력, 그리고 연습이 필요하다. 기술적 변화 그이상이라고 생각해야 한다. 즉 독자가 협업하던 방법과 기술을 적용하던 방법에 변화와 개선이 필요하다. 자율적인 팀들이 변화를 적용할 준비가 되고, 빠른 실패 문화를 가지고, 기술에 투자하며, 항상 업무적으로 가치 있는 성과에 집중해야 한다.

또한 E2E 머신러닝 플랫폼의 중요한 속성도 논의했다. 이 주제에 대해서는 이 책의 후반부에서 더 깊이 있게 알아볼 것이다.

2장은 머신러닝 프로젝트에서 최근에 떠오르고 있는 개념인 머신러닝 운영MLOps, ML Operations을 소개한다. 이 분야에서 소프트웨어 공학의 장점을 머신러닝 프로젝트에 도입하고 있는 중이다. 자세히 알아보자.

⠿ 더 알아보기

머신러닝의 도전 과제에 대해 더 자세히 알아보고 싶다면 다음의 글들이 흥미로울 것이다.

- Hidden Technical Debt in Machine Learning, Sculley et al., 2015: https://papers. nips.cc/paper/5656-hidden-technical-debt-inmachine-learning-systems.pdf

- Data Cascades in High-Stakes AI, Sambasivan et al., 2021: https://storage.goo gleapis.com/pub-tools-public-publication-data/pdf/0d556e45afc54afeb2eb6b 51a9bc1827b9961ff4.pdf

02

MLOps 이해하기

소프트웨어 공학을 하는 대부분의 사람들은 데브옵스^{DevOps, Development-Operations}라는 용어를 알고 있다. 여기서의 **DevOps**는 소프트웨어 개발 주기에서 여러 다양한 팀의 협업과 책임의 공유에 관한 것이다. 이러한 팀들은 몇 가지 정보 기술에 국한되지 않고, 프로젝트와 관련이 있는 모든 조직 구성원들을 포함한다. 개발자의 책임인 소프트웨어 개발과 운영 시스템을 다루는 운영자의 책임을 나누지 않는다. 대신 팀은 해당 제품을 책임진다. **DevOps**는 개발 중인 소프트웨어의 생산 속도와 신뢰성을 높이는 데 도움이 되기 때문에 널리 사용한다.

2장에서는 다음과 같은 주제를 다룬다.

- 머신러닝과 기존 프로그래밍의 비교

- **DevOps** 장점 알아보기

- **MLOps** 이해하기

- 머신러닝 프로젝트에서 **OSS**의 역할

- 쿠버네티스로 머신러닝 프로젝트 운영하기

머신러닝 프로젝트에 **DevOps**를 적용하기 전에 우선 기존의 소프트웨어 개발 방식과 머신러닝의 개발 방식의 차이를 알아보자.

머신러닝과 기존 프로그래밍의 비교

기존의 앱 개발과 마찬가지로 머신러닝 프로젝트 역시 소프트웨어 프로젝트지만 그 전달 방식에서 근본적인 차이가 있다. 머신러닝 프로젝트가 기존 소프트웨어 애플리케이션과 어떤 차이가 있는지 살펴보자.

기존의 소프트웨어 앱은 소프트웨어 개발자가 일련의 규칙을 명확하게 프로그램으로 작성한다. 앱을 실행하고 나면 이미 완성된 소프트웨어가 잘 정의된 규칙들을 주어진 데이터에 적용하고, 프로그램의 결과는 코드로 작성된 규칙을 기반으로 계산된 결과다.

다음 그림은 기존 소프트웨어 앱의 입력과 출력을 보여준다.

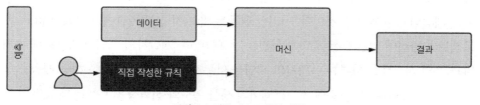

그림 2.1 기존 소프트웨어 개발

머신러닝 프로젝트에서는 규칙 또는 패턴을 완전히 알 수 없는 상태여서 기존의 프로그래밍과 같이 명확한 코드로 된 규칙을 서술할 수 없다. 즉 머신러닝에서는 어떠한 주어진 샘플 데이터와 이와 연관이 있는 결과들을 기반으로 규칙을 추론하는 프로세스가 있다. 이 프로세스를 모델 학습model training이라고 한다. 모델의 학습 프로세스에서 선택된 머신러닝 알고리듬은 주어진 데이터와 검증된 답을 바탕으로 규칙을 파악한다. 이 프로세스의 출력이 바로 머신러닝 모델이다. 이렇게 생성된 모델은 이제 예측 시간 prediction time 동안 또 다른 답을 추론하는 데 활용할 수 있다. 기존의 소프트웨어 개발 과정과 다르게 명시적으로 작성된 규칙이 아니라 어떤 결과를 얻기 위해 생성된 머신러닝 모델을 사용한다.

다음 그림은 학습 시간$^{training\ time}$에 생성된 머신러닝 모델을 보여준다. 이후에 예측 시간 동안 결과나 답을 생성하는 데 사용한다.

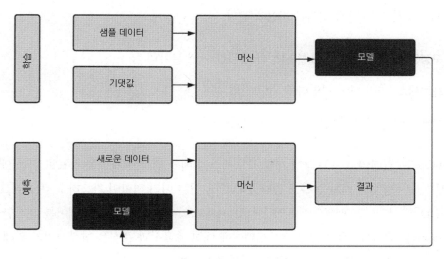

그림 2.2 머신러닝 개발

기본적으로 기존의 소프트웨어 개발과 머신러닝은 다르지만 두 가지 접근 방식의 공학적인 프로세스에서 약간의 상생 효과가 있다. 현시점에서 기존의 소프트웨어 개발 방식은 매우 성숙한 상태이므로, 머신러닝 프로젝트에 적용할 배울 점들이 있다. 무엇보다도 기존의 프로그램과 머신러닝 모두 결국 소프트웨어다. 즉 버전 관리, 컨테이너를 사용한 소프트웨어 패키징, 자동 배포 등 소프트웨어 제작에 사용하는 기술들을 머신러닝 프로젝트에도 적용할 수 있다. 하지만 머신러닝에서는 모델 학습과 같이 추가할 프로세스가 있다.

그렇다면 왜 머신러닝 프로젝트에서 **DevOps**가 필요할까? 어떠한 것들을 고려해볼 수 있을까? 다음 절에서 이 주제를 살펴보자.

⠿ DevOps의 장점 알아보기

DevOps는 단순한 도구 모음이 아니다. 단위 테스트$^{\text{unit test}}$를 실행할 도구가 있다고 가정해보자. 만약 테스트 케이스를 만들 만한 환경이 없다면 그 도구는 쓸모가 없다. DevOps는 여러 팀이 연계돼 협업하는 방법에 관한 것이다. 그러므로 DevOps에서 집중해야 할 세 가지 주요 영역은 다음과 같다.

- **구성원**: 하나의 공통 목표를 달성하기 위한 여러 분야의 팀
- **프로세스**: 여러 팀이 협업하기 위한 방법
- **기술**: 다양한 팀이 협업할 수 있도록 돕는 도구

DevOps는 일련의 소프트웨어 개발 프로세스에 대한 연결된 흐름을 목표로 하는 애자일^{agile} 개발 방식에 기반을 두고 있다. DevOps 팀은 여러 역할이 가능하고, 자율적으로 CI/CD$^{\text{Continuous Integration/Continuous Delivery}}$(지속적 통합과 배포)를 통해 소프트웨어를 제작한다. DevOps는 각 팀이 개발 중인 소프트웨어에 대한 효율성과 품질을 향상시키기 위해 빠른 피드백 주기를 바탕으로 협업할 수 있도록 돕는다.

다음 그림은 기존 소프트웨어 개발 프로젝트에 대한 DevOps 주기의 전체 모습을 나타낸다.

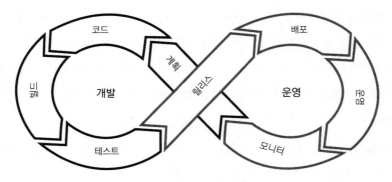

그림 2.3 DevOps 프로세스의 뫼비우스 띠

DevOps를 통해 팀은 소프트웨어를 제작, 테스트, 운영 시스템에 배포, 모니터하기 위한 잘 정의된 연속적인 과정을 가진다. 이를 통해 빠르고, 신뢰할 수 있는 소프트웨어를 운영 환경에 배포할 수 있다. DevOps에서 얻을 수 있는 장점 중 몇 가지를 정리해보면 다음과 같다.

- **CI/CD**: CI는 개발자가 코드 리포지터리^{repository}에 코드를 올리자마자 소프트웨어를 선택적으로 병합^{merge}, 검증하는 단계다. CD는 소프트웨어를 배포할 수 있는 형태로 빌드, 테스트, 패키징하는 일련의 과정이다. 즉 CD는 최종 사용자가 활용할 수 있도록 배포할 준비가 된 코드를 선택, 배포하는 단계다. DevOps에서는 이 모든 과정을 자동화한다.

- **코드형 인프라**^{IaC, Infrastructure as Code}: 코드형 인프라는 IT 인프라를 준비하고 설정하는 과정을 자동화하는 접근 방식이다. 팀이 인프라에 대해서 필요한 시점에 필요한 만큼 요청하고 설정하도록 한다. 데이터 과학자가 자신의 모델 학습을 위해 GPU ^{Graphics Processing Unit}가 필요하다고 가정해보자. 만약 코드형 인프라의 설정과 준비 방식을 따른다면, GPU 요청은 자동으로 시스템에 의해 충족될 것이다. 3장에서 실제로 이 기능을 알아볼 것이다.

- **감시 능력**: 감시 능력은 동작하고 있는 시스템의 상태를 얼마나 잘 이해하고 있는지에 관한 것이다. DevOps는 다양한 구성 요소와 CPU, 메모리, 응답 시간 등과 같은 모니터링 시스템 등으로부터의 통합된 로그를 볼 수 있게 해주고, 요청의 추적을 통해 주어진 요청에 대해 시스템의 어떤 부분이 연관성이 있는지 찾아준다. 이러한 기능이 종합적으로 시스템의 상태를 이해하는 데 기초가 되고, 코드의 변경 없이도 문제를 해결할 수 있도록 돕는다.

- **팀의 협업**: DevOps는 단순히 기술만을 가리키는 것이 아니다. 실제로 팀을 위해 중요한 부분은 협업이다. 협업은 여러 팀의 구성원이 공통의 목표를 향해 함께 일할 수 있는 방법이다. 업무와 개발, 운영 팀의 협업이 DevOps의 핵심이다. 머신러닝 기반의 프로젝트에서 팀은 앞의 역할에 더해서 데이터 과학자와 엔지니어도 있다. 이렇게 다양한 팀이 있을 때에는 종합적인 이해를 갖추고 명확하게 결과에 대한 책임감을 갖

는 것이 매우 중요하다.

그렇다면 어떻게 DevOps의 장점을 머신러닝 프로젝트에 적용할 수 있을까? 답은 MLOps다.

⁞⁞ **MLOps 이해하기**

MLOps는 기존의 소프트웨어 개발 프로세스, 즉 데이터 공학과 머신러닝 분야를 아우르는 DevOps를 활용해 떠오르고 있는 분야다. MLOps는 DevOps를 머신러닝 프로젝트에 적용하는 기술적 방법으로 단순화할 수 있다. 위와 같은 원칙으로 어떻게 MLOps의 기반을 다지는지 더 자세히 살펴보자.

머신러닝

머신러닝 프로젝트는 기존의 프로그래밍에 존재하지 않던 활동을 포함한다. 그림 2.3으로 알 수 있듯이 머신러닝 프로젝트의 많은 작업들은 모델 개발이 아니다. 오히려 데이터 수집, 처리, 분석과 피처 엔지니어링, 프로세스 관리, 모델 운영 등이 더 큰 부분을 차지한다. 사실「머신러닝 시스템의 숨겨진 기술적 부담Hidden Technical Debt in Machine Learning Systems」(D. Sculley et al.) 논문에 의하면 작업의 5%만이 머신러닝 모델 개발이다. 그러므로 MLOps는 머신러닝 모델 작업만이 아니라 대부분 전체적인 머신러닝 프로젝트 기간에 대한 큰 그림에 집중하고 있다.

DevOps와 마찬가지로 MLOps 역시 구성원, 프로세스, 기술에 초점을 두고 있다. 하지만 다음에서 살펴볼 내용과 같이 DevOps가 아닌 MLOps가 해결해야 할 복잡한 일들이 조금 있다.

- 첫 번째는 코드가 시스템의 유일한 입력인 기존의 프로그래밍과 다르게 ML은 코드와 데이터 두 가지다. 모델 개발 단계에서 생산된 머신러닝 모델은 데이터에 매우 의

존적이다. 즉 코드를 변경하지 않더라도 다른 데이터셋으로 머신러닝 알고리듬을 학습했다면 머신러닝 모델은 다른 결과를 만들고 다르게 동작할 것이다. 이를 버전 관리 측면에서 본다면 모델의 학습을 위한 코드만이 아니라 데이터의 버전 또한 필요하다. 코드와는 다르게 데이터는 엄청난 양 때문에 버전 관리가 어렵다. 이 문제에 대한 하나의 접근 방법은 데이터 해시hash를 활용해 데이터셋 버전을 관리하기 위해 깃Git을 사용하는 것이다. 즉 실제 데이터는 S3Simple Storage Service와 같은 원격 저장소에 보관할 수 있다. DVCData Version Control와 같은 오픈소스 도구로 이런 일을 처리할 수도 있다.

- 두 번째로 머신러닝 프로젝트는 더 많은 구성원과 더 많은 협업이 필요하다는 것이다. 데이터 과학자, 머신러닝 엔지니어, 데이터 엔지니어 등이 소프트웨어 엔지니어, 업무 분석가, 운영 팀과 협업하게 된다. 데이터 과학자는 운영에 배포하는 것이 무엇인지 완벽하게 이해하지 못할 수 있다. 반면, 운영 팀이나 가끔은 소프트웨어 엔지니어조차도 머신러닝 모델이 무엇인지 모른다. 이러한 이유로 기존의 소프트웨어 프로젝트보다 머신러닝 프로젝트가 협업이 어렵다.

- 세 번째는 모델 개발 과정을 추가하면 전체적인 기간에 큰 영향을 준다. 이는 전체 프로세스를 복잡하게 만든다. 기존의 소프트웨어 개발에서는 단지 동작하는 코드를 추가로 개발하면 되겠지만, 머신러닝에서는 데이터 과학자 또는 머신러닝 엔지니어가 다중의 머신러닝 알고리듬을 사용해 여러 결과의 머신러닝 모델들을 생성하며, 실제 운영에는 하나의 모델이 선택되기 때문에 여러 모델을 그 특징에 따른 성능에 대해 비교해야 한다. MLOps는 테스트, 비교, 운영에 배포할 모델의 선택 등과 같은 복잡한 워크플로를 지원한다.

기존의 코드를 빌드하면 실행 가능한 이진 코드를 몇 초에서 몇 분이면 생성한다. 하지만 머신러닝 모델을 만들기 위한 머신러닝 알고리듬 학습은 몇 시간에서 며칠이 걸릴 수 있고, 가끔은 딥러닝 알고리듬을 사용할 경우 몇 주가 걸리기도 한다. 결과적으로 반복적인 애자일 주기 관리에 어려움이 생긴다. MLOps를 활용하는 팀은 작업의 흐름에서 발생하는 지연을 관리할 필요가 있으며, 어떤 모델의 학습이 끝날 때까지 기다리는 동안 다른 모델의 개발을 시작하는 것도 하나의 방법이다. 만약 데이터 과학자나 머신러닝 엔지니어가 자신의 컴퓨터에서 머신러닝 알고리듬을 학습시키고 있다면 앞서 설명한 방법은 매우 어렵다. 즉 확장성이 있는 인프라에 쉽게 접근할 수 있어야 한다.

- 마지막으로 머신러닝 모델의 성능은 학습에 사용할 데이터에 큰 영향을 받으므로, 데이터가 실제 상황을 전혀 반영하지 않는다면 모델의 정확성이 떨어지고, 형편없는 예측 성능을 가져온다. 이를 모델 드리프트^{Model Drift}라고 하며 빨리 감지해야 한다. 보통은 머신러닝 프로젝트 동안 모니터링 프로세스의 일부로 이 역할을 수행한다. 운영 시스템에서 축적한 기존의 지표와는 별도로 머신러닝 모델에서는 모델 드리프트와 이상치^{outlier}를 모니터해야 한다. 하지만 이상치의 감지는 실제로 수행하기 매우 어렵고, 가끔은 또 다른 머신러닝 모델을 학습하고 만들어야 할 수도 있다. 이상치 감지는 운영에서 모델이 학습한 형태의 데이터가 아닌 것으로 보이는 입력 데이터를 감지하는 것이다. 모델이 무관한 질문으로부터 무관한 답을 제공하는 것을 원하지 않을 것이다. 또한 시스템의 부하를 유도하거나 공격을 시도하는 것을 막아야 하는 이유도 있다. 모델 드리프트나 이상치를 감지한다면 이러한 정보로 무엇을 할 것인가? 알림을 전송하는 것도 좋고, 어떤 다른 자동화된 프로세스를 트리거할 수도 있을 것이다.

이와 같이 기존의 프로그래밍과 다르게 머신러닝의 복잡한 문제들로 인해 MLOps가 등장하게 된 것이다.

DevOps

배포^{deployment}와 연관해 머신러닝 프로젝트에서 작성한 모든 코드를 생각해보자. 데이터를 처리하는 코드, 모델의 학습과 피처 엔지니어링을 위한 코드, 모델 추론을 실행하는 코드, 모델 드리프트와 이상치를 감지하는 코드, 이 모든 코드들을 빌드하고 패키징하며 잘 활용될 수 있도록 적당한 규모로 배포해야 한다. 또한 운영 시스템에서 실행 중인 코드를 잘 모니터하고 유지해야 한다. DevOps(데브옵스라고 읽는다)가 도울 수 있는 것이 CI/CD 사례다. 자동화된 소프트웨어 패키징, 테스트, 보안, 배포, 모니터링을 DevOps로부터 활용한다.

데이터 엔지니어링

모든 머신러닝 프로젝트는 데이터 엔지니어링을 포함하고, 머신러닝 프로젝트는 코드보다 매우 많은 양의 데이터를 다룬다. 그러므로 데이터 처리 능력을 가진 인프라는 필수적이고, 기업이나 조직의 기존 데이터 엔지니어링 파이프라인과 통합할 수 있어야 한다.

데이터 엔지니어링은 광범위한 주제다. 책 전체로 다룰 수도 있는 내용이다. 하지만 여기서 강조하고 싶은 것은 MLOps는 데이터 엔지니어링 기술과 만나는 지점이 있으며, 특히 데이터의 수집, 정제, 변환과 빅데이터 테스트와 관련이 있다. 사실 머신러닝 프로젝트는 작은 규모의 머신러닝 분류 모델Classification Model, 즉 훨씬 커다란 데이터 엔지니어링이나 데이터 분석 프로젝트의 일부가 될 수도 있다. 현재 MLOps는 데이터 엔지니어링과 분석의 모범적인 사례를 채택하고 있다.

다음 그림은 MLOps를 표현하고 있다.

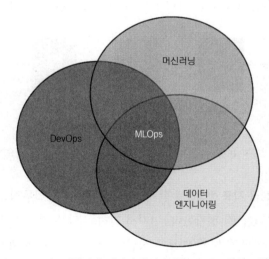

그림 2.4 MLOps는 머신러닝, 데이터 엔지니어링, DevOps와의 교집합이다.

그림 2.4와 같이 MLOps는 운영 중인 머신러닝에 초점을 둔 머신러닝, DevOps, 데이터 엔지니어링의 교집합이다. 또한 확장성이 좋고 신뢰성과 감시 능력을 가진 인프라를 아우르는 머신러닝 프로젝트로 캡슐화한다. 최종적으로 그림 2.4와 같이 서로 다른 분

야에서 협업하는 팀들이 성공적으로 머신러닝 프로젝트를 완수하는 데 필요한 작업들을 위해 반복되는 프로세스를 설정한다.

위와 같은 MLOps의 기본적인 이해를 바탕으로 머신러닝 프로젝트의 라이프사이클 속을 조금 더 깊이 살펴보자. 머신러닝 프로젝트를 구성하는 일반적인 단계를 정의하는 것부터 시작할 것이다.

머신러닝 프로젝트 라이프사이클

일련의 연속적인 작업을 수행하는 DevOps와 마찬가지로, 머신러닝 프로젝트의 시작부터 끝까지 나타낸 그림 2.5에서도 연속적인 단계를 볼 수 있다. 이러한 단계로 머신러닝 프로젝트의 라이프사이클이 구성되며, 머신러닝 프로젝트의 실제 운영까지 일관성 있는 방법을 제시한다. 이 책에서 독자가 만들 머신러닝 플랫폼은 이러한 흐름을 이어가도록 도울 수 있는 환경이다. 다음 그림은 머신러닝 프로젝트 단계에 대한 요약이다.

그림 2.5 머신러닝 프로젝트 라이프사이클

다음은 위 그림으로 보여준 프로젝트 라이프사이클의 각 단계별 정의다.

- **문제의 정형화와 성공 지표 정의**: 이 단계에서 팀은 주어진 업무적 문제를 머신러닝을 통해서 해결할 수 있는지 평가한다. 여기서 말하는 팀은 최소한 데이터 과학자와 업무에 대한 SME^Subject-Matter Expert로 구성된다. 이 팀은 모델의 예측치를 평가하기 위한 성공의 기준을 정의할 것이다.

- **데이터 수집, 정제, 레이블**: 이 단계에서 팀은 모델의 학습을 위해 필요한 데이터가 가용한지 평가한다. 추가로 팀에서 필요한 역할은 이 단계 및 이후에 프로젝트의 추진을 위한 데이터 엔지니어 역할이다. 팀은 다양한 데이터 소스에서 데이터를 수집하기

위한 구성 요소를 만들고, 수집한 데이터를 정제하며, 데이터 레이블을 가능한 한 설정하고, 저장한다. 이 데이터는 머신러닝 작업의 기초가 될 것이다.

- **FE**: FE^{Feature Engineering}는 원시 데이터를 주어진 문제와 관련이 있는 피처로 변환하는 것에 대한 내용이다. 독자가 만들 모델이 타이타닉호에 탑승한 어떤 승객이 생존할 것인지 아닌지를 예측하는 모델이라고 생각해보자. 또한 갖고 있는 데이터가 승객의 탑승권 번호라고 가정해보자. 이 번호가 탑승자의 생존과 관련이 있을까? 아마도 업무에 관해서 SME가 그 번호로 고객이 속한 객실 등급을 제공할 수도 있을 것이며, 특급 승객은 아마도 구명정에 더 쉽게 접근할 수도 있을 것이다.

- **모델 빌드와 조정**: 이 단계에서 팀은 다양한 모델과 하이퍼파라미터에 대한 시험을 시작한다. 주어진 데이터셋으로 모델을 테스트하고, 각 반복^{iteration}마다 결과를 비교한다. 다음으로 팀은 갖고 있는 성공 지표에 대한 최적의 모델을 결정할 것이며, 모델 레지스트리에 모델을 저장한다.

- **모델 검증**: 이 단계에서 팀은 학습할 때 가용하지 않았던 새로운 데이터에 대해서 모델을 검증한다. 이 단계는 모델이 새로운 데이터에 대해서 충분히 범용적인지, 또는 오직 학습 시의 데이터에만 잘 동작하는 것인지 판단하기 때문에 매우 중요하다. 즉 오버피팅^{overfitting}을 피하는 것이다. 모델의 검증은 또한 모델 바이어스^{bias}의 확인도 포함한다.

- **모델 배포**: 이 단계에서 팀은 모델 레지스트리에서 모델을 선택하고, 패키지로 만들고, 활용할 수 있도록 배포한다. 기존의 DevOps 프로세스를 사용해 모델이 서비스할 수 있도록 만들 수 있다. 이 책에서는 MaaS^{Model as a Service}, 즉 모델이 REST ^{Representational State Transfer} 서비스가 가능하게 만드는 데 집중한다. 하지만 특정한 경우에는 모델을 다른 앱이 활용할 수 있도록 라이브러리 형태로 만들기도 한다.

- **모니터링과 유효성 검증**: 이 단계는 모델에 대해서 지속적으로 응답 시간, 예측 정확성과 입력 데이터가 모델의 학습한 데이터와 유사한지 모니터한다. 앞에서는 간단하게 이상치를 언급한 적이 있다. 실제로는 다음과 같이 동작한다. 독자가 갖고 있는 모델이 대중교통 시스템의 출퇴근 혼잡 시간대의 빈 좌석에 대한 것이며, 데이터는 시민

들이 1년 이상 대중교통 시스템을 사용하는 장소와 연관된 것이라고 가정해보자. 그 데이터는 주말, 공휴일, 특정 행사일에는 빈 좌석이 있을 것이다. 이제 COVID-19 봉쇄 때문에 대중교통을 사용할 수 없다고 생각해보자. 실제 상황에서 학습한 모델의 데이터와 비교할 수 있을 정도는 아닐 것이다. 당연하게도 그 모델은 이렇게 변화된 현실에 유용하지 않을 것이다. 이러한 비정상 상황을 감지하고 알림을 생성해 가능하다면 새로운 데이터셋으로 모델을 다시 학습시킬 필요가 있다.

방금 머신러닝 프로젝트의 라이프사이클 각 단계를 살펴봤다. 이 단계들이 직관적으로 보일 수 있지만 실제로는 특정한 경우에 이전 단계로 돌아가야만 하는 몇 가지 그럴듯한 이유들이 있다.

빠른 피드백 루프

예민한 독자라면 아마도 첫 장에서 언급했던 애자일과 여러 역할의 팀에 대한 핵심적인 특징이 지금까지 언급되지 않았음을 알아챘을 것이다. 오늘날의 DevOps는 프로젝트 라이프사이클에서 늦지 않게 올바른 방향을 잡도록 돕는 빠른 피드백 루프에 대한 것이다. 이와 동일한 개념을 머신러닝 프로젝트에서 더욱 중요한 요소로 도입할 것이다. 머신러닝 프로젝트는 기존의 소프트웨어 앱보다 더 복잡하기 때문이다.

어떠한 단계에서 팀의 진행 상태를 진단하고 평가할 수 있는지 살펴보자. 평가가 끝나면 팀은 이전 단계로 돌아갈지, 아니면 다음 단계로 나아갈지 올바른 방향을 결정할 수 있다.

다음 그림은 머신러닝 프로젝트 라이프사이클의 여러 단계에서 피드백 검사점checkpoint 을 녹색 화살표로 표시했다.

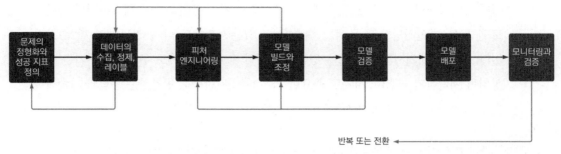

그림 2.6 머신러닝 프로젝트 라이프사이클의 피드백 검사점

다음과 같이 더 자세히 알아보자.

- **데이터 수집, 정제, 레이블 단계의 검사점**: 1단계가 끝나면 2단계에서 정의된 데이터 처리를 시작한다. 아마도 실제 데이터가 온전하지 않거나 오류가 있다는 것을 발견할 것이다. 이와 같은 피드백으로 데이터에 대한 이해를 높이기도 하고 프로젝트의 성공 기준을 다시 정의하거나, 더 안 좋은 경우에는 필요한 데이터가 없어서 프로젝트를 중단하기도 한다. 많은 경우 팀은 두 번째 단계에서 확인한 데이터의 격차를 메우기 위해 추가로 데이터 소스를 찾는다.

- **모델 빌드와 조정 단계의 검사점**: 이 단계에서 팀은 모델을 학습시키기 위한 피처가 의도한 지표들을 달성하기에 충분하지 않다는 사실을 알게 될 수도 있다. 이 지점에서 팀은 새로운 피처를 찾기 위해 더 많은 시간을 투자하거나 더 많은 데이터가 필요한지 결정하기 위해 원시 데이터를 다시 확인하는 결정을 하기도 한다.

- **모델 검증 단계의 검사점**: 이 단계에서 모델에 적용된 적이 없는 데이터셋으로 모델의 유효성을 검증한다. 불량한 지표들은 이 단계에서 모델의 조정을 필요로 하기도 하고, 더 나은 모델 성능을 위해 추가 피처들을 찾는 이전 단계로 돌아갈 수도 있다.

- **모델 모니터링과 검증 단계의 검사점**: 일단 모델을 운영에 배포하면 모델이 실제로 그리고 변화하는 상황에 대해 여전히 의미가 있는지 지속적으로 모니터해야 한다. 모델이 여전히 의미 있는지 확인할 필요가 있고, 아니라면 어떻게 모델을 유용하게 만들 수 있는지 찾아야 한다. 이 결과로 인해 라이프사이클의 어느 단계로도 넘어갈 수

있다. 그림 2.6에서 알 수 있듯이 새로운 데이터로 기존 모델을 다시 학습하거나 다른 모델 또는 머신러닝으로 문제를 해결할 수 있는지조차도 다시 검토해야 할 수도 있다. 어떤 단계에서 마무리할 수 있을지 단정할 수 없다. 실제로 우리의 살아가는 세상처럼 예측하기 어렵다. 하지만 중요한 점은 다시 진단하고 평가하는 능력과 지속적으로 사업적 가치를 제공하는 것이다.

지금까지 머신러닝 프로젝트의 라이프사이클 단계와 다음 또는 이전 단계를 결정하는 피드백 검사점을 살펴봤다. 이제 각 단계에서의 구성원과 협업 지점을 살펴보자.

프로젝트 라이프사이클에서의 협업

지금까지 모델을 만드는 동안의 연속된 프로세스를 정의했다. 이제 다양한 역할과 능력을 가진 팀들이 어떻게 이 모델을 가지고 협업할 수 있는지 정의해보자. 1장의 내용을 상기해보면 모델을 만들 때에는 여러 팀들의 다양한 능력을 활용해야 한다. 아울러 작은 프로젝트에서는 한 사람이 동시에 여러 역할을 할 수도 있다는 점도 중요하다. 이를테면 어떤 작은 프로젝트에서는 같은 사람이 데이터 과학자와 엔지니어 역할을 할 수도 있다.

다음 그림은 머신러닝 프로젝트의 라이프사이클을 피드백 검사점, 구성원과 함께 보여준다.

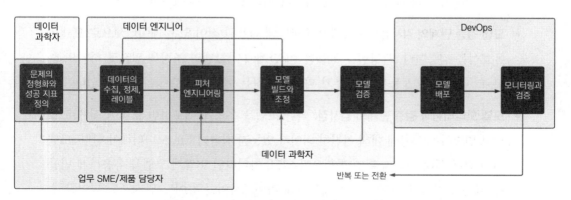

그림 2.7 피드백 검사점과 팀의 역할을 함께 본 머신러닝 프로젝트 라이프사이클

기업에서의 머신러닝 프로젝트는 처음 단계에서 데이터 과학자와 특정 업무에 대한 전문가^{SME}의 협업이 필요하다. 팀에서 특정 피부병의 확률을 사진으로 예측하려 한다고 가정해보자.

- 이 단계에서 데이터 과학자와 의사(이 경우의 SME)의 협업을 통해 문제와 성과 지표를 정의할 필요가 있다. 이런 협업 없이 프로젝트는 성공하지 못한다.

- 데이터를 수집하고 정제하는 두 번째 단계에서 데이터 엔지니어는 업무 전문가와 함께 일하면서 어떤 데이터가 활용 가능한지와 어떻게 정제해 올바르게 레이블할 수 있는지 이해한다. SME의 지식으로 이후 단계에서 활용 가능한 데이터셋을 만들어야 하기 때문에 매우 중요하다.

- 세 번째 단계에서는 데이터 과학자, 엔지니어, SME가 두 번째 단계에서 나온 기초 데이터로 협업할 것이고, 유용한 피처를 찾아내기 위해 데이터를 처리할 것이다. 데이터 과학자와 SME는 어떤 데이터를 추출할 수 있는지 안내하고, 데이터 엔지니어는 이것이 가능하도록 처리 방법을 구현한다.

- 네 번째와 다섯 번째 단계에서는 주어진 기준에 맞게 모델을 만들고 조정하는 일들을 데이터 과학자가 대부분 수행한다. 하지만 모델이 미리 정의한 지표에 적합한지에 따라 팀은 더 좋은 결과를 내기 위해 이전의 어느 단계로 돌아가는 결정을 내릴 수도 있다.

일단 모델을 완성하면 DevOps 팀은 모델에 대한 패키지와 버전, 적당한 환경으로 배포하는 일을 담당한다.

- **중요한 마지막 단계**: 팀은 운영 환경에서 모델의 성능을 모니터하기 위한 감시 능력을 활용한다. 모델의 실제 성능에 대한 모니터와 피드백으로 팀은 모델이 업무적으로 더 잘 활용될 수 있도록 이전의 어느 단계로 돌아갈지 결정할 수도 있다.

여기서 강조한 도전 과제들과 어떻게 머신러닝 라이프사이클에서 그들을 극복할 수 있는지 알아봤고, 다음은 앞에서 살펴본 큰 그림의 각각의 구성 요소(1장, '머신러닝의 도전 과제' 참고)

에 대해서 스스로 동작할 수 있고, 자동화 기능을 포함한 솔루션을 제공하면서 위의 라이프사이클을 지원하는 플랫폼을 갖는 것이다. 이러한 여정을 오픈소스 커뮤니티와 함께하는 것보다 더 좋은 방법이 있을까 싶다.

머신러닝 프로젝트에서의 OSS 역할

이제 머신러닝 플랫폼에서 어떤 문제들을 해결해야 할지 이해했으니 오픈소스가 왜 가장 좋은 출발점인지 알아보자. 몇 가지 정의에서 시작해보는 것이 좋겠다.

무료 OSS는 사용자가 소프트웨어를 실행, 복사, 배포, 연구, 변경하는 것이 자유다.

> **OSS**
> OSS에 대한 더 자세한 정보는 다음 링크(https://www.gnu.org/philosophy/free-sw.html)를 참조한다.

OSS는 어디에나 존재한다. 리눅스는 가장 일반적인 운영체제이고, 데이터 센터를 운영하며, 전 세계의 클라우드를 가동하고 있다. 아파치 스파크와 관련 오픈소스 기술들은 여러 분야의 조직들을 위한 빅데이터 혁명의 기초다. 텐서플로^{TensorFlow}와 **MLflow** 같은 오픈소스에 기반한 인공지능 기술은 AI 기술을 선도하고 있으며, 수백개의 조직에서 활용하고 있다. 쿠버네티스, 오픈소스 컨테이너 오케스트레이션$^{Open-Source\ Container\ Orchestration}$ 플랫폼은 사실상 컨테이너 플랫폼의 표준으로 자리 잡아가고 있다.

아마존, 애플, 페이스북, 구글, 마이크로소프트, 레드햇 등의 선두 기업들은 주요 오픈소스 프로젝트에 기여와 필요한 관리를 해왔고, 새로운 기업들은 언제나 여기에 참여하고 있다. 전 세계의 기업과 정부는 중요하고 확장성이 높은 시스템을 위해 오픈소스에 매일 의지하고 있다.

클라우드 컴퓨팅 분야에서 가장 성공적인 오픈소스 프로젝트 중 하나는 쿠버네티스다. 쿠버네티스는 2014년도 중반에 제작됐고, 2015년 중반에 1.0 버전이 출시됐다. 그 이후로 사실상 컨테이너 오케스트레이션의 표준으로 자리잡았다.

더군다나 리눅스 재단이 만든 CNCF^{Cloud Native Computing Foundation}는 범용성을 가진 클라우드 컴퓨팅을 만드는 것을 목표로 하고 있다. CNCF는 여러 최고 수준의 엔지니어, 개발자, 사용자, 협력사와 함께 이 목표를 실현하고 있다. 또한 가장 큰 오픈소스 회의를 주관하고 있다. 여기서 첫 프로젝트로 쿠버네티스를 만들었다. 이렇게 클라우드 환경에서의 표준을 쿠버네티스로 정의하게 된 것이다. 이 책을 쓰는 시점에 CNCF는 741개의 조직과 130개의 인증된 쿠버네티스 배포처와 플랫폼, 16개의 매우 성공적인 오픈소스 프로젝트를 마무리했다. 이들 프로젝트 중 쿠버네티스와 운영자 프레임워크^{Operator Framework}는 3장에서 배울 내용이다.

빅데이터와 클라우드 컴퓨팅 수요가 폭발하기 이전의 머신러닝 프로젝트는 대부분 학문적인 수준이었다. 가끔 대학에서 다루는 정도지만 AI, 머신러닝, 데이터 과학이 발전하고 있었다는 의미는 아니다. 학계에서는 수학, 과학, 통계 연산 등을 위해 실제로 수백 개의 오픈소스 파이썬 라이브러리를 만들었다. 이 라이브러리들이 오늘날 머신러닝 프레임워크를 만드는 기초가 됐다. 이 책을 쓰는 시점에 가장 유명한 머신러닝 프레임워크는 텐서플로, 파이토치^{PyTorch}, 사이킷런^{scikit-learn}, 스파크 머신러닝 등이 있으며, 모두 오픈소스다. 또한 가장 인기 있는 데이터 과학과 머신러닝 개발 환경은 주피터 노트북^{Jupyter Notebook}, 주피터랩^{JupyterLab}, 주피터허브^{JupyterHub}, 아나콘다^{Anaconda} 등이 있고, 역시 모두 오픈소스다.

머신러닝은 계속 발전하고 있는 분야이고, 단일 조직을 넘어서는 더 큰 커뮤니티의 목표가 필요하다. 이렇게 커뮤니티 기반으로 일하는 과정은 머신러닝 프로젝트가 필요로 하는 협업과 창의성을 지원하며 오픈소스는 머신러닝이 엄청난 속도로 진화하기 위해 중요한 역할을 하게 된다.

지금까지 AI와 머신러닝 분야에서 OSS가 얼마나 중요한지 살펴봤다. 이제 쿠버네티스에서 머신러닝 프로젝트를 운영해야 하는 이유를 더 자세히 알아보자.

⠿ 쿠버네티스에서 머신러닝 프로젝트 운영

신뢰할 수 있고 확장 가능한 머신러닝 시스템을 구축하려면 튼튼한 기초가 필요하다. 쿠버네티스는 플랫폼에 필요한 셀프서비스 능력을 가지고, 확장 가능하며 신뢰할 수 있는 분산 시스템을 위한 기초를 제공한다. 우리가 활용할 플랫폼에서 하드웨어 인프라를 추상화하고, 하나의 단위로 활용할 수 있는 쿠버네티스의 능력은 큰 장점이다.

또 다른 핵심적인 요소는 작은 데이터 센터에서부터 거대한 AWS^Amazon Web Services, GCP^Google Cloud Platform, 애저^Azure에 이르기까지 어디서나 실행할 수 있는 쿠버네티스 기반 소프트웨어다. 이 기능은 머신러닝 플랫폼을 원하는 곳 어디에서나 운영할 수 있는 이식성^portability을 제공한다. 팀에서 처음에는 매우 낮은 비용으로 시험해보고, 독자의 회사에서 더 많은 사용자를 위해 플랫폼을 원하는 대로 확장해서 적용할 수 있으므로, 사용자에게는 훌륭한 일관성 있는 경험을 줄 수 있다.

쿠버네티스를 선택하는 세 번째이자 마지막 이유는 다양한 종류의 작업 부하를 감당할 수 있기 때문이다. 아마도 1장에서 언급한 성공적인 머신러닝 프로젝트는 머신러닝 뿐만 아니라 인프라의 자동화, 데이터 라이프사이클 관리, 상태 확인이 가능한 구성 요소 등이 필요하다는 점을 기억할 것이다. 쿠버네티스는 업무에 따라 E2E 솔루션을 만들 수 있는 다양한 형태의 소프트웨어 구성 요소를 실행하기 위한 일관된 기초를 갖고 있다.

다음 그림은 머신러닝 플랫폼의 여러 계층을 보여준다. 쿠버네티스는 확장성과 머신러닝 플랫폼으로 구성된 추상화 계층을 제공한다. 쿠버네티스는 보이지 않는 인프라를 원하는 대로 추상화하는 능력을 갖추고 있다. 이러한 유연함 때문에 다양한 클라우드 서비스나 기업의 자체 운영 환경^on-premise에서 운영할 수 있는 것이다. 이 책에서 우리가 만들 머신러닝 플랫폼은 FE, 모델 개발, DevOps 등 머신러닝 프로젝트의 3개의 영역에서 운영과 셀프서비스가 가능하도록 할 것이다.

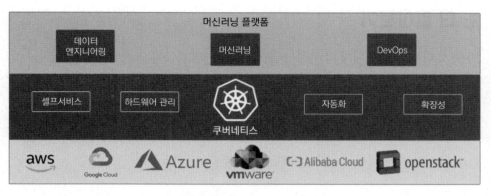

그림 2.8 OSS 기반의 머신러닝 플랫폼

이것이 바로 독자가 만들 OSS에 기반해 쿠버네티스를 사용하는 머신러닝 플랫폼이다. 강력한 오픈소스 쿠버네티스 커뮤니티에서 이 분야가 지속적으로 발전할 수 있도록 최고의 기술을 지원할 것이다.

요약

2장에서는 MLOps 용어를 정의했고, 머신러닝 프로젝트 라이프사이클은 협업과 신속한 피드백을 가져야 한다는 점을 강조했다. 이와 같은 프로젝트 라이프사이클에서 팀은 사업적으로 의미 있는 가치를 지속적으로 제공할 수 있다고 배웠다. 또한 커뮤니티가 주도하는 소프트웨어인 OSS 기반의 플랫폼을 만드는 이유에 대해서도 알아봤다.

왜 플랫폼이 필요하며 어떤 문제들을 해결해야 하는지 확인하기 위한 이 책의 일부를 마무리한다. 3장에서는 머신러닝 플랫폼의 중심인 쿠버네티스 시스템의 몇 가지 기본 개념을 살펴볼 것이다.

:➤ 더 알아보기

2장에서 다룬 주제에 대해 더 자세히 알아보고 싶다면 다음 링크를 참조할 수 있다.

- DevOps: Breaking the development-operations barrier^(개발 작업의 장애물 깨부수기) https://www.atlassian.com/devops

03

쿠버네티스 탐험

쿠버네티스가 머신러닝 플랫폼 기초가 될 것이라는 사실을 알았으니 우리의 솔루션의 기초에 대한 지식을 다시 한 번 다지는 것이 맞을 것이다. 쿠버네티스를 주제로 한 자료가 인터넷에 많지만, 우리는 클라우드 시대의 쿠버네티스 역할과 솔루션 제작에 필요한 유연성에 대해서 간단하게 알아볼 것이다. 또한 쿠버네티스의 오퍼레이터Operators와 함께 설치와 쿠버네티스 작업을 어떻게 단순화할 수 있을지도 배울 것이다. 3장을 마치면 minikube 인스턴스를 독자의 컴퓨터나 클라우드에서 만들어서 실행하게 될 것이다. 이는 머신러닝 플랫폼을 다루는 기초 인프라로 활용할 단일 노드 쿠버네티스 클러스터다.

다음 주제를 다음과 같이 정해진 순서대로 다룰 것이다.

- 쿠버네티스 주요 구성 요소 살펴보기

- 쿠버네티스로 클라우드 사용자되기

- 오퍼레이터 이해하기

- 로컬 쿠버네티스 환경 설정하기

- (선택) 구글 클라우드 플랫폼의 가상머신 준비하기

기술 요구 사항

3장은 직접 설치하는 실습을 포함하고 있다. 쿠버네티스 클러스터를 설치하고 이를 위해 다음과 같은 하드웨어 사양이 필요하다.

- 최소 4코어 이상의 CPU, 8코어를 권한다.

- 최소 16GB의 메모리, 32GB를 권한다.

- 최소 60GB의 디스크 여유 공간

위 요구 사항은 노트북이나 서버, 또는 클라우드에서 별도로 제공하는 VM과 같은 물리적 자원을 말한다.

쿠버네티스 주요 구성 요소 살펴보기

웹에서 보면 쿠버네티스의 정의는 여러 가지가 있다. 쿠버네티스의 사용자로서 이미 독자가 선호하는 선택을 한 것이라고 가정한다. 그러므로 이번 절에서는 독자의 쿠버네티스 지식을 상기하기 위한 몇 가지 기본 개념을 살펴볼 것이다. 이 절은 결코 쿠버네티스 시스템에 대한 참고서나 교재는 아니다.

2장, 'MLOps 이해하기'에서 쿠버네티스가 머신러닝 플랫폼에 대해 다음과 같은 기능을 제공하는 것을 알아봤다.

- **선언적 형식의 소프트웨어 구성 요소 실행 지원:** 이 기능은 각 팀이 자율성을 갖도록 돕는다.

- **하드웨어 자원에 대한 추상화 계층 지원**: 이 기능을 통해 머신러닝 플랫폼을 다양한 하드웨어 위에서 구동하고, 온디맨드 자원 계획을 관리할 수 있다.

- **상호작용을 위한 API 지원**: 머신러닝 플랫폼에서 다양한 구성 요소를 실행하기 위한 자동화를 가능하게 만든다.

이제 쿠버네티스 플랫폼의 주요 구성 요소를 정의해보는 것부터 시작해보자. 제어 영역 control plane과 작업자 노드worker nodes를 먼저 소개할 것이다.

제어 영역

제어 영역은 쿠버네티스의 뇌를 이루는 구성 요소의 집합이다. API 서버, 키-값key-value 데이터베이스, 스케줄러scheduler와 제어기 모음이다. 이러한 구성 요소 각각을 다음과 같이 정의한다.

- **API 서버**: 이 구성 요소는 REST Representational State Transfer API를 사용해 쿠버네티스 시스템과 상호작용을 할 수 있다. 모든 구성원이 쿠버네티스와 API를 통해 상호작용이 가능하다. 개발자 또는 운영 엔지니어로서 API와 쿠버네티스의 내부 구성 요소를 사용해 API 서버와 대화하면서 다양한 작업을 수행할 수 있다.

- **키-값 데이터베이스**: API 서버는 상태를 보존하지 않는stateless 방식이다. 즉 다양한 객체를 저장하기 위한 상태 저장소persistent store가 필요하다. 키-값 데이터베이스가 etcd라는 구성 요소를 사용해 이 역할을 수행한다. 쿠버네티스의 다른 구성 요소들은 이처럼 직접 통신하지 않고, API 서버를 통해서만 접근할 수 있다.

- **스케줄러**: 이 구성 요소는 앱의 인스턴스가 어디서 실행돼야 하는지 지시한다. 스케줄러는 쿠버네티스 관리자가 정의한 정책에 가장 적합한 작업자 노드를 선택한다.

- **제어기**: 제어 영역에는 여러 개의 제어기가 있다. 각각의 제어기는 담당하는 역할이 있는데, 예를 들어 노드 제어기는 노드의 상태를 모니터링하는 역할을 담당한다.

다음 그림은 여러 제어 영역 구성 요소 사이의 상호작용을 보여준다.

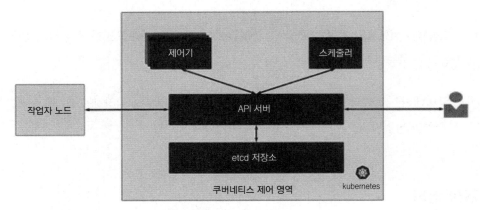

그림 3.1 쿠버네티스 제어 영역 구성 요소

제어 영역은 객체의 생성, 수정, 삭제를 조정한다. 쿠버네티스 클러스터의 상태를 모니터하고 관리한다. 제어 영역은 또한 클러스터가 지속적으로 동작할 수 있도록 작업 부하workload를 관리한다. 그렇다면 앱의 작업 부하는 어떨까?

작업자 노드

이름이 암시하듯이 작업자는 애플리케이션 소프트웨어를 호스팅하는 노드의 집합이다. 예를 들어 머신러닝 플랫폼 구성 요소는 작업자 노드에서 실행된다. 하지만 작업자 노드는 제어 영역과 작업자의 통신을 위한 몇 가지 쿠버네티스 구성 요소 또한 실행하고, 작업자 노드에서 실행 중인 앱을 관리한다. 다음은 앱을 제외한 작업자 노드의 핵심 구성 요소다.

- **큐브 프록시**: 큐브 프록시Kube proxy는 노드에서 실행 중인 앱을 위한 네트워크 통신을 관리하는 것이 핵심 역할이다.

- **큐블렛**: 큐블렛Kubelet은 각각의 노드에서 실행 중인 일종의 에이전트로 생각해볼 수 있다. 이 에이전트의 주요 역할은 제어 영역 API 서버와 대화를 하면서, 노드에서 실

행 중인 앱을 관리하는 것이다. 이 에이전트는 또한 노드의 상태를 수집해 전송하고, API를 통해 다시 제어 영역으로 전달받는다.

- **컨테이너 런타임**: 컨테이너 런타임^{Container Runtime} 구성 요소는 앱을 호스팅하고 있으면서 큐블렛이 관리하는 컨테이너를 실행하는 역할을 한다. 도커^{Docker}가 하나의 예다. 하지만 쿠버네티스가 CRI^{Container Runtime Interface}를 정의한다. CRI는 쿠버네티스가 사용하는 인터페이스를 정의하고 쿠버네티스 관리자는 CRI와 호환성이 있는 컨테이너 런타임을 선택할 수 있다.

다음 그림은 다중 작업자 노드 구성 요소의 상호작용을 보여준다.

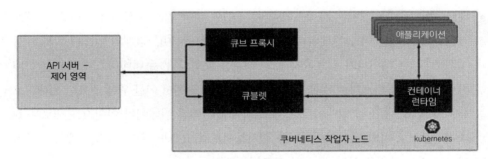

그림 3.2 쿠버네티스 작업자 구성 요소

작업자 노드는 또한 연산자 노드로 이해할 수도 있으며, 클러스터 안에서 앱의 작업 부하를 실제로 처리한다. 앱의 작업을 처리하기 위해서는 쿠버네티스 객체나 자원을 사용해 제어 영역과 상호작용이 필요하다.

앱의 실행을 위한 쿠버네티스 객체

이제 쿠버네티스 시스템에서 앱을 실행하기 위해 공통적으로 필요한 일련의 쿠버네티스 객체를 정의해보자. 머신러닝 플랫폼을 위한 구성 요소를 만들 때에는 쿠버네티스 위에서 앱을 실행하는 쿠버네티스 객체를 사용하게 될 것이다. 객체 목록은 다음과 같다.

- **네임스페이스**: 하나의 쿠버네티스 클러스터는 여러 팀과 프로젝트에게 공유한다. 네임스페이스namespace는 쿠버네티스 자원을 구분하는 방법이다. 이러한 구분을 통해 여러 팀과 다양한 환경, 또는 여러 앱들이 동일한 클러스터를 공유하면서도 다양한 설정, 네트워크 정책, 자원 할당량, 접근 제어 등을 유지할 수 있다. 같은 클러스터 내에서 논리적으로 일종의 하위 클러스터를 갖는 것이다.

- **컨테이너 이미지**: 쿠버네티스에서 앱을 실행하려면 앱을 표준 형식으로 패키징해야 한다. 이러한 형식은 앱과 앱의 종속성dependency으로 이뤄져 있으며, 이를 컨테이너 이미지라고 하고, 그 이미지를 실행하고 있는 인스턴스를 컨테이너라고 한다. 즉 앱과 앱의 종속성 그리고 운영체제 자원까지 포함하고 있는 하나의 꾸러미다.

- **배포**: 쿠버네티스 객체는 클러스터 안에서 앱에 대한 원하는 상태를 나타낸다. 배포Deployment 객체는 어느 컨테이너 이미지로 실행할 것이며, 몇 개의 인스턴스 또는 복제replicas된 컨테이너가 필요한지 등의 정보를 포함한다. 쿠버네티스가 필요한 상태와 현재 상태가 다르다는 것을 인지하면, 클러스터상에서 이를 위해 필요한 업데이트를 수행할 것이다. 이 업데이트는 배포 객체에 정의된 컨테이너 이미지를 새로운 컨테이너로서 추가하거나 컨테이너를 중지하기도 하고, 네트워크 설정과 배포 객체가 필요로 하는 자원을 설정하는 기능을 포함한다.

- **파드**: 하나의 파드Pod는 쿠버네티스에서 앱을 실행하는 기본 단위다. 배포에서도 가장 작은 스케줄러 작업 단위다. 파드는 하나 이상의 컨테이너를 포함할 수 있다. 파드 안의 컨테이너는 네트워크, 디스크 자원을 공유한다. 하나의 파드에서 실행하는 컨테이너들은 논리적으로 서로 통신이 가능하면서 동일한 노드에서 작업 일정을 관리한다.

- **서비스**: 어떻게 파드끼리 서로 통신할 수 있을까? 파드는 클러스터의 네트워크를 통해 통신하고, 각각의 파드는 자신만의 IP 주소를 가진다. 하지만 파드는 있을 수도, 없을 수도 있다. 쿠버네티스는 노드의 상태와 작업 일정에 따라 파드를 재시작하기도 하는데, 이 경우에는 파드의 IP 주소가 변경될 수 있다. 더군다나 배포 객체가 동일한 파드에 대해서 여러 복제들을 실행하도록 설정돼 있다면, 각각의 복제마다 별도의 IP 주소를 가진다.

쿠버네티스의 서비스는 하나의 추상화된 네트워크 서비스로서 파드를 노출시킨다. 하나의 일관된 IP 주소와 DNS^{Domain Name System}명을 제공해서 네트워크 경로를 찾을 수 있게 하고, 여러 파드를 로드 밸런싱^{load balancing}할 수도 있다. 실행 중인 여러 파드에 대해서 로드 밸런스를 지원하는 리버스 프록시^{reverse proxy}를 생각해보자.

- **컨피그맵과 시크릿**: 지금 우리는 하나의 컨테이너 이미지로 패키징한 앱이 있고, 하나의 파드에서 실행한다고 생각해보자. 이 파드는 여러 환경, 즉 개발, 테스트, 운영에 배포될 것이다. 하지만 각각의 환경은 데이터베이스 위치 등 다른 설정을 갖고 있다. 이러한 설정을 컨테이너 이미지에 함께 넣어두는 것은 올바른 접근 방식이 아니다. 그 이유 중 하나는 컨테이너 이미지가 다른 설정을 갖고 여러 환경에 배포돼야 할 수 있기 때문이다. 즉, 컨테이너 이미지 바깥에서 설정을 정의하고 이 설정을 컨테이너 실행 시에 전달해줄 수 있어야 한다.

  컨피그맵^{ConfigMap}과 시크릿^{Secret}은 쿠버네티스에서 설정 데이터를 저장할 방법을 제공한다. 일단 암호나 사설 키^{private key} 등의 객체들을 정의하면, 파드의 파일 시스템에 있는 파일이나 환경변수의 형태로 실행 중인 파드에 전달할 수 있다.

  컨피그맵은 설정 데이터를 저장하고 접근하기 위해서 사용한다. 하지만 암호와 사설 키 같은 민감한 설정에 대해서는 쿠버네티스가 시크릿이라고 하는 특수한 객체를 지원한다. 컨피그맵과 같이 시크릿은 파일 또는 환경변수의 형태로 파드에서 접근할 수 있다.

다음 그림은 배포, 파드, 컨피그맵과 시크릿의 논리적인 관계를 보여준다. 배포 객체는 컨테이너화된 앱을 추상화할 수 있다. 이는 복제 컨트롤러와 파드를 실행할 때 생기는 복잡함을 감춰준다. 배포는 앱이 하나의 파드 또는 여러 파드로 실행할 수 있도록 지원하고, 컨피그맵은 파드의 특수한 환경에 따른 설정을 지원하며, 서비스는 여러 배포된 파드를 마치 하나의 네트워크 서비스로 노출한다.

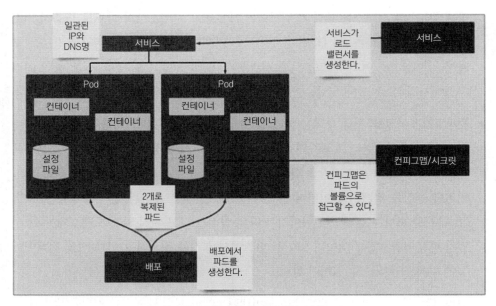

그림 3.3 쿠버네티스의 저장소 탐색

- **저장소 - PersistentVolume과 PersistentVolumeClaim**: 파드는 일시적으로 존재한다. 일단 파드를 종료하면, 파드에 할당된 모든 자원은 사라진다. 파드에 위치한 앱은 파드보다 오래 살아 남아야 하는 보존이 필요한 데이터를 읽고 쓰기 위한 저장소가 자주 필요하다.

  쿠버네티스는 여러 하드웨어와 클라우드 서비스에서 사용 가능한 인프라 추상화 계층을 지원한다. 하지만 저장소 자원 또는 디스크를 요청하는 방법은 클라우드 서비스 제공사와 기업 내의 시스템마다 다르다. 그래서 여러 하드웨어와 클라우드 서비스 종류에 대해서 일관성 있는 저장소 자원 요청 방법이 필요하다.

  쿠버네티스의 해결책은 저장소 자원을 2개의 쿠버네티스 객체로 나누는 것이다. 먼저 PersistentVolume 즉, PV는 물리적 저장소 볼륨을 정의한다. 저장소 인프라에 대한 세부 사항을 포함하고 있다. 반면 PersistentVolumeClaim 즉, PVC는 PV를 가리키는 추상화된 객체다. PVC는 소유자가 어떤 특정 PV를 요청하고 있음을 나타낸다. 파드의 저장소는 PVC와 연계돼 있으며, PV와 직접적인 연관성이 없다. 이러한 방식으로 실질적인 저장소는 앱에 대해 추상화돼 있는 것이다.

다음 그림은 여러 개의 파드, PVC, PV의 관계를 보여준다. 파드는 PVC를 하나의 볼륨으로 인식한다. 해당 PVC는 파드에 대해서 추상화된 계층으로 동작하며, 파드에 연계된 물리적 볼륨으로 다룬다. PVC는 디스크를 구체적으로 정의하고 있는 PV에 연결돼 있다.

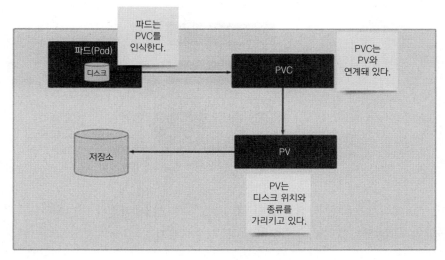

그림 3.4 쿠버네티스의 저장소 탐색(계속)

- **인그레스**: 서비스는 쿠버네티스 클러스터 내에서 파드에 접근할 수 있게 만든다. 쿠버네티스 클러스터 외부에서 어떤 파드에 접근이 필요한 경우에는 인그레스Ingress가 답이다. 인그레스는 클러스터 외부에서 특정 서비스를 접근할 수 있도록 노출시키는 방법을 제공한다. 서비스의 위치를 지정하기 위해 URL을 사용하는 HTTPHyperText Transfer Protocol로 표현한다. 또한 인그레스는 URL로 접근할 때 SSLSecure Sockets Layer을 사용할 수 있고, 클러스터 안에서는 SSL을 쓰지 않도록 설정할 수 있다. 즉, 인그레스까지는 통신 계층이 암호화되도록 하고, 파드로 전송할 때는 평범한 HTTP로 전달할 수 있다. 특별한 경우가 아니라면 쿠버네티스 안에서 파드로 네트워크 데이터를 전달할 때 항상 암호화하는 것은 의미가 없다.

다음 그림은 인그레스가 어떻게 쿠버네티스 밖에서 파드에 접근할 수 있도록 하는지 보여준다.

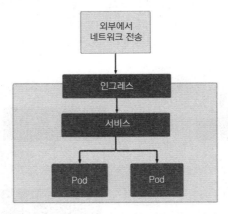

그림 3.5 쿠버네티스 클러스터의 인그레스 객체

이제 쿠버네티스에 대한 지식을 다시 정리해봤으니 쿠버네티스가 어디에서나 독자의 플랫폼을 실행할 수 있도록 어떻게 지원하는지 살펴보자.

⁝⁝⁝ 쿠버네티스로 클라우드 사용자되기

우리가 만들 머신러닝 플랫폼의 핵심 중 하나는 기업이나 조직에서 어느 클라우드 서비스나 데이터 센터를 사용하더라도 지원한다는 점이다. 하지만 각각의 클라우드는 자원을 관리하고 앱을 배포하기 위한 자신만의 API를 갖고 있다. 예를 들어 AWS API는 EC2^{Elastic Compute Cloud}를 사용해 인스턴스(서버)를 준비하고, 구글 클라우드 API는 GCE^{Google Compute Engine} VM(서버)을 사용한다. 같은 자원을 가리키는 이름조차도 다르다. 이 지점이 쿠버네티스의 역할이 중요한 부분이다.

쿠버네티스의 폭넓은 수용성은 주요 클라우드 서비스들이 쿠버네티스 솔루션과 밀접하게 통합되도록 이끌어왔다. 결국 누구나 쿠버네티스 클러스터를 AWS, GCP, 애저에서 짧은 시간 안에 구동할 수 있게 됐다.

쿠버네티스 API는 클라우드의 자원 관리를 지원한다. 표준 쿠버네티스 API를 사용하면 앱을 주요 클라우드 서비스에 특수한 API를 배우지 않아도 배포할 수 있다. 쿠버네티스 API는 클라우드 작업을 관리하기 위한 추상화 계층으로 자리잡고 있다. 이 책에서 우리가 만들 머신러닝 플랫폼은 앱을 배포하고 실행하기 위해 쿠버네티스 API만을 사용할 것이다. 이는 또한 머신러닝 플랫폼을 완성하기 위한 여러 소프트웨어 구성 요소도 포함한다.

다음 그림은 쿠버네티스가 독자를 클라우드의 세부적인 내용은 몰라도 충분히 활용할 줄 아는 클라우드 사용자cloud-agnostic로 어떻게 만들어 줄 수 있는지 보여준다. 클라우드 서비스 제공자의 API를 직접 사용하는 경우를 줄이거나 없애고, 쿠버네티스 API를 사용해 쿠버네티스와 상호작용을 할 것이다. 즉 클라우드나 데이터 센터 종류에 관계없이 독자의 환경을 위한 일관성 있는 운용 방법을 쿠버네티스가 제공한다는 뜻이다.

그림 3.6 쿠버네티스는 클라우드 제공자들의 API들의 틈을 메우는 역할을 한다.

쿠버네티스 커뮤니티에 등장한 또 다른 중요한 요소는 오퍼레이터다. 쿠버네티스 오퍼레이터를 사용해 대부분의 머신러닝 플랫폼 구성 요소를 배포할 것이다. 지금 바로 알아보자.

⁞⁞⁞ 오퍼레이터 이해하기

기존의 IT 조직에서는 전문화된 특정 팀에서 앱과 데이터베이스, 캐시, 메시징 구성 요소 등의 소프트웨어를 관리한다. 이러한 팀들은 지속적으로 소프트웨어 환경을 관찰하고, 데이터베이스 백업이나 소프트웨어 구성 요소를 업그레이드하거나 패치하는 등의 작업을 하고 있다.

오퍼레이터는 시스템 관리자나 엔지니어와 같이 지속적으로 쿠버네티스 환경에서 실행 중인 앱을 모니터하고, 특정 구성 요소와 관련된 운영 작업을 수행한다. 즉 오퍼레이터는 쿠버네티스 앱의 설치와 라이프사이클을 관리하는 자동화된 소프트웨어 관리자다.

단순하게 말하면 배포, 인그레스 등과 같은 쿠버네티스 객체를 독자가 직접 생성하거나 수정하는 대신에 우리가 설정한 대로 오퍼레이터가 그 역할을 수행한다. 오퍼레이터가 수행할 특정 작업을 설정한 것을 커스텀 리소스CR, Custom Resource라고 하고, CR의 구조나 스키마를 정의한 객체를 CR Definition CRD, Custom Resource Definition이라고 부른다.

다음 그림은 오퍼레이터가 어떻게 앱의 운영 작업들을 자동화하는지 보여준다. 기존의 접근 방식에서는 개발자가 앱을 만들고 나서 앱의 운영 팀이 앱을 실행하도록 지원한다. 쿠버네티스 오퍼레이터의 목표 중 하나는 운영 팀 작업자들이 하는 일들을 자동화하는 것이다.

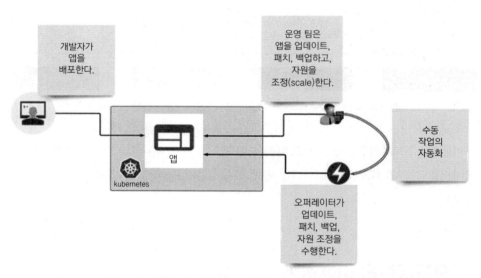

그림 3.7 오퍼레이터는 운영 팀의 작업을 자동화하는 소프트웨어다.

쿠버네티스 오퍼레이터 작업은 다소 복잡할 수 있다. 여러 데이터베이스 인스턴스를 관리하는 오퍼레이터도 있고, 여러 파드들의 클러스터와 함께 동작하도록 관리하는 경우도 있다. 일부 오퍼레이터는 한두 개의 CRD만을 갖고 있지만, 10개 이상의 CRD를 갖는 경우도 있다. 오퍼레이터 라이프사이클 관리자^{OLM, Operator Lifecycle Manager}는 쿠버네티스 오퍼레이터의 설치와 관리를 간단하게 만들 수 있다. 이 부분을 조금 더 알아보자.

OLM에는 오퍼레이터를 설치하기 위한 몇 가지 단계가 있다. 배포 객체 생성하기, 오퍼레이터 실행을 위한 권한 설정(쿠버네티스 클러스터의 변화를 관찰해야 하기 때문)과 CRD 생성이다. 오퍼레이터 설치를 단순화하기 위해서 관리 기능은 편리한 것이 좋다. OLM이 이 역할을 담당한다.

OLM은 오퍼레이터와의 상호작용을 표준화한다. 모든 오퍼레이터와의 상호작용은 쿠버네티스 API로 수행한다. OLM은 쿠버네티스 API라는 단일 표준 인터페이스를 통해 여러 오퍼레이터의 라이프사이클의 관리를 쉽게 만든다. 우리의 머신러닝 플랫폼은 몇 개의 오퍼레이터를 사용할 예정이므로, OLM과 그와 관련된 객체를 알아두면 유용하다. 다음의 자세한 내용을 살펴보자.

- ClusterServiceVersion: 오퍼레이터의 메타데이터를 정의한다. 설치 및 필요한 권한 정보와 함께 오퍼레이터의 이름과 버전을 포함한다. 또한 오퍼레이터가 보유한 CRD도 기술하고 있다.

- Subscription: 사용자가 오퍼레이터를 설치하고 업데이트할 수 있게 해준다. OLM이 오퍼레이터, CRD와 관련된 접근 제어 객체들을 설치, 설정할 때 사용한다.

- OperatorGroup: 오퍼레이터를 특정 네임스페이스 세트와 연계해주는 기능을 제공한다. OperatorGroup은 연관된 오퍼레이터에 대응하는 네임스페이스 세트를 정의한다. OperatorGroup에 정의된 네임스페이스 세트가 없으면 오퍼레이터는 모든 네임스페이스에 대해서 전역적으로 동작한다.

다음 절에서는 독자의 로컬 쿠버네티스 환경을 설치/구성해보고, 쿠버네티스 클러스터에 OLM을 설치할 것이다.

⠿ 로컬 쿠버네티스 환경 설정하기

몇 가지 기본적인 쿠버네티스 개념을 다시 상기해봤다. 이제 새로운 여정을 시작해볼 시간이다. 이번 절에서는 로컬 쿠버네티스 클러스터를 준비하고 검증해볼 것이다. 우리가 설정할 클러스터는 3장에서부터 머신러닝 플랫폼을 호스팅하는 데 사용할 것이다.

kubectl 설치

kubectl(큐브컨트롤 또는 큐브씨티엘로 읽는다)은 쿠버네티스에 대한 명령어의 실행을 지원하는 명령줄 도구다. 이 도구를 사용해 쿠버네티스 객체를 생성할 수 있고, 로그를 보거나 실행한 작업의 진행 상황을 모니터할 수 있다. 독자의 컴퓨터에 kubectl을 설치하는 과정은 다음과 같다.

리눅스에 kubectl 설치하기

먼저 ML용 리눅스에 kubectl을 설치하는 과정을 알아보자. 다음 단계를 따라서 진행한다.

1. 리눅스 컴퓨터에 SSH^{Secure Shell} 터미널을 연다.

2. kubectl을 다운로드한다. 쿠버네티스 CLI^{Command-Line Interface}다. 이 책에서는 1.22.4 버전을 사용할 것이다. 명령어는 다음과 같다.

```
curl -LO https://dl.k8s.io/release/v1.22.4/bin/linux
/amd64/kubectl
```

3. 다음 명령으로 kubectl CLI를 설치한다.

```
sudo install kubectl /usr/local/bin/kubectl
```

4. 다음 명령을 실행해 잘 설치됐는지 확인한다.

```
kubectl version --client
```

버전을 확인하는 명령으로 다음과 같은 결과를 볼 수 있어야 한다.

```
$kubectl version —client
Client Version: version.Info{Major:"1", Minor:"22", GitVersion:"v1.22.4",
sion:"go1.16.10", Compiler:"gc", Platform:"linux/amd64"}
```

그림 3.8 리눅스에서 kubectl version 명령 실행 결과

이제 리눅스 컴퓨터에서 kubectl을 실행할 수 있는 것이다.

맥OS에 kubectl 설치

다음과 같이 머신러닝을 위한 맥OS에서 kubectl을 설치하는 과정을 알아보자.

1. 독자의 맥 컴퓨터에서 SSH나 터미널 세션을 연다.

2. kubectl을 다운로드한다. 이 책에서 사용할 버전은 1.22.4이다.

   인텔 맥이라면 다음 명령을 실행한다.

```
curl -LO https://dl.k8s.io/release/v1.22.4/bin/darwin/
amd64/kubectl
```

   애플 M1 맥이라면 다음 명령을 실행한다.

```
curl -LO https://dl.k8s.io/release/v1.22.4/bin/darwin/
aa64/kubectl
```

3. 다음 명령을 실행해 Kubectl CLI를 설치한다.

```
sudo install kubectl /usr/local/bin/kubectl
```

4. 다음 명령을 실행해 설치가 잘 됐는지 확인한다.

```
kubectl version --client
```

버전을 확인하는 명령으로 다음과 같은 결과를 볼 수 있어야 한다.

```
$kubectl version —client
Client Version: version.Info{Major:"1", Minor:"22", GitVersion:"v1.22.4",
sion:"go1.16.10", Compiler:"gc", Platform:"linux/amd64"}
```

그림 3.9 맥OS에서 kubectl version 명령 실행 결과

이제 맥OS에서 kubectl을 실행할 수 있다.

윈도우에서 kubectl 설치

윈도우에서는 다음 과정을 따라가보자.

1. PowerShell을 관리자 권한으로 연다.

2. 다음 명령을 실행해서 kubectl 쿠버네티스 CLI 파일을 다운로드한다. 이 책에서는
   1.22.4 버전을 사용할 것이다.

```
curl.exe -LO https://dl.k8s.io/release/v1.22.4/bin/
windows/amd64/kubectl.exe
```

3. 다음과 같이 kubectl.exe 파일을 c:\kubectl로 복사한다.

```
mkdir c:\kubectl
copy kubectl.exe c:\kubectl
```

4. 다음 명령으로 c:\kubectl 경로를 PATH 환경변수에 추가하고 나서 PowerShell 터미
   널을 재시작한다.

```
setx $ENV:PATH "$ENV:PATH;C:\kubectl" /M
```

5. 다음 명령을 실행해 설치가 잘 됐는지 확인한다.

```
kubectl version –client
```

버전을 확인하는 명령으로 다음과 같은 결과를 볼 수 있어야 한다.

```
PS C:\Windows\system32> kubectl version --client
Client Version: version.Info{Major:"1", Minor:"22", GitVersion:"v1.22.4", Git
e75f1", GitTreeState:"clean", BuildDate:"2021-11-17T15:48:33Z", GoVersion:"go
amd64"}
```

그림 3.10 윈도우에서 kubectl version 명령 실행 결과

이제 kubectl 쿠버네티스 CLI를 설치했다. 다음은 minikube와 로컬 단일 노드 클러스터를 설치한다.

minikube 설치

로컬 쿠버네티스 클러스터를 minikube로 쉽게 실행할 수 있다. 최소한의 클러스터이며, 로컬에서 개발과 시험을 해보기 위한 용도로만 사용한다. 운영 환경에서 쿠버네티스를 조작하는 방법은 이 책에서 다루는 내용이 아니다.

kubectl과 마찬가지로 다양한 OS에서 설치하는 방법을 알아보자.

리눅스에 minikube 설치하기

1. 독자의 리눅스 컴퓨터에서 터미널이나 SSH 세션을 연다.

2. 다음과 같이 minikube를 위한 podman을 설치한다.

```
sudo dnf install podman -y
```

3. minikube를 다음의 위치에서 다운로드한다. 여기서는 1.24.0 버전의 minikube를 사용한다.

```
curl -LO https://storage.googleapis.com/minikube/
releases/v1.24.0/minikube-linux-amd64
```

4. 다음과 같이 minikube 도구를 설치한다.

```
sudo install minikube-linux-amd64 /usr/local/bin/minikube
```

5. 다음과 같이 minikube 버전을 확인한다.

```
minikube version
```

다음과 같은 출력을 볼 수 있다.

그림 3.11 리눅스에서 minikube version 명령의 출력

이제 리눅스에서 kubectl과 minikube를 설치했다. 이 2개의 명령줄 도구는 로컬 쿠버네티스 클러스터를 구성할 때 도움을 줄 것이다.

맥OS에서 minikube 설치하기

이 책에서 선호하는 OS는 리눅스이지만, 맥OS에서 설치하는 과정도 소개할 것이다. 많은 개발자들이 맥OS 시스템을 사용하고 있고 애플의 운영체제에 대해서 세부 사항을 아는 것 또한 도움이 될 것이다. 과정은 다음과 같다.

1. 도커 웹 사이트, 또는 다음 링크(https://www.docker.com/products/docker-desktop)에서 도커 데스크톱Docker Desktop을 다운로드하고 설치한다.

2. 도커가 준비되면 다음 명령으로 잘 설치됐는지 확인한다. 다음 명령을 실행하기 전에 도커가 실행 중이어야 한다.

```
docker version
```

다음과 같은 출력을 볼 수 있을 것이다. 만약 오류가 발생했다면, 도커가 실행 중인지 확인한다.

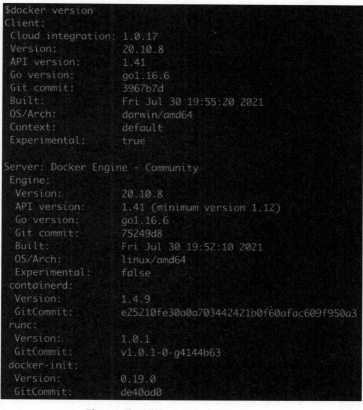

그림 3.12 맥OS에서 docker version 명령의 출력

3. 독자의 맥OS 컴퓨터에서 터미널을 연다.

4. 다음 명령 중 하나를 실행해 minikube를 다운로드한다. 여기서는 1.24.0 버전의 minikube를 사용할 것이다.

- 인텔 맥이라면 다음 명령을 실행한다.

```
curl -Lo minikube https://storage.googleapis.com/
minikube/releases/v1.24.0/minikube-darwin-amd64
```

- 애플 M1 맥(애플 실리콘)이라면 다음 명령을 실행한다.

```
curl -Lo minikube https://storage.googleapis.com/
minikube/releases/v1.24.0/minikube-darwin-arm64
```

5. 다운로드한 파일을 /usr/local/bin 폴더로 이동하고, 다음 명령을 실행해 다운로드한 파일을 실행 가능한 파일로 만든다.

```
sudo mv minikube /usr/local/bin
sudo chmod +x /usr/local/bin/minikube
```

6. 다음과 같이 minikube 버전을 확인한다.

```
minikube version
```

다음과 같은 결과를 확인할 수 있어야 한다.

```
$minikube version
minikube version: v1.24.0
commit: 76b94fb3c4e8ac5062daf70d60cf03ddcc0a741b
```

그림 3.13 minikube version 명령의 출력

방금 kubectl과 minikube를 맥OS에 설치했다. 이 2개의 명령줄 도구는 로컬 쿠버네티스 클러스터를 구성할 때 도움이 될 것이다.

윈도우에 minikube 설치하기

맥OS와 마찬가지로 적지 않은 개발자들이 윈도우를 사용한다. MS의 못하는 것이 없는 운영체제에서 예제를 실행할 수 있도록 설치 과정을 안내하는 것이 공정할 것이다. MS 의 가상화 기술인 Hyper-V를 사용해 윈도우에서 minikube를 실행하는 것을 조금 더 알아보자. Hyper-V는 윈도우 홈 에디션을 제외한 모든 윈도우에서 활용 가능하단 점을 참고한다. 과정은 다음과 같다.

1. PowerShell을 관리자 권한으로 실행한다.

2. PowerShell 콘솔에서 다음 명령을 실행해 Hyper-V를 활성화한다.

```
Enable-WindowsOptionalFeature -Online -FeatureName
Microsoft-Hyper-V --All
```

Hyper-V가 활성화되지 않았다면 다음과 같은 출력을 볼 수 있다. 이미 활성화됐다면, 위 명령은 현재 상태를 보여줄 것이다. Y를 누르고 계속 진행한다.

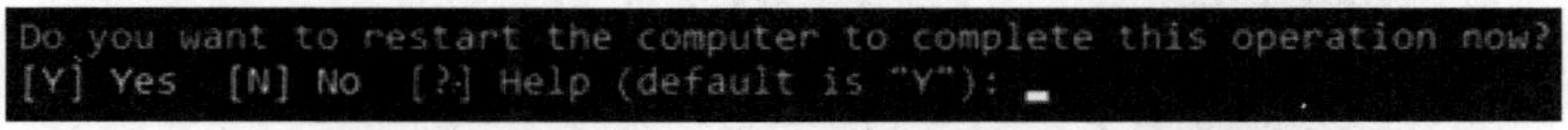

```
Do you want to restart the computer to complete this operation now?
[Y] Yes  [N] No  [?] Help (default is "Y"):
```

그림 3.14 윈도우의 Hyper-V를 활성화하는 명령의 출력

필요한 경우 컴퓨터를 재시작한다.

3. 다음의 링크(https://github.com/kubernetes/minikube/releases/download/v1.24.0/minikube-installer.exe)를 브라우저에서 열고, minikube 설치 파일을 다운로드한다.

4. 다운로드한 인스톨러를 실행하자. 아래의 그림과 같이 언어를 선택하는 화면이 나타
   날 것이다. **OK** 버튼을 클릭한다.

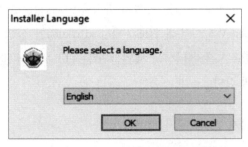

그림 3.15 minikube 인스톨러의 언어 선택 화면

5. 인스톨러가 다음과 같이 환영 화면을 보여줄 것이다. **Next** 버튼을 클릭한다.

그림 3.16 minikube 설치 마법사

6. 인스톨러 화면에서 다음과 같이 **라이선스 동의** 여부를 표시할 것이다. **동의함**을 클릭
   해 진행한다.

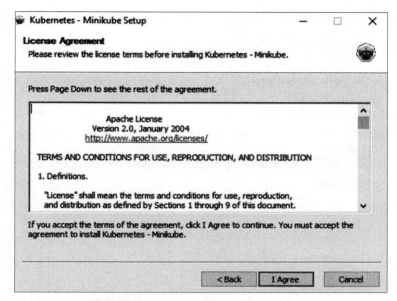

그림 3.17 minikube 인스톨러의 라이선스 동의 화면

7. 다음 화면에서는 minikube를 설치할 위치를 선택하고, **Install** 버튼을 클릭한다.

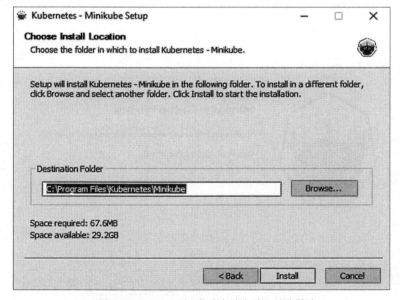

그림 3.18 minikube 인스톨러의 설치 경로 선택 화면

8. 설치 과정은 몇 분 정도 걸릴 수 있다. 일단 설치가 잘 완료되면 다음 화면을 볼 수 있을 것이다. **Next >** 버튼을 클릭한다.

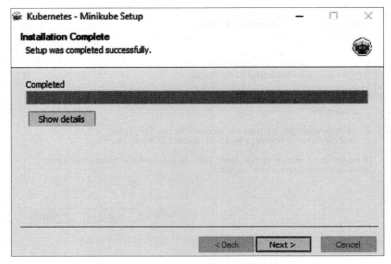

그림 3.19 minikube 인스톨러의 성공한 설치 화면

9. 다음은 nimikube 설치 과정의 마지막 화면이다. **Finish** 버튼을 클릭해 설치를 완료한다.

그림 3.20 minikube 인스톨러의 마지막 화면

10. 마지막으로 PowerShell 콘솔을 열고, minikube를 위한 Hyper-V 가상 드라이버를 구성한다. 이는 다음 명령을 실행하면 된다.

```
minikube config set driver hyperv
```

다음과 같은 출력을 확인해야 한다.

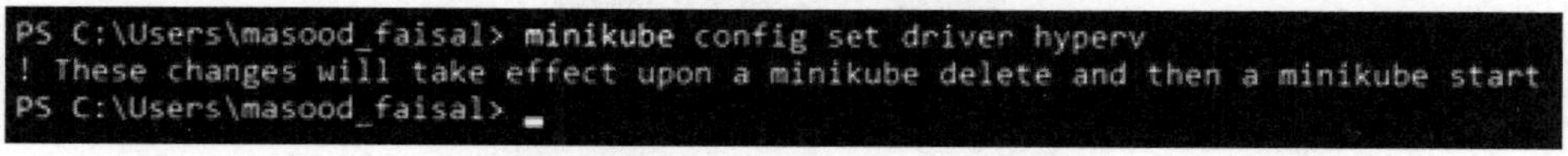

그림 3.21 minikube config 명령의 출력

축하한다! minikube 프로그램을 성공적으로 윈도우에 설치했다.

앞의 절에서 쿠버네티스 클러스터를 구성하기 위해 kubectl과 minikube 도구를 설치했다. 다음 절에서는 쿠버네티스 클러스터를 설치해볼 것이다.

로컬 쿠버네티스 클러스터 설치하기

이제 쿠버네티스 클러스터를 독자의 로컬 컴퓨터에 설치할 것이다. 앞의 기술 요구 사항에서 언급했듯이, 최소 4개의 CPU 코어 또는 가상 CPU, 60GB의 디스크 여유 공간, 쿠버네티스 클러스터에 할당하기 위한 16GB의 메모리가 필요하다. 권장하는 사양은 8개의 CPU, 64GB의 메모리와 60GB의 디스크 여유 공간이다. 로컬 컴퓨터에 충분한 자원이 없다면 클라우드로 리눅스 호스트를 준비할 수도 있다. 다음 절에서는 구글 클라우드에서 호스트를 준비하는 방법을 설명할 것이다. 다음 단계를 진행해보자.

1. CPU, 디스크, 메모리를 다음 명령으로 minikube 설정을 구성해보자.

```
minikube config set cpus 8
minikube config set memory 32GB
minikube config set disk-size 60GB
```

2. 다음 명령으로 설정이 유효한지 검증한다.

```
minikube config view
```

다음과 같은 출력을 확인해야 한다.

그림 3.22 minikube config 명령의 출력

3. 이제 쿠버네티스 클러스터를 다음 명령으로 시작한다.

```
minikube start --kubernetes-version=1.22.4
```

다음과 같은 출력을 확인해야 한다.

그림 3.23 minikube start 명령 출력의 일부

일단 시작하는 과정이 완료되면 다음과 같이 쿠버네티스 플랫폼이 준비됐다는 성공 메시지를 확인해야 한다.

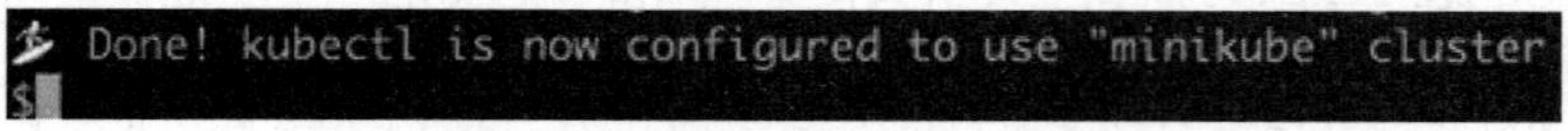

그림 3.24 minikube 시작이 성공한 경우의 출력

4. 다음 명령은 리눅스 또는 맥OS에서 모든 파드가 실행 상태인지 확인하는 것이다. 모든 파드가 실행 상태가 되기 위해서는 몇 분 정도 걸릴 수 있음을 참고한다.

```
watch kubectl get pods --all-namespaces
```

윈도우 PowerShell의 경우에는 다음 명령을 실행한다.

```
while (1) {kubectl get pods --all-namespaces; sleep 5}
```

다음과 같은 결과로 출력되는지 확인한다.

```
NAMESPACE      NAME                                   READY   STATUS
kube-system    coredns-78fcd69978-fz5xm               1/1     Running
kube-system    etcd-minikube                          1/1     Running
kube-system    kube-apiserver-minikube                1/1     Running
kube-system    kube-controller-manager-minikube       1/1     Running
kube-system    kube-proxy-g9d67                       1/1     Running
kube-system    kube-scheduler-minikube                1/1     Running
kube-system    storage-provisioner                    1/1     Running
```

그림 3.25 쿠버네티스의 파드들이 잘 시작됐는지 검증하기

방금 독자의 새로운 쿠버네티스 클러스터를 설치하고, 그 결과를 확인했다. 축하한다! 다음 단계는 새로운 쿠버네티스 클러스터 위에 오퍼레이터를 실행하기 위한 구성 요소를 설치하는 것이다.

OLM 설치

모든 파드가 로컬 쿠버네티스 클러스터에서 잘 실행되는지 확인했다면, 이제 OLM을 설치한다. OLM을 설치하는 과정이나 쿠버네티스 내에서 다른 앱들을 설치하는 과정은 OS에 상관없이 동일하다. 다음 단계를 진행하자.

1. OLM을 위한 CRD를 설치하기 위해 다음 명령을 실행한다.

```
kubectl apply -f https://github.com/operator-framework/
operator-lifecycle-manager/releases/download/v0.19.1/
crds.yaml
```

다음과 같은 실행 결과를 확인할 수 있어야 한다.

```
$kubectl apply -f https://github.com/operator-framework/operator-lifecycle-manager/releases/download/v0.19.1/crds.yaml

customresourcedefinition.apiextensions.k8s.io/catalogsources.operators.coreos.com created
customresourcedefinition.apiextensions.k8s.io/clusterserviceversions.operators.coreos.com created
customresourcedefinition.apiextensions.k8s.io/installplans.operators.coreos.com created
customresourcedefinition.apiextensions.k8s.io/operatorconditions.operators.coreos.com created
customresourcedefinition.apiextensions.k8s.io/operatorgroups.operators.coreos.com created
customresourcedefinition.apiextensions.k8s.io/operators.operators.coreos.com created
customresourcedefinition.apiextensions.k8s.io/subscriptions.operators.coreos.com created
$
```

그림 3.26 OLM CR이 성공적으로 생성됐는지 확인한다.

2. 다음 명령을 실행해 쿠버네티스에 OLM을 설치한다.

```
kubectl apply -f https://github.com/operator-framework/
operator-lifecycle-manager/releases/download/v0.19.1/
olm.yaml
```

다음과 같은 실행 결과를 확인할 수 있어야 한다.

```
$kubectl apply -f https://github.com/operator-framework/operator-lifecycle-manager/releases/download/v0.19.1/olm.yaml
namespace/olm created
namespace/operators created
serviceaccount/olm-operator-serviceaccount created
clusterrole.rbac.authorization.k8s.io/system:controller:operator-lifecycle-manager created
clusterrolebinding.rbac.authorization.k8s.io/olm-operator-binding-olm created
deployment.apps/olm-operator created
deployment.apps/catalog-operator created
clusterrole.rbac.authorization.k8s.io/aggregate-olm-edit created
clusterrole.rbac.authorization.k8s.io/aggregate-olm-view created
operatorgroup.operators.coreos.com/global-operators created
operatorgroup.operators.coreos.com/olm-operators created
clusterserviceversion.operators.coreos.com/packageserver created
catalogsource.operators.coreos.com/operatorhubio-catalog created
```

그림 3.27 쿠버네티스에 OLM 객체를 생성한다.

3. 다음 명령을 리눅스나 맥OS에서 실행해 모든 OLM 파드가 실행 상태인지 확인한다.

```
watch kubectl get pods -n olm
```

윈도우 PowerShell에서는 다음 명령을 실행한다.

```
while (1) {kubectl get pods -n olm; sleep 5}
```

다음과 같은 실행 결과를 확인할 수 있어야 한다.

```
NAME                                READY   STATUS
catalog-operator-84976fd7df-7g98h   1/1     Running
olm-operator-844b4b88f8-ngqxj       1/1     Running
operatorhubio-catalog-5ztwv         1/1     Running
packageserver-6d87f5c89-8z6kv       1/1     Running
packageserver-6d87f5c89-qh5cr       1/1     Running
```

그림 3.28 OLM을 위한 리소스가 생성됐는지 확인한다.

4. 다음 명령을 실행해 catalogsource가 준비됐는지 확인한다.

```
kubectl get catalogsource -n olm
```

다음과 같은 실행 결과를 확인할 수 있어야 한다.

```
$kubectl get catalogsource -n olm
NAME                    DISPLAY               TYPE
operatorhubio-catalog   Community Operators   grpc
```

그림 3.29 오퍼레이터 카탈로그가 설치됐는지 확인한다.

잘 설치했다. 축하한다! 이제 로컬 쿠버네티스 클러스터가 실행 중이고 그 위에 OLM도 설치했다. 독자의 클러스터는 이제 쿠버네티스 오퍼레이터를 설치할 준비가 됐다. 아마 어떤 독자는 머신러닝 플랫폼 실행을 위한 최소 하드웨어 요구 사항을 갖추지 못했을 수도 있다. 하지만 방법이 있으니 걱정하지 말자. 다음 절에서는 구글 클라우드에서 VM을 준비할 수 있도록 도와줄 것이다.

⫶ 구글 클라우드 플랫폼의 가상머신 준비하기

이 책의 예제를 직접 자신의 로컬 환경에서 사용해보는 것이 바람직할 수 있다. 하지만 충분한 하드웨어 자원을 모든 독자가 갖고 있지는 않다는 점도 이해하고 있다. 그럼 이제 클라우드로 가보자. 클라우드에서 이 책의 예제들을 위한 적당한 컴퓨터를 무료로 준비할 수도 있다. 예를 들어 구글 클라우드는 새로운 계정에 대해 미화 300달러의 사용권을 제공한다. AWS와 애저도 비슷한 무료 사용 계정을 제공한다. 어느 클라우드 서비스를 이용할지는 독자의 선택이다. 하지만 이 책에서 필요한 가상머신 즉, VM에 대해서는 구글 클라우드를 사용할 것이다.

일단 계정의 세부 설정을 마치고 나면 다음의 단계를 진행해서 VM을 갖추자. 다만 사용하지 않는 시간 동안 비용이 청구되는 것을 막기 위해 이 과정을 마치면 VM을 중지해두는 것을 잊지 않도록 한다.

다음 설치 방법은 구글 클라우드에서 VM을 준비하는 과정이다.

1. 먼저 다음 링크(https://cloud.google.com)에서 구글 클라우드 계정을 등록한다.

2. 다음 링크(https://cloud.google.com/sdk/docs/install)의 안내에 따라 gcloud SDK^{Software Development Kit}를 설치한다.

3. 구글 클라우드에 다음 명령으로 로그인한다. 이 명령을 실행하면 구글 클라우드 계정을 입력할 브라우저 화면이 열릴 것이다.

```
gcloud auth login
```

다음과 같은 출력을 확인할 수 있다.

```
$gcloud auth login
Your browser has been opened to visit:
```

그림 3.30 로그인 명령의 출력

4. 다음으로 인증을 위한 브라우저 화면을 볼 수 있을 것이다. 브라우저에서 인증 과정을 마치면 명령창에서 다음 결과를 확인할 수 있다.

```
You are now logged in as [masood.faisal@gmail.com].
Your current project is [kube-test-258704].  You can change this setting by running:
 $ gcloud config set project PROJECT_ID
```

그림 3.31 gcloud에서 계정 로그인이 성공한 화면 출력

5. 다음과 같이 구글 클라우드에서 새 프로젝트를 생성한다. 독자의 VM이 여기에 속할 것이다. 프로젝트명은 반드시 GCP에서 전역적으로 유일해야 하므로, 독자의 취향에 맞게 이름을 변경한다.

```
gcloud projects create mlops-kube --name="MLOps on
Kubernetes"
```

다음과 같은 출력을 확인할 수 있다.

```
$gcloud projects create mlops-kube --name="MLOps on Kubernetes"
Create in progress for [https://cloudresourcemanager.googleapis.com/v1/projects/mlops-kube].
Waiting for [operations/cp.6205518896565812931] to finish...done.
Enabling service [cloudapis.googleapis.com] on project [mlops-kube]...
Operation "operations/acf.p2-702800110954-740c89f8-e46f-44d6-a0d9-f42d0f254b2d" finished successfully.
```

그림 3.32 구글 클라우드에서 프로젝트 생성 명령의 실행 결과

GCP의 프로젝트

프로젝트 인식자(ID) 또는 프로젝트명은 반드시 구글 클라우드 전역적으로 고유해야 한다. 오직 mlops-kube를 이름으로 사용한 첫 사용자만이 프로젝트 생성이 가능할 것이다. 이 작업을 위해 독자가 다른 이름을 선택하도록 하자. 이후의 명령어에서도 mlops-kube 프로젝트명이 지정된 부분은 본인이 사용한 프로젝트명을 사용해야 한다.

---

6. 다음 명령을 실행해 현재 올바른 프로젝트 내에 있는지 확인한다.

```
gcloud config set project mlops-kube
```

다음과 같은 결과를 확인할 수 있다.

```
$gcloud config set project mlops-kube
Updated property [core/project].
```

그림 3.33 현재 프로젝트 안에 있도록 설정하는 명령의 출력

7. 이제 독자의 위치에 맞게 region과 zone을 설정한다. `gcloud config zones list` 명령을 사용하면 다음과 같이 모든 zone의 목록을 표시한다.

```
gcloud config set compute/region australia-southeast1
```

다음과 같은 출력을 확인할 수 있다.

```
$gcloud config set compute/region australia-southeast1
Updated property [compute/region].
```

그림 3.34 gcloud region을 설정 완료한 화면

다음 명령을 실행하자.

```
gcloud config set compute/zone australia-southeast1-a
```

다음과 같은 결과를 확인할 수 있다.

```
$gcloud config set compute/zone australia-southeast1-a
Updated property [compute/zone].
```

그림 3.35 gcloud zone 설정 완료한 화면

8. 다음과 같이 Compute Engine API를 활성화한다. 이는 API를 사용해 리눅스 VM을 준비하기 위해 필요하다.

```
gcloud services enable compute.googleapis.com
```

9. SSH를 통해서만 연결하므로, 다음과 같이 OS 로그인을 비활성화하자.

```
gcloud compute project-info add-metadata --metadata
enable-oslogin=FALSE
```

10. 이제 다음 명령으로 이 프로젝트 내에서 VM을 생성한다.

```
gcloud compute instances create mlopskube-cluster --project=mlops-kube
--zone=australia-southeast1-a --machine-type=c2-standard-8 --network-
interface=networktier=PREMIUM,subnet=default --maintenance-policy=
MIGRATE --service-account=702800110954-compute@developer.
gserviceaccount.com --scopes=https://www.googleapis.com/auth/
devstorage.read_only,https://www.googleapis.com/auth/logging.write,
https://www.googleapis.com/auth/monitoring.write,https://www.googleapis.
com/auth/servicecontrol,https://www.googleapis.com/auth/service.
management.readonly,https://www.googleapis.com/auth/trace.append
--createdisk=auto-delete=yes,boot=yes,device-name=instance1,image=
projects/centos-cloud/global/images/centos-8-v20211105,mode=rw,size=80,
type=projects/mlops-kube/zones/australia-southeast1-b/diskTypes/pd-
balanced --no-shielded-secure-boot --shielded-vtpm --shieldedintegrity-
monitoring --reservation-affinity=any
```

위 명령의 출력은 다음과 같이 컴퓨터의 세부 사항을 표시해야 한다.

NAME	ZONE	MACHINE_TYPE	PREEMPTIBLE	INTERNAL_IP	EXTERNAL_IP	STATUS
mlops-kubecluster	australia-southeast1-a	e2-highmem-8		10.152.0.2	34.151.100.35	RUNNING

그림 3.36 구글 클라우드에서 VM 생성 명령의 결과

11. 다음과 같이 SSH를 사용해 22번 포트로 인스턴스에 연결하기 위해서 방화벽 규칙
   을 추가한다. 이는 보안에 느슨한 규칙이므로 운영 환경에는 적용하지 않도록 한다.

```
gcloud compute --project=mlops-kube firewall-rules
create allow22 --direction=INGRESS --priority=1000
--network=default --action=ALLOW --rules=tcp:22
--sourceranges=0.0.0.0/0
```

다음의 출력을 확인한다.

그림 3.37 방화벽 규칙 추가 명령의 결과

12. gcloud의 SSH 기능을 사용해 VM에 SSH로 연결한다. 명령 입력이 가능하고, 앞에서 언급한 쿠버네티스 명령을 호출할 수 있을 것이다.

```
gcloud beta compute ssh --zone "australia-southeast1-a"
"mlopskube-cluster" --project "mlops-kube"
```

13. 이 세션을 완료하면 다음 명령으로 해당 인스턴스를 삭제한다.

```
gcloud compute instances delete --zone "australiasoutheast1-a"
"mlopskube-cluster" --project "mlops-kube"
```

다음과 같은 결과를 확인할 수 있다.

그림 3.38 구글 클라우드에서 VM 삭제

이제 우리는 gcloud VM을 쿠버네티스 클러스터에 호스팅할 컴퓨터로 사용할 수 있다. 이전 절의 내용을 따르하면, 어떻게 kubectl과 minikube를 설치하고, 위 VM에서 어떻게 로컬 쿠버네티스 클러스터를 구성할 수 있는지 알 수 있다.

⋮⋮▶ 요약

3장에서는 몇 가지 기본적인 쿠버네티스 개념을 살펴보고, 쿠버네티스의 세상에서 오퍼레이터 환경을 경험했다. 쿠버네티스에 대해서 더 자세히 배워보고 싶다면 팩트출판사의 『The Kubernetes Workshop』(Zachary Arnold, 2020)이 좋은 시작이 될 것이다.

우리는 로컬 쿠버네티스 클러스터를 구성하기 위해 필요한 도구를 설치했다. 리눅스, 맥OS, 윈도우 등과 같이 다른 환경에서 설치를 진행하는 방법을 알아봤다. 또한 로컬 컴퓨터에서 예제의 실행을 원하지 않는 경우에 대해 구글 클라우드에서 VM을 구성했다. 쿠버네티스 클러스터의 오퍼레이터를 관리하는 OLM도 구성했다. 이러한 기술은 4장에서 갖춰 나갈 머신러닝 플랫폼의 기초 인프라를 만들어준다.

2부

MLOps 플랫폼의 작업 영역과 쿠버네티스로 만드는 방법

2부에서는 다양한 MLOps 솔루션의 구성 요소를 자세히 정의한다. 여러 장에 걸쳐서 각 구성 요소의 세부 사항과 기능에 대한 목적을 알려준다. 또한 MLOps 플랫폼에서 각 구성 요소의 역할을 수행할 OSS 솔루션도 알아본다.

2부는 다음 장으로 구성된다.

- 4장, 머신러닝 플랫폼의 구조
- 5장, 데이터 엔지니어링
- 6장, 머신러닝 엔지니어링
- 7장, 모델 배포와 자동화

04

머신러닝 플랫폼의 구조

4장부터 몇 장에 걸쳐서 쿠버네티스상에서 머신러닝 플랫폼의 구성 요소를 배우고 설치할 것이다. 머신러닝 플랫폼은 2장, 'MLOps 이해하기'에서 설명한 머신러닝 프로젝트의 전체 라이프사이클을 수행하기 위해 필요한 도구를 지원해야 한다. 4장에서는 기술에 구애받지 않는 방식으로 머신러닝 플랫폼의 다양한 구성 요소를 정의하는 것으로 시작한다. 나중에는 각 구성 요소의 요구 사항을 만족시키는 오픈소스 소프트웨어 그룹을 만나볼 것이다. 이러한 접근 방식은 독자를 기술적으로 특정한 도구에 제한하지 않고, 자신의 환경에 맞다고 생각하는 구성 요소로 대체할 수 있게 돕기 위함이다.

이 책에서 제작할 솔루션은 오픈소스 기술을 기반으로 3장, '쿠버네티스 탐험'에서 만든 쿠버네티스 플랫폼에 호스팅할 것이다.

4장에서 다룰 주제는 다음과 같다.

- 셀프서비스 플랫폼 정의
- 데이터 엔지니어링 구성 요소 알아보기

- 머신러닝 모델 라이프사이클 구성 요소 알아보기

- 보안, 모니터링, 자동화 접해보기

- 오픈 데이터 허브 알아보기

기술 요구 사항

4장은 설치 실습을 포함하고 있다. 즉 오퍼레이터 라이프사이클 관리자^{OLM, Operator} ^{Lifecycle Manager} 설정을 완료한 쿠버네티스 클러스터를 실행할 것이다. 이와 같은 쿠버네티스 환경은 3장, '쿠버네티스 탐험'에서 다뤘다. 4장의 예제를 시작하기 전에 쿠버네티스 클러스터가 잘 동작하고 있는지 확인하자. 클러스터에 **OLM**이 설치돼 있다면, 독자의 취향에 따라 3장에서 설명한 것과 다른 쿠버네티스를 사용해도 좋다.

셀프서비스 플랫폼 정의

셀프서비스는 사람이 직접 개입하지 않고도 플랫폼 사용자가 필요한 시점에 자원을 갖출 수 있도록 지원하는 플랫폼 기능이다. 어떤 작업을 위해 8개의 **CPU**를 가진 호스트 컨테이너를 실행하는 주피터 노트북 서버 인스턴스가 필요한 데이터 과학자를 예로 들어보자. 셀프서비스 머신러닝 플랫폼은 데이터 과학자가 친숙한 인터페이스를 통해서 주피터 노트북 서버를 위한 인스턴스를 실행할 컨테이너를 준비할 수 있어야 한다.

셀프서비스의 또 다른 예로는 데이터 엔지니어가 데이터 파이프라인을 실행하기 위해 아파치 스파크^{Apache Spark} 클러스터를 요청하는 경우다. 마지막 예로는 데이터 과학자가 자신의 머신러닝 모델을 **REST** 서비스 형태로 패키징하고 배포해 앱을 통해 모델을 활용할 수 있도록 만드는 경우다.

셀프서비스 플랫폼의 장점 중 하나는 다양한 역할의 팀이 다른 팀에 대한 의존성을 최소화하면서 협업할 수 있게 지원하는 것이다. 이러한 독립성의 지원은 더 역동적인 팀의 활동, 적은 마찰, 향상된 작업 속도를 가져온다.

하지만 셀프서비스 모델은 정책이 필요하다. 모든 데이터 과학자가 GPU를 요구하거나, 데이터 엔지니어들이 수십 테라바이트 저장소를 요청한다고 상상해보자. 셀프서비스 기능은 좋지만 적당한 정책이 없다면 여러 문제가 발생할 수 있다. 이런 문제를 예방하기 위해서 플랫폼은 제어 권한이 있는 플랫폼 팀이나 사용자가 할 수 있는 작업에 대한 제한이 있어야 한다. 이런 제한의 예로는 자원 할당^{quota}이 있다. 팀이나 개인 사용자는 할당량에 따라 자원을 받을 수 있고, 할당된 자원에 대해서는 책임을 지는 것이다. 다행히도 쿠버네티스는 이런 기능을 갖고 있으며, 머신러닝 플랫폼은 팀의 자원을 제한하는 기능을 활용할 수 있다.

위에서 언급한 정책의 하나로 플랫폼은 반드시 역할 기반의 접근 제어$^{role-based\ access}$ ^{control}를 할 수 있어야 한다. 즉, 확실하게 역할에 맞는 사용자만이 그들이 관리하는 자원에 접근할 수 있어야 한다. 일례로 데이터 엔지니어는 새로운 스파크 클러스터를 올려서 데이터 파이프라인을 실행하는 것만 가능해야 하는 반면, 플랫폼 팀은 자원 할당을 변경할 수 있어야 한다.

셀프서비스 플랫폼의 또 다른 측면은 작업을 격리하는 것이다. 자원의 할당량은 사전에 정의한 만큼을 유지해야 하는 반면, 많은 팀이 같은 플랫폼을 공유할 것이다. 그러므로 서로의 처리 작업을 격리함으로써 동일한 플랫폼에서 실행하고 있는 여러 무관한 프로젝트가 충돌 없이 실행되도록 만드는 것이 중요하다.

⁛ 데이터 엔지니어링 구성 요소 알아보기

데이터 엔지니어링은 소스 시스템에서 데이터를 가져오는 과정과 분석, 업무 보고, 머신러닝과 같은 시나리오에 활용될 수 있도록 신뢰할 수 있는 데이터를 제공하는 과정이다. 데이터 엔지니어는 정제되고 의미 있는 데이터셋을 데이터 분석가와 데이터 과학자에게 제공하기 위해 원시 데이터를 수집하고 처리하는 소프트웨어를 다루는 사람이다. 여기서 데이터셋은 독자가 속한 조직의 머신러닝 도입 계획을 위한 기초를 다지는 것이다.

그림 4.1은 머신러닝 프로젝트에서 전형적인 데이터 엔지니어링 영역의 여러 단계를 보여준다.

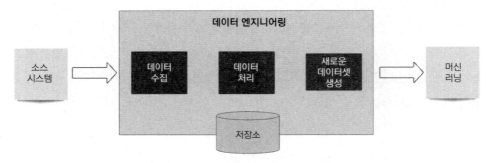

그림 4.1 머신러닝의 단계별 데이터 엔지니어링

데이터 엔지니어링은 가끔 피처feature 엔지니어링과 겹치기도 한다. 데이터 과학자가 머신러닝 적용 사례에 대해 어느 피처가 더 유용한지 결정하는 동안에, 누군가는 현재 피처 세트에 없는 특정 데이터를 가져오기 위해 데이터 엔지니어와 작업하기도 한다. 이 부분이 주로 데이터 엔지니어와 데이터 과학자가 협업하는 지점이다. 데이터 엔지니어링 영역에서 데이터 엔지니어가 생성한 데이터셋은 머신러닝 영역에서 피처 세트가 된다.

각 팀이 피처 엔지니어링을 수행할 수 있도록 지원하는 머신러닝 플랫폼은 다음과 같은 구성 요소와 프로세스를 가진다.

- **데이터 수집**: 데이터 수집ingestion은 팀이 데이터를 이해하고, 하나 이상의 데이터 소스에서 데이터를 수집하는 소프트웨어를 개발하고 배포하는 과정이다. 데이터 엔지니어는 소스 시스템에서 데이터를 읽어오는 것에 대한 영향을 알고 있다. 예를 들어 소스에서 데이터를 읽어오는 동안에 소스 시스템의 성능이 영향을 받을 수 있다. 그러므로 머신러닝 플랫폼이 워크플로 일정을 관리할 수 있는 기능을 갖는 것이 중요하며, 소스 시스템이 덜 바쁠 때 데이터를 수집하도록 설정할 수도 있다.

  머신러닝 플랫폼은 팀이 여러 가지 방법으로 다양한 소스에서 데이터를 수집하는 것을 지원한다. 예를 들어 어떤 데이터 소스는 데이터를 전달할 수도 있는 반면에 데이터를 가져올 수만 있는 데이터 소스도 있다. 데이터는 관계형 데이터베이스에서 올 수도 있고, 데이터 웨어하우스data warehouse, 데이터 레이크data lake, 데이터 스트림stream, API 호출 심지어 파일 시스템에서 가져오기도 한다. 또한 플랫폼은 AMQPAdvanced Message Queuing Protocol, MQTTMessage Queuing Telemetry Transport, 카프카Kafka 등의 여러 프로토콜을 이해할 수 있어야 한다. 즉 머신러닝 플랫폼은 다양한 방법으로 다양한 형태의 데이터 소스에서 다양한 모양과 크기의 데이터를 수집하는 기능이 있어야 한다. 그림 4.2는 플랫폼이 데이터를 수집할 수도 있는 다양한 데이터 소스를 보여준다.

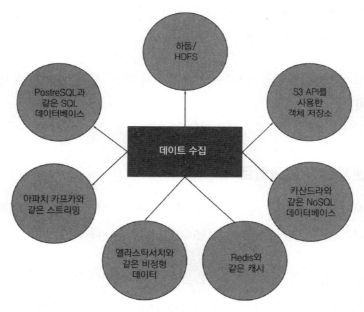

그림 4.2 통합된 데이터 수집

- **데이터 변환**: 일단 다양한 소스로부터 데이터를 수집하면 머신러닝 모델이 학습 또는 여러 활용 방법에 맞게 원래의 형태에서 변환해야 한다. 〈포브스〉 조사에 따르면 80%의 데이터 과학자 작업은 모델 학습을 위한 데이터 준비와 관련돼 있다. 일반적으로 이 단계는 데이터 과학 팀에게 지루한 과정이다. 하지만 데이터가 올바른 형태로 변환돼 있지 않으면, 머신러닝 모델의 활용도가 떨어지거나 비효율적인 머신러닝

모델이 될 것이다. 머신러닝 플랫폼은 쉽게 팀에서 데이터 변환 파이프라인을 만들어서 배포할 수 있도록 지원한다. 이러한 플랫폼은 아파치 스파크 작업과 같은 데이터 변환 구성 요소를 실행하고 관리하는 데 따르는 복잡성을 추상화한다. 플랫폼은 위와 같은 프로세스를 실행하는 것뿐만 아니라, 여러 구성 요소를 실행하기 위해 필요한 CPU, 메모리, 네트워크 등의 컴퓨터 자원을 제공하거나 해제하는 것을 관리한다.

- **저장소**: 피처 엔지니어링 과정에서 여러 단계에 걸쳐 데이터를 읽거나 쓰게 된다. 이후 과정을 위해 임시 데이터셋 형태로 만들거나 머신러닝 프로세스를 위해 사용할 새로운 데이터셋을 저장하기도 한다. 이러한 경우에 확장 가능하고 쉽게 접근할 수 있는 저장소storage 자원이 필요할 것이다. 머신러닝 플랫폼은 신뢰성이 높고 데이터셋의 필요한 시점에 가용한 저장소를 제공한다.

이제 데이터 엔지니어가 그들의 워크플로에서 위와 같은 구성 요소를 어떻게 사용하는지 살펴보자.

데이터 엔지니어 워크플로

이전 절에서 언급한 모든 기능은 머신러닝 플랫폼이 셀프서비스 형태로 지원한다. 데이터 엔지니어가 플랫폼에서 수행하는 전형적인 워크플로는 다음과 같다.

1. **플랫폼에 로그인**: 이 단계에서 플랫폼은 데이터 엔지니어를 인증한다.
2. **개발 환경 제공**: 이 단계는 데이터 엔지니어가 CPU 개수, 메모리 크기, 특정 소프트웨어 라이브러리 등 개발 환경에 필요한 자원을 플랫폼에 요청한다. 그러면 플랫폼은 자동으로 요청받은 자원을 제공한다.
3. **데이터 파이프라인 제작**: 이 단계에서 데이터 엔지니어는 데이터 수집과 변환을 위한 코드를 작성한다. 다음으로 데이터 엔지니어는 격리된 환경에서 코드를 실행해, 데이터의 유효성을 확인하고, 필요한 리팩토링refactoring이나 코드를 개선하는 작업을 수행한다.

4. **데이터 파이프라인 실행:** 이 단계에서 데이터 엔지니어는 필요할 때 코드를 실행할 수 있도록 설정한다. 매시간, 또는 매일 등 어떤 주기를 가지고 반복 일정을 설정하거나 어떤 시점에 한 번만 실행하도록 상황에 맞게 설정할 수 있다.

위 단계에서 코드 작성을 제외한 모든 과정은 평범한 서술(이하 평문)이다. 데이터 엔지니어는 데이터의 수집과 변환을 위해 코드를 작성하는 것에 초점을 둘 것이다. 위 과정 이외의 나머지 영역은 머신러닝 플랫폼이 관리한다. 결과적으로 팀은 향상된 효율과 작업 속도를 가질 수 있다. 플랫폼의 서술적인 기능은 조직에서 팀들이 프로세스를 표준화하는 데 도움이 되며, 개별적으로 사용하는 도구 수를 줄이고, 전반적인 프로세스의 보안을 강화한다.

데이터 엔지니어링 과정의 주요 결과물은 모델의 제작과 학습을 시작하기 위해 사용할 수 있도록 변환된, 일부라도 정제된 데이터셋이다.

⠿ 모델 개발 구성 요소 알아보기

일단 정제된 데이터가 준비되면 데이터 과학자는 문제를 살펴보고 어떠한 유형의 접근 방식이 그 문제 상황에 도움이 되는지 결정하고자 노력한다. 여기서 중요한 점은 데이터 과학자의 핵심 역할, 즉 데이터에서 유형을 찾는 것이다. 머신러닝 플랫폼의 모델 개발 구성 요소는 데이터 유형을 탐색하고, 머신러닝 모델을 개발하고 학습하며, 여러 설정을 시도해보면서 원하는 모델 성능을 얻기 위해서 최적의 설정과 알고리듬을 찾는다.

모델 개발 과정에서 데이터 과학자 또는 머신러닝 엔지니어는 여러 알고리듬을 기반으로 여러 개의 모델을 개발한다. 다음으로 이 모델들은 데이터 엔지니어링 과정에서 수집하고 준비한 데이터를 사용해 학습한다. 그리고 데이터 과학자는 몇 가지 하이퍼파라미터를 가지고 모델 테스트로부터 다양한 결과를 얻는 과정을 거친다. 이 학습과 테스트의 결과는 각각의 다른 모델과 비교할 것이다. 이러한 시험 과정은 다시 원하는 성과를 얻을 때까지 반복하게 된다.

이 시험 단계를 거쳐서 가장 적합한 알고리듬과 설정을 선택할 것이다. 선택한 모델은 패키지와 배포에 사용하기 위해 태그를 붙일 것이다.

그림 4.3은 머신러닝 프로젝트의 여러 모델 개발 단계를 보여준다.

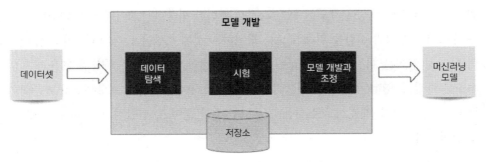

그림 4.3 머신러닝의 데이터 엔지니어링 단계

머신러닝 플랫폼은 다음과 같은 구성 요소로 팀에서 모델 개발을 수행하도록 지원한다.

- **데이터 탐색**: 우리, 즉 사람은 원시 데이터를 단지 보는 것보다는 데이터가 시각화돼 있을 때 유형을 찾기가 더 쉽다. 머신러닝 플랫폼은 데이터의 시각화를 지원한다. 데이터 과학자로서 이 분야에 지식을 갖추고 있는 전문가와 협업할 필요가 있다. 코로나 바이러스 환자에 관한 데이터셋을 분석한다고 가정해보자. 독자가 바이러스나 의약품에 대한 전문가가 아니라면 이러한 데이터셋, 피처 간의 관계, 데이터 자체의 품질에 대해 통찰력을 갖추고 있는 전문가와 일해야 할 것이다. 머신러닝 플랫폼은 팀의 향상된 피드백을 위해 만든 시각화 결과물을 공유할 수 있도록 지원할 수도 있다. 이 플랫폼은 또한 기술적 지식이 없는 사람들이 데이터를 그래픽으로 보면서 접근할 수 있도록 지원한다. 즉, 그들이 데이터에 대해 더 잘 이해할 수 있도록 돕는 것이다.

- **시험**: 데이터 과학자로서 데이터를 학습과 테스트 용도로 나누고, 주어진 지표에 맞게 모델 제작을 시작할 것이다. 그리고나서 의사 결정 트리[decision tree], XGBoost, 딥러닝 등과 같은 여러 머신러닝 알고리듬을 시험하고, 각각의 알고리듬에 대해 계층의 수나 딥러닝을 위한 뉴런의 수 등과 같은 여러 파라미터를 조정해 적용해볼 것이다. 이를 시험이라고 하며, 이 플랫폼은 팀이 시험을 자동으로 수행할 수 있도록 지원

한다. 각 시험은 GPU와 같은 연산 자원 요구 사항이 다를 수도 있다는 점을 유의하자. 이러한 점 때문에 플랫폼의 셀프서비스 제공 기능이 중요한 것이다.

- **추적:** 여러 번의 시험 과정에서 각 시험에 사용한 파라미터와 결과 지표들을 추적^{tracking}할 필요가 있다. 어떤 알고리즘은 다른 피처 세트가 필요할 수 있으므로 학습에 사용한 데이터셋의 버전을 추적할 수 있어야 한다. 이렇게 하는 이유는 두 가지가 있다. 첫 번째 이유는 독자의 시험에 진행 기록이 있어서 가장 적합한 조합을 비교해 선택할 수 있기 때문이다. 두 번째 이유는 관련된 데이터 과학자들과 결과를 공유할 필요가 있기 때문이다. 머신러닝 플랫폼은 시험 결과를 기록하고 자연스럽게 공유할 수 있도록 지원한다.

- **모델 개발과 조정:** 시험 단계에서 모델에 대한 최적의 알고리즘과 파라미터를 찾게 된다. 모델과 관련된 결과와 지표들을 비교했고, 사용할 알고리즘과 파라미터를 선택했다. 이 단계에서는 이 파라미터들로 모델을 학습시키고, 모델 레지스트리에 모델을 등록한다.

  - **모델 레지스트리:** 데이터 과학자는 모델이 만족스러울 때 팀에서 배포하기 위해 협업한다. 하지만 실제 상황의 변화에 대해서 새로운 데이터셋이나 다양한 지표, 또는 단순히 개선된 지표 등을 위해 모델을 업데이트할 필요가 있을 것이다. 새로운 버전의 모델은 언제나 생길 것이고, 머신러닝 플랫폼은 모델의 버전을 관리할 수 있도록 지원한다. 모델 버전 관리 기능은 팀이 기존 모델 버전과 효율성을 비교하는데 도움이 되며, 필요하다면 팀이 운영 시스템^(또는 운영계, 운영. 이하 운영)에서 새로운 모델을 기존 버전으로 되돌리는 것을 지원한다.

- **저장소:** 저장소는 데이터 엔지니어링 단계만이 아니라 모델 개발 단계에서도 중요하다. 모델 개발 프로세스의 여러 단계에서 데이터를 읽고 쓴다. 데이터를 테스트와 학습 데이터셋으로 구분하고, 저장할 것을 선택해서 동일한 데이터셋으로 여러 파라미터를 시험할 수 있다. 시험에 대한 추적 모듈과 모델 레지스트리는 모두 저장소가 필요하다. 머신러닝 플랫폼은 신뢰할 만한 방법으로 저장할 데이터셋을 위한 온디맨드 저장소를 제공한다.

이제 데이터 과학자가 워크플로에서 어떻게 앞서 말한 구성 요소를 사용하는지 살펴보자.

데이터 과학자의 워크플로 이해하기

이전 절에서 언급한 모든 기능은 셀프서비스 방식으로 머신러닝 플랫폼이 제공하는 것들이다. 데이터 과학자의 전형적인 워크플로는 다음과 같다.

1. **플랫폼에 로그인**: 플랫폼에서 데이터 과학자를 인증한다.

2. **개발 환경의 제공**: 이 단계에서 데이터 과학자는 CPU 수와 메모리 크기, 특정 소프트웨어 라이브러리 등의 개발 환경에 필요한 자원을 요청한다. 플랫폼은 자동으로 요청된 자원을 제공한다.

3. **예비 데이터 분석**: 이 단계에서 데이터 과학자는 데이터에 숨어 있는 패턴을 이해하기 위해서 몇 가지 유형의 데이터 변환과 시각화 기술을 사용한다.

4. **다양한 알고리듬 시험**: 이 단계에서 데이터 과학자는 전체 데이터셋을 학습과 테스트 세트로 구분한다. 그리고 나서 원하는 지표를 얻기 위해 다양한 머신러닝 알고리듬과 하이퍼파라미터를 적용해본다. 그리고 주어진 사례에 가장 적합한 것을 고르기 위해 실행할 학습의 파라미터들을 비교한다.

5. **모델 학습**: 데이터 과학자는 이전 단계에서 찾은 최적의 파라미터에 대해 모델을 학습시키고, 모델 레지스트리에 그 모델을 등록한다.

6. **모델 배포 파이프라인 실행**: 이 단계에서 데이터 과학자는 서비스로 사용할 모델을 패키징하고, 배포 프로세스를 자동화하기 위한 파이프라인을 만든다. 상황에 따라 주기적으로 수행되도록 설정할 수도 있고, 한 번만 실행할 수도 있다.

위의 모든 과정은 모델을 만들고 학습하기 위한 코드 작성을 제외하고는 평문이다. 데이터 과학자가 집중할 부분은 데이터 과학과 머신러닝 엔지니어링 작업이 될 것이다.

위 과정 이외의 나머지 영역은 머신러닝 플랫폼이 관리한다. 결과적으로 팀은 향상된 효율과 작업 속도를 가질 수 있으며, 데이터 과학자가 더 좋아할 것이라는 점은 언급할 필요도 없다. 플랫폼의 서술적인 기능은 조직에서 팀들이 프로세스를 표준화하는 데 도움이 되며, 개별적으로 사용하는 도구들 수를 줄이고, 일관성과 전반적인 프로세스의 보안을 향상시킨다.

다음 절에서는 머신러닝 플랫폼의 일반적인 서비스를 살펴볼 것이다. 이 서비스는 플랫폼을 운영에서 사용할 준비를 마치고, 쉽게 기업 환경에 도입할 수 있도록 만드는 데 중요한 부분이다.

⁝⁞ 보안, 모니터링과 자동화

이번 절에서 지금까지 언급한 모든 구성 요소와 단계의 몇 가지 공통적인 머신러닝 플랫폼 구성 요소를 알아볼 것이다. 이 구성 요소는 팀에서 플랫폼을 운영하는 데 도움을 준다.

- **데이터 파이프라인 실행**: 데이터 엔지니어링의 출력은 데이터를 가져오고, 정제하고, 처리하는 데이터 파이프라인이다. 개발을 위해 데이터를 추려 나가는 파이프라인을 만든다. 이제 운영 데이터에 대해 코드를 실행해야 한다. 머신러닝 플랫폼은 여러 다른 환경에서 이러한 코드의 실행을 자동화할 수 있도록 지원한다. 플랫폼은 단순히 코드를 실행하는 것만이 아니라 어디에서나 실행할 수 있도록 코드의 모든 종속성의 패키지를 관리하므로 큰 비중을 차지하는 단계다. 독자가 만든 코드가 아파치 스파크를 사용한다면 플랫폼은 아파치 스파크 클러스터와 데이터 파이프라인 실행에 필요한 모든 구성 요소를 준비하고 제공하는 과정을 자동화할 수 있어야 한다.

- **모델 배포**: 일단 사용할 모델이 준비되면 서비스 형태로 제공할 수 있어야 한다. 머신러닝 플랫폼에서 자동으로 모델의 패키징과 배포가 이뤄지지 않는다면 모델을 패키징하고 서비스를 호스트하기 위한 소프트웨어 엔지니어링 작업이 필요하다. 이 작업은 소프트웨어 엔지니어, 운영 팀과의 협업이 필요하고 이를 끝내기까지 몇 주가 아

니라면 며칠이 걸릴 수 있다. 머신러닝 플랫폼은 이러한 과정을 자동화하고, 보통 몇 초에서 몇 분이면 된다. 이 프로세스의 결과는 어떤 환경에 배포된 머신러닝 모델과 일반적으로 REST API와 같은 접근 가능한 서비스다.

모델 배포의 한 가지 특징은 새로운 데이터셋으로 다시 학습할 필요가 있다는 점이다. 플랫폼은 또한 팀에서 모델이 처음 학습할 때 사용한 동일한 학습 코드로 다시 학습하는 과정을 자동화하는 것을 지원한다. 그리고 재학습한 모델은 다시 자동으로 배포된다. 이 기능은 팀의 업무적 효율성을 크게 향상시키고, 유용한 결과를 만들어 가는 과정에서 만나는 새로운 문제에 대응하는 상황에서 시간을 더 효율적으로 활용할 수 있다.

- **모니터링**: 모니터링은 단순히 모델의 응답 시간과 같은 운영 시스템의 구성 요소 상태를 보는 기능만이 아니라, 어떤 이벤트가 발생했을 때 그것이 문제가 되기 전에 팀이 대응할 수 있도록 지원한다. 좋은 모니터링 플랫폼은 단지 운영 시스템을 모니터링하는 것만이 아니라, 전체 머신러닝 프로젝트 라이프사이클에 대해 감시 능력을 제공한다. 데이터를 처리하기 위한 코드를 작성할 때에는 여러 개의 시스템에서 오는 데이터셋들을 서로 연결join할 수 있도록 조정할 필요가 있을 것이다. 이는 개발 과정에서 필요한 정보의 예다. 머신러닝 플랫폼은 개발 과정에서 더 세부적인 정보를 분석할 수 있도록 지원한다. 플랫폼은 또한 IT 인프라를 모니터하는 기능을 지원한다. 예를 들어 모델 학습 단계에서 코드를 실행하고 있을 때 플랫폼은 하드웨어 자원 사용률에 대한 지표를 제공한다.

- **보안과 정책**: 우리가 만드는 플랫폼은 팀들이 자율적으로 일할 수 있도록 지원한다. 팀은 언제라도 작업을 수행할 수 있도록 플랫폼 도구를 사용할 수 있다. 하지만 누가 무엇에 접근할 수 있는지, 누가 어떤 도구를 사용할 수 있는지는 어려운 문제다. 이를 위해 플랫폼은 접근 제어 기능을 가져야 하고, 인증된 사용자만 접근을 허용해야 한다. 플랫폼의 보안 구성 요소는 OAuth2 또는 OpenID Connect와 같은 표준 프로토콜을 사용해 사용자의 본인 인증과 권한 인증을 지원한다. 우리는 오픈소스 구성 요소를 사용해 플랫폼에 인증 기능을 구현할 것이다. 플랫폼은 또한 쿠버네티스 네임스페이스 기능으로 어떤 동일할 클러스터를 공유하고 있는 다양한 팀이 작업들을 서

로 격리할 수 있도록 지원한다. 또한 쿠버네티스는 개별 팀에 대해서 사용할 하드웨어 자원의 제한을 설정하는 기능을 제공한다. 이 기능은 잘 정의된 격리 공간과 하드웨어 할당량을 제공하면서도 조직 안에서 여러 역할의 팀들이 플랫폼을 공유할 수 있도록 지원한다.

- **소스 코드 관리**: 데이터 파이프라인을 만들거나 모델을 학습할 때, 코드를 작성하게 된다. 플랫폼은 소스 코드 관리 솔루션과 통합하는 기능을 제공한다. 깃은 여기서 기본 소스 코드 통합 솔루션이다.

이제 ODH를 알아보자.

⁝▶ ODH 소개

ODH^Open Data Hub는 머신러닝 플랫폼에 필요한 대부분의 구성 요소를 제공하는 오픈소스 프로젝트다. 쿠버네티스 오퍼레이터와 함께 엄선된 오픈소스 소프트웨어로 대부분의 머신러닝 프로젝트를 구성하고 있다. 이 책에서는 주로 ODH 오퍼레이터를 사용한다. 처음부터 ODH에 포함되지 않은 다른 구성 요소도 플랫폼에서 사용할 것이다. ODH 오퍼레이터의 장점은 독자의 상황에 맞게 다른 기본 구성 요소를 대체할 수 있단 점이다.

플랫폼을 만들기 위해서 다음 구성 요소들을 사용할 것이다. 이후 몇 장에 걸쳐서 각각의 구성 요소 내용과 사용 방법을 알아본다. 지금은 대략적으로 그들의 목적 정도만 이해할 필요가 있다.

- **ODH 오퍼레이터**: 여러 머신러닝 플랫폼 구성 요소의 라이프사이클을 관리하는 쿠버네티스 오퍼레이터다. 우리가 사용할 머신러닝 플랫폼 소프트웨어 구성 요소를 설치하고, 유지 보수를 한다.
- **주피터허브**^JupyterHub: 주피터 노트북 서버의 인스턴스와 관련 자원을 관리한다.

- **주피터 노트북**: 플랫폼에서 주로 데이터 엔지니어링과 데이터 과학 작업에 대한 통합 개발 환경이다. 데이터 과학자와 엔지니어는 데이터 엔지니어링과 머신러닝 워크플로를 위해 코드를 작성하거나 디버그하기 위해서 이 작업 공간을 사용한다.

- **아파치 스파크**: 많은 양의 데이터셋을 처리하기 위한 분산, 병렬 데이터 처리 엔진이자 프레임워크다. 다양한 소스로부터 데이터를 사용하기 위해 폭넓은 데이터 수집 방법을 제공한다.

- **아파치 Airflow**: 데이터 파이프라인과 모델 배포를 위한 실행 및 스케줄링을 자동화하는 워크플로 엔진이다. Airflow는 다양한 사용자 데이터 파이프라인 구성 요소를 조정한다.

- **셀돈 코어**: 셀돈 코어$^{Seldon Core}$는 머신러닝 모델을 REST 서비스로 패키징 및 배포하는 라이브러리다. 배포된 모델을 모니터링하는 기능도 갖고 있다. 머신러닝 모델을 텐서플로^{TensorFlow}, 사이킷런$^{scikit-learn}$, XGBoost, 파이토치^{PyTorch} 등을 REST 서비스 형태로 패키징하는 기능을 가진 인기 있는 머신러닝 프레임워크를 지원한다.

- **프로메테우스와 그라파나**: 이 2개의 구성 요소는 플랫폼을 모니터링하는 기능을 제공한다. 프로메테우스^{Prometheus}는 플랫폼의 구성 요소가 제공하는 원격 측정 데이터를 기록하는 지표 데이터베이스를 제공하고, 그라파나^{Grafana}는 수집한 지표를 시각화하기 위한 그래픽 인터페이스$^{GUI, Graphical User Interface}$를 제공한다.

- **Minio**: Minio$^{('민 아이오'로 읽는다)}$는 아마존 S3 API와 호환되는 객체 저장소다. Minio 구성 요소는 ODH 도구 중 하나는 아니지만, ODH 오퍼레이터를 확장 설정해 머신러닝 플랫폼상에 Minio 구성 요소를 관리할 것이다.

- **MLflow**: 여러 모델의 시험들을 추적하는 구성 요소이며, 플랫폼의 모델 레지스트리 역할도 제공한다. MLflow도 ODH 도구 중 하나는 아니지만 ODH 오퍼레이터를 확장해 머신러닝 플랫폼상에 Minio 구성 요소를 관리할 것이다.

또한 오픈소스 아이디 제공 구성 요소를 설치할 것이다. 이 구성 요소의 목적은 범용적으로 모든 구성 요소에 대해서 싱글 사인-온$^{single sign-on}$ 기능을 제공하는 것이다. 이러한 아이디 관리 시스템으로 Keycloak을 사용할 예정이지만, 독자가 이미 보유하고 있다면, OAuth2 기반의 시스템으로 대체도 가능하다. Keycloak은 ODH의 일부가 아니지만 여기서 쿠버네티스 클러스터에 어떻게 설치하는지 별도로 보여줄 것이다.

그림 4.4는 머신러닝 플랫폼의 중요한 구성 요소 역할을 하고 있는 오픈소스 소프트웨어다. ODH의 확장성은 필요에 맞게 어떤 구성 요소를 추가하거나 선택하는 것을 지원한다. 어느 구성 요소라도 다른 오픈소스 제품으로 대체할 수 있다. 하지만 이 책에서의 실습을 위해 다음 목록에 있는 것들을 사용할 것이다.

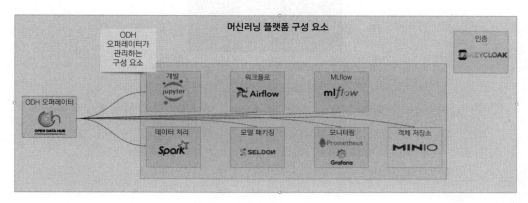

그림 4.4 머신러닝 플랫폼의 주요 구성 요소

쿠버네티스에 ODH 오퍼레이터 설치

이번 절에서는 쿠버네티스 클러스터에 ODH 오퍼레이터를 설치할 것이다. 이 단계에서 플랫폼의 어떤 구성 요소도 활성화하지 않는다. 오퍼레이터를 설치하려면 먼저 오퍼레이터의 카탈로그 소스를 등록하고나서 설치해야 한다.

먼저 ODH 오퍼레이터를 위한 카탈로그를 등록하자. 카탈로그 소스는 OLM이 오퍼레이터와 그 종속성들을 찾을 수 있도록 돕는 메타데이터를 포함하고 있다. ODH 오퍼레이터는 기본 OLM 카탈로그에 없으므로, OLM을 위한 ODH 메타데이터를 포함하고 있는 새로운 카탈로그를 등록해야 한다.

1. minikube를 사용해 카프카 클러스터가 실행 중인지 확인한다.

```
minikube status
```

다음과 같은 결과를 볼 수 있다.

```
$minikube status
minikube
type: Control Plane
host: Running
kubelet: Running
apiserver: Running
kubeconfig: Configured
```

그림 4.5 minikube로 쿠버네티스가 실행 중인지 확인한다.

쿠버네티스 클러스터가 실행 중이 아니라면, 3장, '쿠버네티스 탐험'을 참고해 쿠버네
티스 클러스터를 설정하고 시작한다.

2. 다음 명령으로 OLM을 설치하고 실행 중인지 확인한다.

```
kubectl get pods -n olm
```

다음과 같은 결과를 확인할 수 있다.

```
$kubectl get pods -n olm
NAME                                    READY   STATUS
catalog-operator-84976fd7df-dc58n       1/1     Running
olm-operator-844b4b88f8-ktfdx           1/1     Running
operatorhubio-catalog-t7zb4             1/1     Running
packageserver-69f6b89d6f-bw74p          1/1     Running
packageserver-69f6b89d6f-f9lx2          1/1     Running
```

그림 4.6 OLM 파드가 실행 중인지 보여주는 명령

모든 OLM 파드가 실행 중인지 확인하자. 그렇지 않다면 3장, '쿠버네티스 탐험'에서
클러스터에 OLM을 설치하는 방법을 참고한다.

3. 깃 리포지터리를 복사하고, 리포지터리의 루트 디렉터리로 이동한다. 이 리포지터리는 이 책에서 플랫폼 제작에 필요한 모든 소스 파일, 스크립트, 매니페스트^{manifest}를 포함하고 있다.

이 책의 소스 코드(https://github.com/PacktPublishing/Machine-Learning-on-Kubernetes.git cdMachine-Learning-on-Kubernetes)에 있는 YAML 파일을 사용해 새로운 카탈로그 소스 오퍼레이터를 등록한다.

```
kubectl create -f chapter4/catalog-source.yaml
```

4. 몇 분 후에 독자의 클러스터에서 오퍼레이터가 준비됐는지 확인한다.

```
kubectl get packagemanifests -o wide -n olm | grep -I
opendatahub.
```

다음과 같은 결과를 확인할 수 있다.

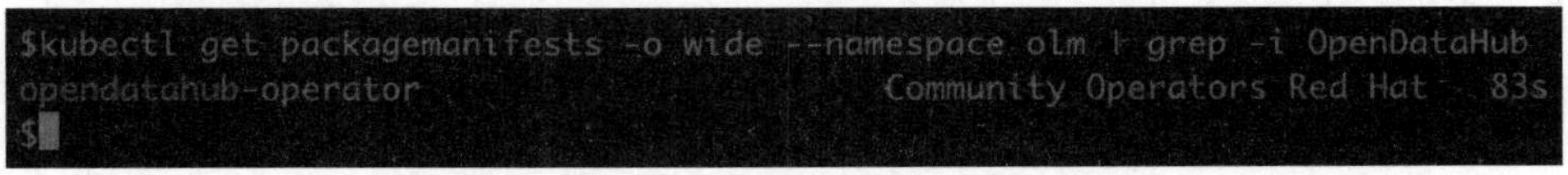

그림 4.7 ODH 오퍼레이터가 준비됐는지 확인한다.

윈도우의 PowerShell에서는 grep 명령 대신에 findstr 명령을 사용한다.

5. 이제 ODH 오퍼레이터에 대한 구독^{subscription}을 생성한다. 3장에서 구독 객체가 OLM을 통해 오퍼레이터의 설치를 트리거했다는 것을 상기해보자.

```
kubectl create -f chapter4/odh-subscription.yaml
```

구독이 생성됐다는 메시지를 확인할 수 있을 것이다.

6. 구독을 생성하면 OLM은 자동으로 오퍼레이터와 모든 관련 구성 요소들을 설치한다. ODH 파드가 실행 중인지 다음 명령으로 확인한다. 파드가 실행 중이라고 보이기까지 몇 초 정도 걸릴 수 있다. 파드가 목록에 없다면 몇 초 정도 기다렸다가 같은 명령을 다시 실행해보자.

```
kubectl get pods -n operators
```

다음과 같은 결과를 볼 수 있다.

```
$kubectl get pods -n operators
NAME                                        READY   STATUS     RESTARTS   AGE
opendatahub-operator-688bb984bf-s6vmg       1/1     Running    0          55s
```

그림 4.8 ODH 파드가 실행 중인지 확인한다.

방금 ODH 오퍼레이터를 우리의 쿠버네티스 클러스터에 설치했다. 여기서 오퍼레이터를 실행하기 위해 Deployments와 같은 일반적인 쿠버네티스 객체를 사용하지 않았다는 점을 참고한다. OLM은 Subscription 객체를 통해 쉽게 오퍼레이터 설치를 관리할 수 있다.

다음 절에서는 인그레스 제어기를 설치해 쿠버네티스 클러스터와 통신할 수 있도록 만들 것이다.

쿠버네티스 클러스터에 인그레스 제어기 활성화

3장, '쿠버네티스 탐험'에서 인그레스를 사용해 특정 서비스를 클러스터 외부에서 접근할 수 있도록 만들 수 있다는 점을 상기해보자. 쿠버네티스에서 인그레스 제공자는 여러 가지가 있지만 독자의 클러스터에 맞는 인그레스 선택은 독자에게 맡긴다.

minikube를 사용 중이라면 기본 인그레스를 활성화하기 위해 다음 과정을 따라 할 수 있다.

1. NGINX 기반의 인그레스 제어기를 클러스터에서 활성화하기 위해 다음 명령을 실행한다.

```
minikube addons enable ingress
```

다음과 같은 결과를 확인할 수 있다.

```
$minikube addons enable ingress --profile mlops
    ■ Using image k8s.gcr.io/ingress-nginx/controller:v1.0.4
    ■ Using image k8s.gcr.io/ingress-nginx/kube-webhook-certgen:v1.1.1
    ■ Using image k8s.gcr.io/ingress-nginx/kube-webhook-certgen:v1.1.1
  ● Verifying ingress addon...
  ★ The 'ingress' addon is enabled
```

그림 4.9 minikube 인그레스 플러그인 활성화 명령의 결과

2. 인그레스 파드가 클러스터에서 실행 중인지 확인한다.

```
kubectl get pods -n ingress-nginx
```

다음과 같은 결과를 확인한다.

```
$kubectl get pods -n ingress-nginx
NAME                                          READY   STATUS       RESTARTS   AGE
ingress-nginx-admission-create--1-xrntc       0/1     Completed    0          71s
ingress-nginx-admission-patch--1-bpss7        0/1     Completed    1          71s
ingress-nginx-controller-5f66978484-4rm57     1/1     Running      0          71s
$
```

그림 4.10 Nginx 인그레스 파드가 실행 중인 상태인지 확인한다.

이제 클러스터에 대한 외부의 접근을 허용하므로, 다음 단계에서는 오픈소스 사용자 인증Authentication과 권한 인증Authorization 구성 요소를 우리의 머신러닝 플랫폼에 설치한다.

쿠버네티스에 Keycloak 설치

아이디 제공자와 사용자 인증, 접근 제어 기능을 위해서 플랫폼에 Keycloak(https://www. keycloak.org)을 사용할 것이다. Keycloak은 업계 표준의 보안 체계인 OAuth2, OpenID Connect 등을 지원한다. 이번 절에서는 Keycloak 서버를 쿠버네티스 클러스터에 설치하고 Keycloak 사용자 인터페이스를 통해 설치를 확인할 것이다.

1. keycloak 앱에 대한 네임스페이스를 생성한다.

```
kubectl create ns keycloak
```

다음과 같은 결과를 볼 수 있다.

```
$kubectl create ns keycloak
namespace/keycloak created
```

그림 4.11 Keycloak의 새로운 네임스페이스 생성 결과

2. Keycloak 매니페스트를 생성한다.

```
kubectl create -f chapter4/keycloak.yaml --namespace
keycloak
```

3. keycloak 파드가 실행 중인지 확인한다. 참고로 kubectl 명령에서 --namespace와 -n 은 같은 지시자다.

```
kubectl get pods -n keycloak
```

인터넷을 통해 컨테이너 이미지를 가져오므로 시작하기까지 시간이 걸릴 수 있다. 이 명령을 처음 실행하면 아마도 READY 항목의 상태가 0/1인 것을 볼 수 있으며, 이 는 정상이다. 일단 Keycloak 파드가 실행 중이면 다음과 같은 결과를 확인할 수 있다.

그림 4.12 Keycloak 파드가 실행 상태인지 확인한다.

이후의 몇 단계에서 Keycloak 파드를 위한 인그레스를 정의하고 설정해, 클러스터 외부에서 접근할 수 있게 만들 것이다.

4. 다음 명령을 실행해서 minikube 머신의 IP 주소를 얻는다.

```
minikube ip
```

다음과 같은 결과를 확인할 수 있다.

그림 4.13 minikube 인스턴스의 IP 주소

5. chapter4/keycloak-ingress.yaml 파일을 열고, KEYCLOAK_HOST 문자열을 keycloak. <독자의 minikube IP 주소>.nip.io 문자열로 대체한다. 즉 독자의 minikube IP 주소가 192.168.61.72라면, 대체할 문자열은 keycloak.192.168.61.72.nip.io가 될 것이다.

파일에서 이 새 문자열을 사용할 곳은 두 군데다. 파일은 다음 그림 4.14와 같다. 변경하고 나서 저장하는 것을 잊지 말자.

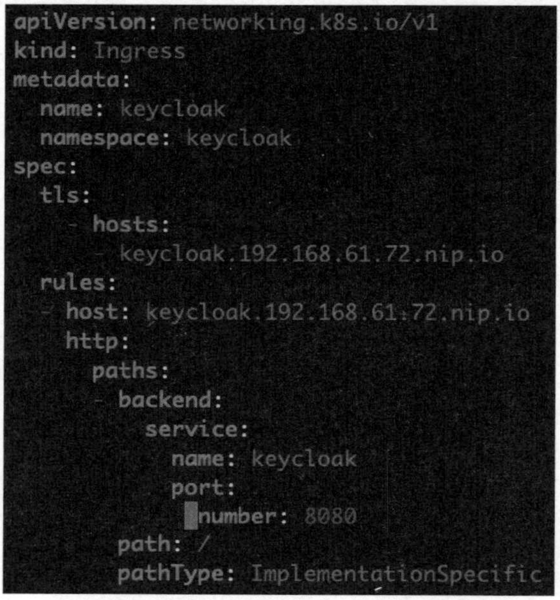

```
apiVersion: networking.k8s.io/v1
kind: Ingress
metadata:
  name: keycloak
  namespace: keycloak
spec:
  tls:
    - hosts:
      - keycloak.192.168.61.72.nip.io
  rules:
  - host: keycloak.192.168.61.72.nip.io
    http:
      paths:
      - backend:
          service:
            name: keycloak
            port:
              number: 8080
        path: /
        pathType: ImplementationSpecific
```

그림 4.14 keycloak-ingress 파일에서 minikube 인스턴스의 IP 주소 변경

쿠버네티스 클러스터에 변경된 파일을 적용하자. 이 인그레스 객체는 클러스터 외부에서 Keycloak 서버로 접근할 수 있도록 필요한 설정을 생성할 것이다. 인그레스 객체를 생성하기 위해 다음 명령을 실행한다.

```
kubectl create -f chapter4/keycloak-ingress.yaml
--namespace keycloak
```

다음 결과를 확인할 수 있다.

```
$kubectl create -f keycloak-ingress.yaml --namespace keycloak
ingress.networking.k8s.io/keycloak created
```

그림 4.15 수정한 인그레스를 적용했다.

6. 다음 명령을 실행해 인스레스 객체가 준비됐는지 확인한다.

```
kubectl get ingress --namespace keycloak
```

다음과 같은 결과를 확인해야 한다.

```
$kubectl get ingress --namespace keycloak
NAME        CLASS    HOSTS                              ADDRESS     PORTS      AGE
keycloak    nginx    keycloak.192.168.61.72.nip.io     localhost   80, 443    64s
$
```

그림 4.16 인그레스 객체가 생성됐다.

7. 이제 Keycloak이 실행 중이고 인그레스 객체를 통해 외부에 노출했으므로 독자의 컴퓨터에서 브라우저를 열고 minikube를 실행 중인 머신에 아래의 URL로 접근해보자. 독자는 앞의 5번 항목에서 확인한 IP 주소를 아래의 URL에서 대체해 사용한다.

https://keycloak.192.168.61.72.nip.io/auth/

인증서가 유효하지 않다는 경고 메시지를 볼 수 있을 것이다. 이는 Keycloak 서버가 기본적으로 사설 인증서self-signed certificate를 사용하기 때문이다. 브라우저에서 **Advance, Continue**(또는 고급, 계속하기)를 클릭해서 웹 사이트를 연다.

다음과 같은 화면을 볼 수 있다. 여기서 **관리자 콘솔**Administration Console 링크를 클릭해서 진행한다.

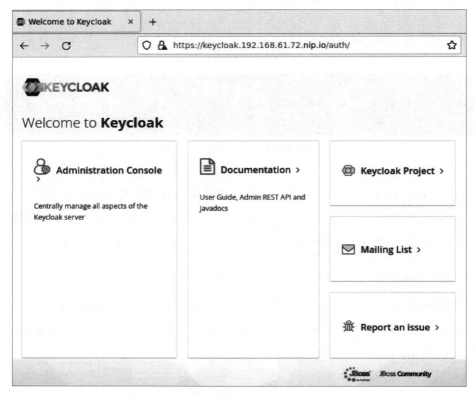

그림 4.17 Keycloak 시작 페이지

8. 다음과 같은 화면에서 계정/암호 – admin/admin을 사용해 로그인한다. 계정과 암호를 입력하면 **Sign in**을 클릭한다.

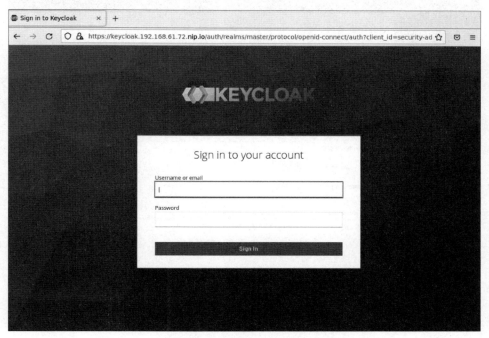

그림 4.18 Keycloak 로그인 페이지

9. Keycloak의 관리자 페이지가 다음과 같이 화면에 표시되는지 확인한다.

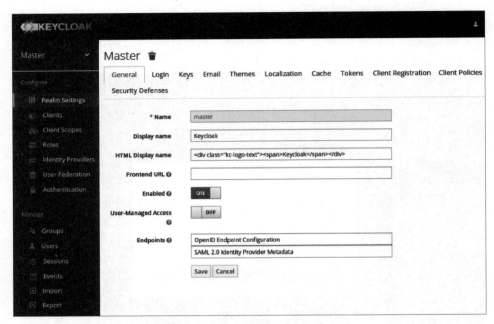

그림 4.19 Keycloak 관리자 페이지

축하한다! ODH 오퍼레이터와 Keycloak을 독자의 쿠버네티스 클러스터에 설치 완료했다.

⁘ 요약

4장에서는 우리의 머신러닝 플랫폼 주요 구성 요소와 각 구성 요소에 대한 오픈소스 커뮤니티 소프트웨어를 배웠다. 오픈소스 소프트웨어는 무료로 사용할 수 있을 뿐만 아니라 지속적으로 소프트웨어에 새로운 기능을 추가하고 향상시키고 있다.

쿠버네티스 클러스터에 머신러닝 플랫폼을 구성하기 위해 필요한 오퍼레이터를 설치했다. 또한 인그레스 제어기를 설치해서 클러스터로의 접근을 허용하고, Keycloak을 설치해 아이디와 접근 제어 기능을 플랫폼에 더했다.

앞에서 만든 기초로 머신러닝 라이프사이클의 개별 구성 요소를 더 자세히 살펴볼 수 있게 됐다. 5장에서는 데이터 엔지니어가 데이터 파이프라인을 만들고 배포할 수 있게 해주는 스파크와 주피터허브를 플랫폼에 설치하는 방법을 배운다.

⁞⁞· 더 알아보기

데이터 준비는 데이터 과학에서 가장 즐기기 힘든 작업이다.

- https://www.forbes.com/sites/gilpress/2016/03/23/data-preparationmost-time-consuming-least-enjoyable-data-science-tasksurvey-says/?sh=1e5986216f63

05

데이터 엔지니어링

데이터 엔지니어링은 일반적으로 조직에서 데이터와 데이터 흐름을 관리하고 체계화하는 것이다. 이는 데이터 수집, 처리, 버전 관리, 데이터 정책, 분석 등을 포함한다. 또한 개발, 데이터 처리를 위한 플랫폼의 관리, 데이터 레이크, 데이터 마트, 데이터 웨어하우스, 데이터 스트림 등을 아우르는 광범위한 주제다. 빅데이터와 머신러닝 프로젝트의 성공에 기여할 수 있는 중요한 경험이다. 5장에서는 머신러닝에 관련된 데이터 엔지니어링에 대해서 배울 것이다.

많은 머신러닝 입문서는 정제된 데이터셋과 모델을 만들기 위한 CSV 파일로 시작한다. 하지만 실제 상황은 다르다. 데이터는 여러 형태와 크기로 들어오며, 데이터를 수집하고, 처리하고, 필요한 만큼 준비하기 위해 잘 정의된 전략을 갖추고 있는 것이 중요하다. 5장에서는 머신러닝 프로젝트에서 데이터 엔지니어링을 위한 기초를 제공할 수 있는 오픈소스 도구들을 다룬다. 쿠버네티스 플랫폼에 오픈소스 도구 모음을 설치하는 방법을 배우고, 이러한 도구에 어떻게 효율성과 민첩성을 더할 수 있는지 배울 것이다.

5장에서 다루는 주제는 다음과 같다.

- 인증을 위한 Keycloak 설정

- 오픈 데이터 허브 구성 요소 설정

- 주피터허브 IDE의 이해와 활용

- 아파치 스파크의 기초 이해

- 오픈 데이터 허브로 아파치 스파크 클러스터를 필요할 때 제공하는 방법

- 주피터 노트북에서 스파크 앱을 만들어서 실행하기

기술 요구 사항

5장은 설치와 예제 실행을 위한 실습을 포함하고 있다. 오퍼레이터 라이프사이클 관리자를 사용해 설정한 쿠버네티스 클러스터가 필요하다. 쿠버네티스 환경을 만드는 방법은 3장, '쿠버네티스 탐험'에서 다뤘다. 5장의 실습을 시작하기 전에 동작 가능한 쿠버네티스 클러스터와 쿠버네티스 클러스터에 설치한 ODH가 있는지 확인하자. ODH의 설치는 4장, '머신러닝 플랫폼의 구조'에서 다뤘다. 이 책과 관련된 코드는 다음 깃허브 (https://github.com/PacktPublishing/Machine-Learning-on-Kubernetes)에서 찾을 수 있다.

인증을 위한 Keycloak 설정

플랫폼의 어느 구성 요소라도 사용하려면, 플랫폼 구성 요소들과 관련된 인증 시스템을 설정해야 한다. 4장, '머신러닝 플랫폼의 구조'에서 언급했듯이 인증 서비스를 제공하는 오픈소스 소프트웨어인 Keycloak을 사용할 것이다.

첫 번째 단계로 chapter5/realm-export.json 파일에서 설정을 가져온다. 파일은 이 책의 코드 리포지터리에 준비돼 있다. 이 파일은 플랫폼의 구성 요소에 OAuth2 기능을 사

용하기 위해 필요한 설정을 갖고 있다.

이 책은 Keycloak 참고서는 아니다. Keycloak 서버의 대략적인 이해를 돕기 위한 몇 가지 기본적인 정의를 다룰 것이다.

- 렘Realm: Keycloak 렘은 같은 도메인에 속하는 사용자, 역할, 그룹, 클라이언트 앱 등을 관리하는 객체다. 하나의 Keycloak 서버는 여러 렘을 가질 수 있으므로 내부 앱을 위한 렘, 외부 앱을 위한 렘과 같이 여러 형태로 설정할 수 있다.

- **클라이언트**: 클라이언트는 사용자 인증을 요청할 수 있는 요소entity들이다. 하나의 Keycloak 클라이언트 객체는 하나의 렘과 연계돼 있다. 싱글 사인-온이 필요한 플랫폼의 모든 앱은 Keycloak 서버에서 클라이언트로 등록될 것이다.

- **사용자와 그룹**: 말 그대로다. 새로운 사용자를 생성하고 다양한 플랫폼의 소프트웨어에 로그인할 때 사용한다.

다음 단계로 OAuth 기능을 우리의 머신러닝 플랫폼 구성 요소에 적용하기 위해 Keycloak을 설정할 것이다.

ODH 구성 요소에 대한 Keycloak 설정 가져오기

이번 절에서는 클라이언트와 그룹 설정을 쿠버네티스 클러스터에서 실행 중인 Keycloak 서버에 가져올 것이다. 다음 과정은 Keycloak 서버의 마스터 렘에 모두 가져올 것이다.

1. 사용자 이름인 admin과 암호 admin을 사용해 Keycloak 서버에 로그인한다. 왼쪽에 있는 사이드바에서 **Manage** 밑에 있는 **Import** 링크를 클릭한다.

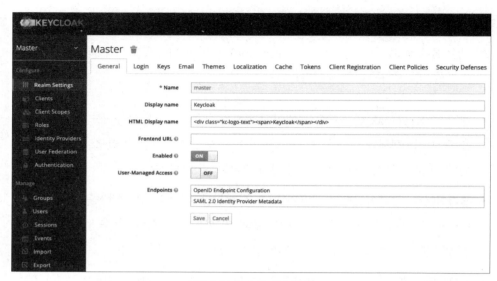

그림 5.1 Keycloak 마스터 렘

2. 화면에서 다음과 같이 **Select File** 버튼을 클릭한다.

그림 5.2 Keycloak의 설정 가져오기 페이지

3. 팝업 화면이 나타나면 chapter5/realm-export.json 파일을 선택한다. **If a resource exists** 선택 옵션에서는 **Skip**을 선택하고, **Import**를 클릭한다.

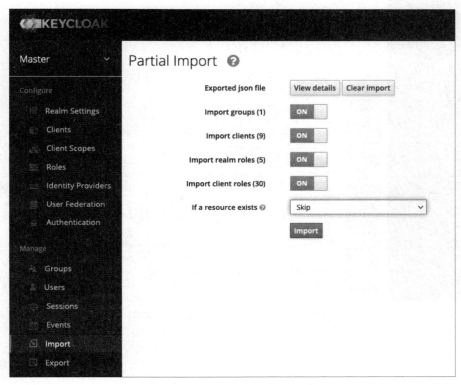

그림 5.3 Keycloak의 설정 가져오기 페이지

4. 성공적으로 Keycloak 서버에 가져온 레코드를 확인한다.

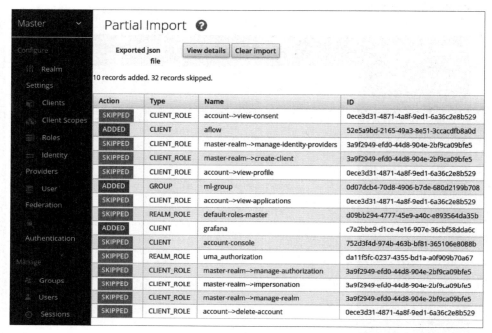

그림 5.4 Keycloak의 설정을 가져온 결과 페이지

5. 좌측 메뉴에서 **Clients** 항목을 클릭해 4개의 클라이언트가 생성됐는지 확인하자. 다음의 클라이언트 아이디들이 존재해야 한다. aflow, mflow, grafana, jhub. aflow 클라이언트는 플랫폼의 워크플로 엔진이며, 아파치 Airflow의 인스턴스다. mflow 클라이언트는 모델 레지스트리와 학습 추적 도구를 위한 것이며, MLflow의 인스턴스다. grafana 클라이언트는 모니터링 사용자 인터페이스로 그라파나의 인스턴스다. 마지막으로 jhub 클라이언트는 주피터허브 서버의 인스턴스다.

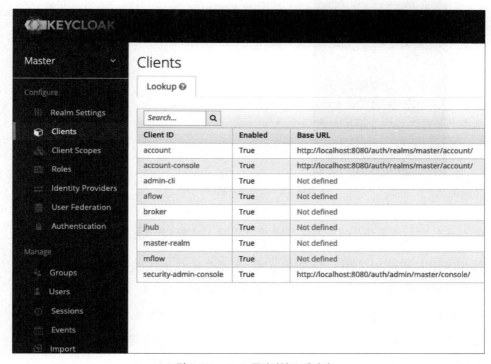

그림 5.5 Keycloak 클라이언트 페이지

6. 화면 좌측에서 **Groups** 링크를 클릭해 **ml-group**이라는 그룹이 생성됐는지 확인한다.

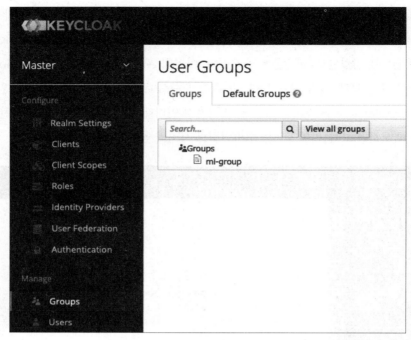

그림 5.6 Keycloak 그룹 페이지

이 사용자 그룹은 플랫폼에서 사용자를 생성할 때 사용할 것이다.

잘 따라왔다. 방금 머신러닝 플랫폼을 위한 몇 개의 Keycloak 클라이언트를 설정했다. 다음 단계는 이 책의 이후 부분에서 사용할 Keycloak의 사용자를 생성하는 것이다. 참고로 Keycloak은 독자의 회사에서 사용하는 디렉터리 서비스 또는 데이터베이스를 사용자 소스로 참조할 수 있다는 것도 중요하다. 여기서 사용하는 렘 설정은 매우 기초적인 내용이므로, 실제 운영 환경에서 사용하는 것은 권하지 않는다.

Keycloak 사용자 생성

이번 절에서는 새로운 사용자를 만들고 이전 절에서 가져온 그룹에 속하도록 설정할 것이다. 그룹에 사용자를 추가하는 것은 다양한 ODH 소프트웨어에 필요한 역할을 부여하는 작업이다.

1. Keycloak 페이지의 왼쪽 메뉴에서 **Users**를 클릭해 아래의 화면을 연다. 사용자를 추가하기 위해 우측에 있는 **Add user** 버튼을 클릭한다.

그림 5.7 Keycloak 사용자 목록

2. 사용자명을 mluser로 입력하고, **사용자 활성화**^{User Enabled}와 **이메일 확인**^{Email Verified} 버튼을 **ON**으로 설정했는지 확인한다. **Groups** 항목에서 **ml-group** 그룹을 선택하고, 이메일, 이름, 성 항목을 그림 5.8과 같이 입력하고, **Save** 버튼을 클릭한다.

그림 5.8 Keycloak 사용자 추가 페이지

3. 사용자 암호를 설정하기 위해 **Credentials** 탭을 클릭한다.

그림 5.9 Keycloak 사용자/암호 페이지

4. 독자가 원하는 암호를 입력하고, **Temporary** 항목을 비활성화한 다음, **Set Password** 버튼을 클릭한다.

이제 Keycloak에서 사용자 생성과 설정을 완료했다. Keycloak 서버는 이제 머신러닝 플 랫폼의 구성 요소를 사용할 준비가 됐다. 다음 단계로 머신러닝 프로젝트의 모든 구성 원을 위한 코드 작성 환경을 제공하는 플랫폼 구성 요소를 알아보자.

ODH 구성 요소 설정

4장, '머신러닝 플랫폼의 구조'에서 ODH 오퍼레이터를 설치했다. 이제 ODH 오퍼레이 터를 사용해 머신러닝 플랫폼에 자동으로 구성 요소를 설치하기 위한 ODH 인스턴스 를 설정할 것이다. ODH는 커스터마이즈^{Kustomize} 스크립트를 실행해 머신러닝 플랫폼 에 구성 요소를 설치한다. 이 책에서 제공하는 코드의 일부로, 플랫폼을 구동하기 위해 필요한 구성 요소를 설치하고, 설정하는 템플릿을 제공하고 있다.

어떤 구성 요소를 ODH 오퍼레이터가 설치할 것인지 manifests 파일로 설정할 수 있다. 매니페스트 파일에서 특정 설정은 건너뛰고, 필요한 구성 요소를 선택할 수도 있다. 이 책의 코드 리포지터리에는 manifests/kfdef/ml-platform.yaml 파일이 준비돼 있다. 이 YAML 파일은 ODH 오퍼레이터가 마법을 부려서 플랫폼의 일부가 될 소프트웨어를 설치하도록 설정돼 있다. 다음 절에서는 이 파일의 일부를 수정할 필요가 있을 것이다.

이 파일은 플랫폼의 구성 요소와 그 설정을 보관할 경로를 정의하고 있다.

- **Name**: 구성 요소 이름을 정의한다.

- **repoRef**: 이 절은 해당 구성 요소 설정을 위해 필요한 파일의 상대 경로를 정의하는 속성을 포함한다.

- **Parameters**: 이 절은 구성 요소를 설정할 때 사용할 파라미터를 포함하고 있다. 이후의 예제에서는 KEYCLOAK_URL과 JUPYTERHUB_HOST의 IP 주소를 독자의 환경에 맞게 변경해야 한다.

- **Overlays**: ODH 오퍼레이터는 각각의 구성 요소에 대한 기본 설정값을 갖고 있다. Overlays는 기본 설정을 추가로 조정할 방법을 제공한다. Overlays의 목록은 매니페스트 파일과 같은 경로 아래에 있는 폴더다. ODH 오퍼레이터는 이 Overlay 폴더에서 파일들을 읽어와 때에 따라서 최종 설정을 만들어내기 위해 모두 합친다. 주피터허브의 Overlays는 코드 리포지터리의 manifests/jupyterhub/overlays 폴더에서 찾을 수 있다.

- **Repos**: 이 설정 절은 각각의 매니페스트 파일에 특정하면서, 매니페스트에 있는 모든 구성 요소에 적용하는 것이다. 해당 매니페스트 파일이 참조하고 있는 모든 파일을 포함하는 깃 리포지터리의 위치와 버전을 정의한다. 우리가 따로 설치할 파일들에 대한 매니페스트가 필요하다면, 그 파일들이 있는 깃 리포지터리는 이 절에서 참조하도록 해야 한다.

다음 그림은 주피터허브 구성 요소를 정의한 매니페스트 파일의 일부다.

```
- kustomizeConfig:
    overlays:
      - mlops
      - spark3

    parameters:
      - name: s3_endpoint_url
        value: "minio-ml-workshop.ml-workshop:9000"
      - name: KEYCLOAK_URL
        value: keycloak.192.168.61.72.nip.io
      - name: CLIENT_SECRET
        value: '30fc8258-459b-47d8-b81e-16aabe31ce4f'
      - name: JUPYTERHUB_HOST
        value: jupyterhub.192.168.61.72.nip.io

    repoRef:
      name: manifests
      path: manifests/jupyterhub/jupyterhub
  name: jupyterhub
```

그림 5.10 ODH 매니페스트 파일에 있는 구성 요소

우리는 머신러닝 플랫폼 인스턴스를 생성할 때 이미 준비된 매니페스트 파일을 사용할 것이다. 이 파일을 수정해 원하는 설정 또는 구성 요소를 추가하거나 제거해도 좋다. 하지만 이 책의 예제를 위해 필요한 경우가 아니라면 변경하지 않을 것을 권한다.

이제 ODH 매니페스트 파일을 확인했으므로, 첫 머신러닝 플랫폼을 쿠버네티스에 만들어보기 위해 활용할 시간이 됐다.

ODH 설치

플랫폼에 데이터 엔지니어링 구성 요소를 설치하기 전에 먼저 ODH 인스턴스를 생성해야 한다. ODH 인스턴스는 머신러닝 플랫폼 구성 요소로서 잘 동작하도록 관련 도구를 엄선해서 모은 것이다. ODH가 제공하는 것 이외의 구성 요소도 포함하고 있지만, ODH 인스턴스를 머신러닝 플랫폼의 인스턴스라고 해도 충분한 자격이 있다. 동일한

쿠버네티스 클러스터 내에서 쿠버네티스 네임스페이스만 구분해 실행할 수 있다면 여러 개의 ODH 인스턴스를 실행할 수도 있다. 이는 여러 팀이나 부서에서 하나의 쿠버네티스 클러스터를 공유해 사용할 때 유용하다.

다음은 우리의 쿠버네티스 클러스터에 ODH 인스턴스를 생성하기 위해 필요한 과정이다.

1. 다음 명령으로 쿠버네티스 클러스터에 새로운 네임스페이스를 생성한다.

```
kubectl create ns ml-workshop
```

다음과 같은 결과를 확인한다.

```
$kubectl create ns ml-workshop
namespace/ml-workshop created
$
```

그림 5.11 쿠버네티스 클러스터 내의 새로운 네임스페이스

2. 다음 명령을 실행해서 ODH 오퍼레이터가 실행 중인지 확인한다.

```
kubectl get pods -n operators
```

다음과 같은 결과를 확인한다. 상태가 Running으로 표시됐는지 확인하자.

```
$kubectl get pods -n operators
NAME                                    READY   STATUS    RESTARTS   AGE
opendatahub-operator-688bb984bf-59vcn   1/1     Running   0          70s
```

그림 5.12 ODH 오퍼레이터의 상태

3. minikube 환경의 IP 주소를 가져오자. 이 IP 주소는 Keycloak에서 했던 작업과 마찬가지로 플랫폼의 여러 구성 요소에 대한 인그레스를 생성할 때 사용할 것이다. 독자의 환경에 따라서 각 minikube 인스턴스의 IP 주소는 다를 것이다.

```
minikube ip
```

위 명령은 독자의 minikube 클러스터의 IP 주소를 할당한다.

4. 이제 manifests/kfdef/ml-platform.yaml 파일을 열고, 아래의 파라미터의 값들을 독자의 minikube 인스턴스에 대한 NIP(nip.io) 도메인명으로 변경하자. 도메인명에서 IP 주소 부분만 변경하면 된다. 예를 들어 KEYCLOAK_URL keycloak.<IP Address>. nip. io에서 keycloak.192.168.61.72.nip.io로 변경한다. 참고로 파일에 필요한 변경이 한 군데 이상일 경우도 있다. 완성된 쿠버네티스 환경의 경우에는 <IP Address> 부분에 쿠버네티스 클러스터의 도메인명을 사용한다.

    I.   KEYCLOAK_URL

    II. JUPYTERHUB_HOST

    III. AIRFLOW_HOST

    IV. MINIO_HOST

    V. MLFLOW_HOST

    VI. GRAFANA_HOST

5. 다음 명령을 사용해 매니페스트 파일을 쿠버네티스 클러스터에 적용한다.

```
kubectl create -f manifests/kfdef/ml-platform.yaml -n ml-workshop
```

다음과 같은 결과를 확인할 수 있다.

```
$kubectl create -f manifests/kfdef/ml-platform.yaml -n ml-workshop
kfdef.kfdef.apps.kubeflow.org/opendatahub-ml-workshop created
```

그림 5.13 ODH 구성 요소에 대한 매니페스트 적용 결과

6. 다음 명령을 실행해 ml-workshop 네임스페이스를 가진 여러 파드가 생성되는 과정을 지켜보자. 모든 구성 요소를 설치하기까지 시간이 조금 걸릴 것이다. 몇 분 정도 후에 모든 파드가 실행 상태가 될 것이다. 각 파드가 생성되는 과정에서 일부 오류가 발생

하는 것을 볼 수도 있다. 어떤 파드는 다른 파드에 의존성이 있으므로 이는 정상이다. 모든 구성 요소와 파드가 실행 상태가 될 때까지 인내심을 갖고 기다리자.

```
watch kubectl get pods -n ml-workshop
```

모든 파드가 실행 상태가 되면 다음과 같은 결과를 볼 수 있다.

```
Every 2.0s: kubectl get pods -n ml-workshop

NAME                                              READY   STATUS      RESTARTS        AGE
app-aflow-airflow-scheduler-74d8b9c66d-pl6vj      2/2     Running     2 (6m29s ago)   7m51s
app-aflow-airflow-web-c878f7dc9-rm46z             2/2     Running     1 (2m15s ago)   2m33s
app-aflow-airflow-worker-0                        2/2     Running     2 (6m21s ago)   7m51s
app-aflow-postgresql-0                            1/1     Running     0               7m51s
app-aflow-redis-master-0                          1/1     Running     0               7m51s
grafana-76f68bb4c6-9d6mh                          1/1     Running     0               7m51s
jupyterhub-7848ccd4b7-kbd8m                       1/1     Running     0               7m54s
jupyterhub-db-0                                   1/1     Running     0               7m54s
minio-ml-workshop--1-nl544                        0/1     Completed   2               7m51s
minio-ml-workshop-6b84fdc7c4-z7hxk                1/1     Running     0               7m51s
mlflow-579cf69b4d-fqh7r                           2/2     Running     0               7m51s
mlflow-db-0                                       1/1     Running     1 (7m27s ago)   7m51s
prometheus-operator-58cccbff56-wl2dm              1/1     Running     0               7m44s
seldon-controller-manager-7f67f4985b-vxvjt        1/1     Running     0               7m50s
spark-operator-5f78bdd6c6-88tzv                   1/1     Running     0               7m50s
```

그림 5.14 쿠버네티스 클러스터에서 실행 중인 ODH 구성 요소를 보여주는 CLI 출력

그렇다면 위 명령이 하는 일이 무엇일까? ODH 오퍼레이터는 5번 단계에서 생성한 kfdef[1]의 CRD^Custom Resource Definition를 사용했다. 그리고 오퍼레이터는 CRD에 있는 각각의 앱 객체를 거쳐서 이 앱을 실행하기 위해 필요한 쿠버네티스 객체를 생성한다. 클러스터에 생성된 쿠버네티스 객체는 여러 개의 Deployments, Pods, Services, Ingresses, ConfgMaps, Secrets, PersistentVolumeClaims 등을 포함한다. ml-workshop 네임스페이스에 생성된 위의 모든 객체를 보기 위해서 다음 명령을 실행할 수 있다.

```
kubectl get all -n ml-workshop
```

---

1   주로 YAML 파일들을 포함하는 폴더 이름으로 사용한다. – 옮긴이

ODH 오퍼레이터가 생성한 ml-workshop 네임스페이스의 모든 객체를 볼 수 있을 것이다.

축하한다! 우리는 방금 ODH의 따끈한 새 인스턴스를 생성했다. 이제 매니페스트 파일로부터 머신러닝 플랫폼의 인스턴스를 만드는 과정을 살펴봤으니, 데이터 엔지니어의 작업을 위해 사용할 플랫폼의 각 구성 요소를 하나씩 알아보자.

> **Podman 드라이버 Minikube**
>
> 리눅스에서 podman을 사용해 설치한 일부 minikube의 경우 스레드(thread) 수의 제한 때문에 스파크 오퍼레이터가 잘 동작하지 않을 수 있다. 이 문제를 해결하려면 minikube 설정에서 kvm2 드라이버를 사용해야 한다. 이렇게 하려면 minikube start 명령에서 --driver=kvm2 파라미터를 추가한다.

주피터허브의 이해와 활용

주피터 노트북은 머신러닝 프로젝트에서 코드를 작성하는 도구로 선호도가 매우 높아졌다. 주피터허브는 미리 설정한 주피터 노트북 서버를 빠르게 구동하고, 쿠버네티스 플랫폼에서 관련된 연산 자원을 갖춰주는 역할을 가진 환경을 셀프서비스로 지원하는 소프트웨어다. 데이터 엔지니어와 데이터 과학자 같은 사용자가 요청 시에 오직 그들만의 전용 주피터 노트북 인스턴스를 제공한다. 요청한 사용자가 이미 자신만의 주피터 노트북 인스턴스를 갖고 있다면, 허브는 중복된 환경을 피하면서 기존의 인스턴스로 안내할 것이다. 사용자 관점에서 보면 이러한 전체적인 상호작용이 매끄럽다. 5장의 다음 절에서 볼 수 있을 것이다.

사용자가 주피터허브에서 어떤 환경을 요청하면 CPU, 메모리, 저장소와 같은 미리 설정한 하드웨어 자원의 크기를 선택하게 된다. 개발자, 데이터 엔지니어, 데이터 과학자가 작업에 필요한 만큼의 연산 자원을 확보할 수 있도록 유연하게 지원한다. 이러한 자원의 동적 할당은 쿠버네티스 플랫폼이 갖추고 있는 기능이다.

서로 다른 사용자들은 다양한 프레임워크, 라이브러리, 선호하는 코딩 환경을 요구한다. 어떤 데이터 과학자는 사이킷런 또는 파이토치를 사용하기를 원하는 반면, 누군가는 텐서플로를 원할 수도 있다. 어떤 데이터 엔지니어는 Pandas를 쓰고 싶어 하는데, 다른 사람들은 PySpark로 데이터 파이프라인을 실행해야 할 수도 있다. 주피터허브는 이러한 경우에 맞게 사전에 정의한 여러 환경을 구성할 수 있다. 사용자는 미리 정의해 둔 설정을 새로운 환경을 요청할 때 선택할 수 있다. 이렇게 미리 정의된 환경은 사실 컨테이너 이미지다. 즉, 플랫폼 운영자나 관리자는 여러 개의 사전에 정의한 이미지를 사용자에게 필요한 환경을 제공할 수 있도록 준비할 수 있다. 이 기능은 또한 사용 환경의 표준화를 돕는다. 여러 개발자 컴퓨터에서 서로 다른 버전의 라이브러리를 다뤄야 하는 상황을 쉽게 만날 수 있다. 환경의 표준화는 라이브러리 버전의 불일치와 관련된 문제를 많이 줄일 수 있고, 일반적으로 '내 컴퓨터에서는 잘 되는데'와 같은 문제를 줄일 수 있다.

그림 5.15는 새로운 주피터허브 환경을 제공하는 3단계 과정을 보여준다.

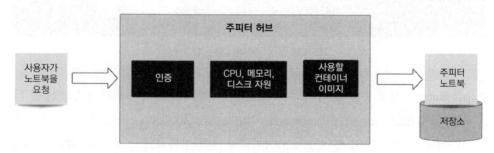

그림 5.15 주피터허브에서 새로운 환경을 생성하는 워크플로

이제 주피터허브가 무엇을 할 수 있는지 알았으니, 실제로 동작하는 것을 보자.

주피터허브 설치 확인하기

팀의 모든 데이터 엔지니어는 실행 환경을 준비하기 위해서 간단한 워크플로 표준을 따른다. 더 이상 자신의 컴퓨터 환경에서 직접 이것저것 설치하지 않는다. 팀에게는 좋은 일임은 물론이고 팀의 작업 속도를 향상시키는 데 도움이 될 것이다.

ODH 오퍼레이터는 이전 절에서 이미 주피터허브를 설치했다. 이제 데이터 엔지니어로서 새로운 주피터 노트북을 잘 돌리고, 자신만의 데이터 파이프라인을 만들어볼 것이다.

1. 다음 명령을 사용해 쿠버네티스 환경에서 생성된 인그레스 객체를 표시한다. 이 명령을 실행해 주피터허브 URL을 찾는다.

```
kubectl get ingress -n ml-workshop
```

다음과 같은 결과를 볼 수 있다. HOSTS 칼럼에 있는 주피터허브 URL을 확인하자.

```
$kubectl get ingress -n ml-workshop
NAME                      CLASS    HOSTS                            ADDRESS      PORTS      AGE
ap-airflow2               nginx    airflow.192.168.61.72.nip.io     localhost    80, 443    21m
grafana                   nginx    grafana.192.168.61.72.nip.io     localhost    80, 443    21m
jupyterhub                nginx    jupyterhub.192.168.61.72.nip.io  localhost    80, 443    21m
minio-ml-workshop-ui      nginx    minio.192.168.61.72.nip.io       localhost    80, 443    21m
mlflow                    nginx    mlflow.192.168.61.72.nip.io      localhost    80, 443    21m
```

그림 5.16 클러스터 내의 모든 인그레스

2. minikube를 실행 중인 같은 작업 머신에서 브라우저를 열고 주피터허브 URL을 탐색한다. URL은 https://jupyterhub.<MINIKUBE IP ADDRESS>.nip.io와 같은 형태다. 이 URL은 SSO 인증을 위해 Keycloak 로그인 페이지로 안내할 것이다. 여기서 URL의 IP 주소는 자신의 minikube IP 주소로 대체해 사용해야 한다.

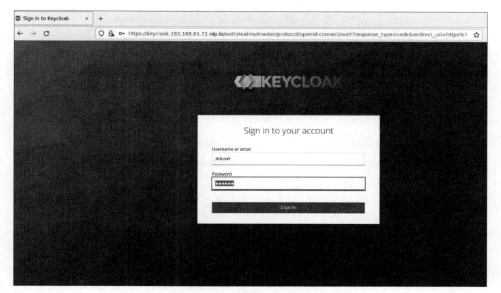

그림 5.17 주피터허브의 SSO 인증 요구

3. 사용자명으로 `mluser`를 입력하고, 암호는 이전에 설정한 암호를 넣고 **Sign In**을 클릭한다.

주피터허브 서버의 초기 페이지가 표시되고, 우리가 원하는 노트북 컨테이너 이미지와 미리 정의한 크기로 필요한 연산 자원을 선택할 수 있다.

노트북 이미지 섹션은 ODH 코드 리포지터리 폴더인 `manifests/jupyterhub-images`에서 가져온 매니페스트로 준비한 여러 표준 노트북을 포함하고 있다.

컨테이너 크기 드롭 다운drop down 항목에서는 필요한 실행 환경 크기를 선택할 수 있다. 이 설정은 또한 매니페스트 파일인 `manifests/jupyterhub/jupyterhub/overlays/mlops/jupyterhub-singleuser-profilessizes-configmap.yaml`에서 제어한다.

매니페스트에서 어떤 설정이 가능한지 익숙해지기 위해 위 파일을 직접 살펴보기를 권한다.

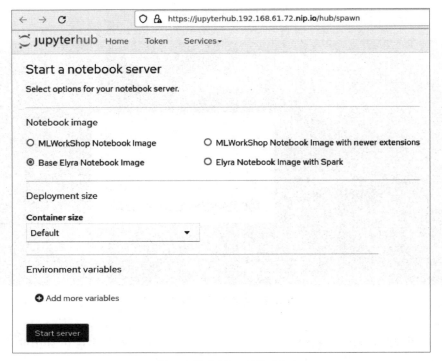

그림 5.18 주피터허브 시작 페이지

여기서 **Base Elyra Notebook Image**와 **Default** 컨테이너 크기를 선택하고, **Start Server**를 클릭한다.

4. 다음 명령을 실행해서 사용자에 대해 새로운 파드가 생성됐는지 확인한다. 주피터 노트북 인스턴스명은 jupyter-nb-로 시작하고, 사용자명을 꼬리표로 사용한다. 즉, 사용자마다 해당하는 노트북 파드의 고유한 이름을 가진다.

```
kubectl get pods -n ml-workshop | grep mluser
```

다음과 같은 결과를 확인한다.

그림 5.19 주피터허브로 생성한 주피터 노트북 파드

5. 축하한다! 이제 직접 생성한 자신만의 주피터 노트북 서버를 쿠버네티스 플랫폼에서 실행 중이다.

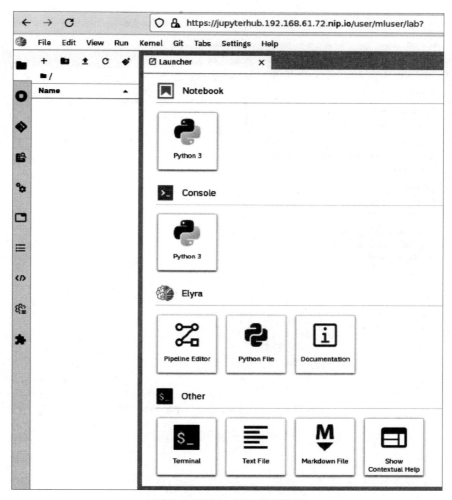

그림 5.20 주피터 노트북 시작 페이지

6. 이제 노트북 서버 실행을 중지하자. **File › Hub Control Panel** 메뉴를 클릭한 뒤
   Hub Control Panel 페이지로 이동한다.

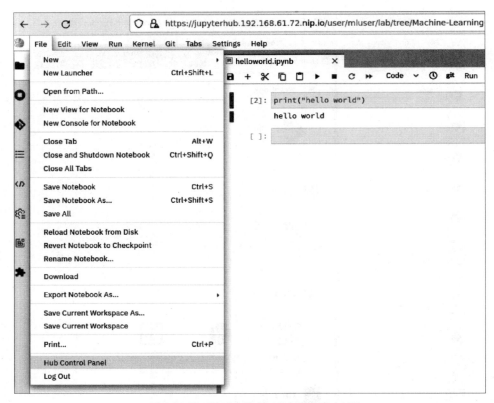

그림 5.21 허브 컨트롤 패널을 보기 위한 메뉴 선택

7. **Stop My Server** 버튼을 클릭한다. 이렇게 주피터 노트북 인스턴스를 중지한다. 이
   후 과정에서 다시 시작하길 원할 수도 있다.

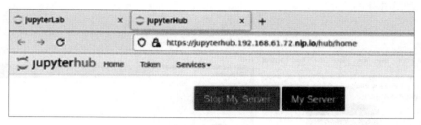

그림 5.22 허브 컨트롤 패널

8. 다음 명령으로 해당 사용자에 대한 새 파드가 제거됐는지 확인한다.

```
kubectl get pods -n ml-workshop | grep mluser
```

주피터허브에 의해 주피터 노트북 파드가 제거됐으므로 출력 결과가 없어야 한다.

여러 노트북 설정 내용을 탐색하는 것은 독자의 몫으로 남겨둔다. 5장의 후반부 절과 6
장에서 이 주피터 노트북을 사용해 코드를 작성할 것이므로 계속 살펴보기를 원한다면
지금 놓치지 말고 진행해보자.

첫 번째 주피터 노트북 실행

주피터 노트북을 실행 중이므로, 'Hello World!' 프로그램을 만들어볼 시간이다. 이 책
의 코드 리포지터리에 프로그램이 있고, 다음 과정을 따라 하면서 깃으로 코드를 가져
와서 실행할 것이다. 앞에서 언급했듯이 이 과정을 진행하기 전에 브라우저를 사용해
주피터 노트북에 접근할 수 있는지 확인하자.

1. 주피터 노트북의 좌측 메뉴에 있는 깃 아이콘을 클릭한다. 위에서 세 번째 아이콘
   이다. 각각의 다른 작업을 위한 3개의 버튼이 표시된다. **Clone a Repository** 버튼
   을 클릭하자.

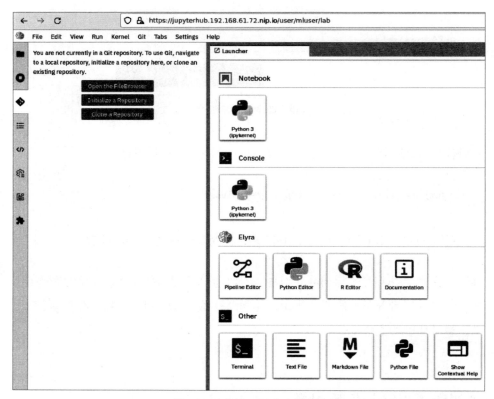

그림 5.23 주피터 노트북에서 깃 다루기

2. **Clone a repo** 팝업 화면에서 다음과 같이 이 책의 코드 리포지터리 경로를 입력한다.

https://github.com/PacktPublishing/Machine-Learningon-Kubernetes.git

이제 **CLONE** 버튼을 클릭한다.

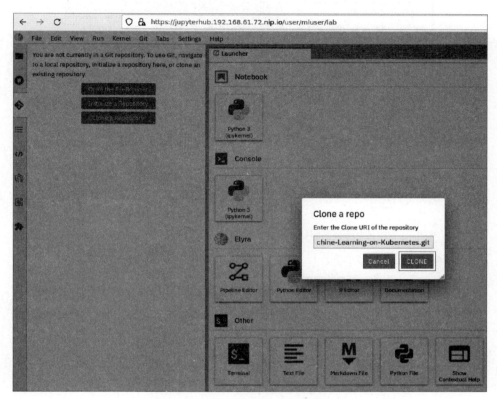

그림 5.24 주피터 노트북에서 깃 리포지터리 복제

3. 주피터 노트북의 파일 시스템에 코드 리포지터리가 복제된 것을 볼 수 있다. 그림 5.25와 같이 chapter5/helloworld.ipynb 파일을 찾아 우리의 노트북에서 열자. 화면 상단 막대에서 플레이 아이콘을 클릭해 화면의 코드를 실행한다.

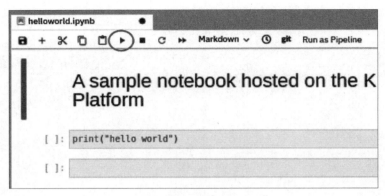

그림 5.25 주피터 환경의 노트북

4. 이제 거의 다 왔다! 방금 쿠버네티스에서 실행 중인 직접 만들어본 주피터 노트북에서 파이썬 코드를 실행했다.

5. 메뉴에서 **File › Hub Control Panel**을 클릭해 노트북을 종료한다. **Stop My Server** 버튼을 클릭해 지금 실행 환경을 종료한다. 참고로 ODH는 지금 디스크에 저장해 다음에 노트북을 시작할 때 우리가 저장한 모든 파일을 사용할 수 있다.

축하한다! 이제 우리는 플랫폼에서 자신의 코드를 실행할 수 있다. 다음에는 아파치 스파크 엔진에 대해서 몇 가지 기초적인 지식을 살펴볼 것이다.

⁝⁝ 아파치 스파크의 기초 이해

아파치 스파크는 분산, 대용량 데이터 처리를 위한 오픈소스 데이터 처리 엔진이다. 즉 작은 데이터셋을 갖고 있다면 심지어 몇백 기가바이트 정도의 데이터라도 기존의 데이터베이스가 더 빠른 처리 시간을 제공할 수도 있다. 아파치 스파크의 핵심적인 차이점은 메모리상에서 중간 처리 과정의 연산을 수행하는 능력이며, 이로 인해 하둡 맵리듀스^Hadoop Mapreduce보다 더 빠르다.

아파치 스파크는 속도, 유연성, 쉬운 사용법을 위해서 만들어졌다. 아파치 스파크는 70개 이상의 높은 수준을 가진 데이터 처리 오퍼레이터를 제공해 데이터 엔지니어가 데이터 용 앱을 만들기 쉽고, 아파치 스파크 API를 사용해 쉽게 데이터 처리 로직을 작성할 수 있다. 유연하다는 것은 스파크가 일관된 형태의 데이터 처리 엔진으로 동작하고 몇 가 지 데이터 작업 유형, 즉 배치 앱, 스트리밍 앱, 상호작용을 위한 쿼리, 심지어 머신러닝 알고리듬으로도 동작한다.

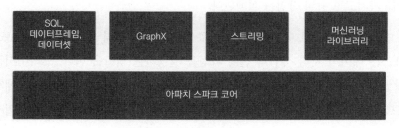

그림 5.26 아파치 스파크 구성 요소

아파치 스파크 작업 실행 이해하기

대부분의 데이터 엔지니어는 아파치 스파크를 거대한 병렬 데이터 처리 엔진으로 알고 있다. 아파치 소프트웨어 재단의 가장 성공적인 프로젝트 중 하나다. 스파크는 기존 시 스템처럼 여러 가상머신^VM, Virtual Machine의 클러스터, 또는 물리적인 서버에서 동작 한다. 하지만 컨테이너와 쿠버네티스의 사용이 많아지면서 스파크는 쿠버네티스 컨테 이너 기반의 스파크 클러스터에 대한 지원을 추가했다.

쿠버네티스상에서 스파크를 실행하는 일반적인 방법은 주로 두 가지다. 첫 번째이자 원 래 방법은 쿠버네티스 작업자 파드를 조정하기 위해 쿠버네티스 엔진 자체를 사용하는 것이다. 이 접근 방식은 스파크 클러스터 인스턴스가 항상 실행 중이고, 스파크 앱은 등 록된 앱의 실행을 관리하는 쿠버네티스 API에 등록돼야 한다. 이 방법을 어떻게 구현하는지는 자세히 다루지 않을 것이다. 두 번째 방법은 쿠버네티스 오퍼레이터를 사용하는 것이다. 오퍼레이터는 쿠버네티스에 대한 스파크 객체를 생성하는 쿠버네티스 **CRD**를 활용할 수 있다. 이 방식은 스파크 오퍼레이터로 스파크 클러스터를 적절할 때 생성하는 것이다. 기존의 클러스터에 스파크 앱을 등록하는 대신에 오퍼레이터가 스파크 클러스터를 필요한 시점에 구동한다.

스파크 클러스터는 관리자/작업자 구조를 따른다. 스파크 클러스터 관리자는 작업자의 위치와 작업자를 위해 필요한 자원을 알고 있다. 스파크 클러스터는 앱을 실행할 작업자 노드들의 클러스터를 위한 자원을 관리한다. 각각의 작업자는 하나 이상의 실행자Executor를 가지고 할당된 작업을 실행한다.

스파크 앱은 두 부분으로 나뉜다. 라이버 구성 요소와 데이터 처리 로직이다. 드라이버 구성 요소는 데이터 처리 작업의 진행 과정을 실행하는 역할을 한다. 드라이버는 먼저 어떤 작업자 노드가 앱의 로직을 실행할 것인지 찾기 위해 클러스터 관리자에게 확인한다. 드라이버는 모든 앱의 동작을 작업으로 변환하고, 실행을 제어하며, 작업자 노드에 있는 실행자 프로세스에 직접 작업을 할당한다. 하나의 실행자는 동일한 스파크 범위에 속하는 여러 작업을 실행할 수 있다.

만약 우리의 앱이 연산 결과를 수집해 합치길 원한다면 이 작업을 책임지는 것이 드라이버다. 데이터 엔지니어 관점에서 이 모든 작업은 스파크세션SparkSession 객체를 통해 추상화된다. 우리는 단지 데이터 처리 로직만 작성하면 된다. 아파치 스파크의 목표가 단순화라고 말했던가?

그림 5.27은 스파크 드라이버, 스파크 클러스터 관리자와 스파크 작업자 노드의 관계를 보여준다.

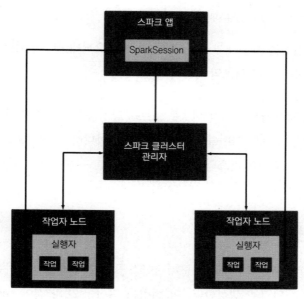

그림 5.27 아파치 스파크 구성 요소의 관계

⁝⁝ ODH로 아파치 스파크 클러스터를 필요할 때 제공하는 방법

앞에서 ODH가 주피터 노트북을 사용한 데이터 파이프라인과 같은 코드를 작성하기 위해 어떻게 동적이고 유연한 개발 환경을 만드는 것을 지원하는지 다뤘다. 데이터 개발자는 아파치 스파크와 같은 데이터 처리 클러스터를 확보하기 위해 IT 팀과 논의해야 한다는 사실도 눈치챘다. 이러한 과정은 팀의 민첩성이 떨어지므로 머신러닝 플랫폼이 풀어야 할 문제 중 하나다. 이러한 상황에 대해 ODH는 다음과 같은 구성 요소를 제공한다.

- 아파치 스파크 클러스터를 구성하기 위한 스파크 오퍼레이터. 이 책에서는 쿠버네티스 API의 최신 변경 사항을 따라가기 위해 ODH와 radanalytics[2]가 제공하는 원래

---

2 래드어낼리틱스로 읽는다. – 옮긴이

의 스파크 오퍼레이터와 구분했다.

- 어떤 노트북 환경을 사용자가 생성할 때, 스파크 오퍼레이터에 새로운 스파크 클러스터를 요청하는 주피터허브의 기능이다.

데이터 엔지니어 입장에서 우리가 새로운 노트북 환경을 노트북 이미지로 구동할 때 주피터허브는 새로운 노트북 서버를 생성하는 것만이 아니라, 스파크 오퍼레이터로 우리만의 전용 아파치 스파크 클러스터도 생성한다.

스파크 클러스터 생성

먼저 스파크 오퍼레이터가 어떻게 쿠버네티스 클러스터에서 동작하는지 살펴보자. ODH는 스파크 제어기를 생성한다. 이 설정은 그림 5.28과 같이 radanalyticsio-spark-cluster라는 이름으로 chapter5/ml-platform.yaml 파일에서 볼 수 있다. CRD와 필요한 역할, 스파크 오퍼레이터 배포 등을 정의하고 있는 또 다른 쿠버네티스 YAML 파일임을 알 수 있다. 이 파일들은 모두 이 책의 코드 리포지터리인 manifests/radanalyticsio 폴더에 있다.

```
- kustomizeConfig:
    repoRef:
      name: manifests
      path: manifests/radanalyticsio/spark/cluster
  name: radanalyticsio-spark-cluster
```

그림 5.28 스파크 오퍼레이터를 설치하는 매니페스트 섹션 화면

아파치 스파크를 구동하려면 SparkCluster라고 부르는 쿠버네티스 커스텀 리소스를 생성해서 할 수 있다. 요청을 받았을 때 스파크 오퍼레이터는 각각의 요구된 설정에 대해 새로운 스파크 클러스터를 제공할 것이다. 다음 과정은 우리의 플랫폼에서 스파크 클러스터를 구성하는 과정을 보여준다.

1. 스파크 오퍼레이터 파드가 실행 중인지 확인한다.

```
kubectl get pods -n ml-workshop | grep spark-operator
```

다음과 같은 결과를 확인한다.

```
$kubectl get pods -n ml-workshop | grep spark
spark-operator-5f78bdd6c6-88tzv                    1/1    Running    0        2d11h
```

그림 5.29 스파크 오퍼레이터 파드

2. chapter5/simple-spark-cluster.yaml에 있는 파일을 사용해 하나의 작업자 노드를
가진 단순한 스파크 클러스터를 생성한다. 이 파일을 보면 하나의 마스터와 하나의
작업자 노드를 가진 스파크 클러스터인 것을 알 수 있다. 이 커스텀 리소스를 가지고
다음 절에서 몇 개의 스파크 설정들을 만들 것이다.

```
chapter5 > ! simple-spark-cluster.yaml > {} spec >
 1  apiVersion: radanalytics.io/v1
 2  kind: SparkCluster
 3  metadata:
 4    name: simple-spark-cluster
 5    namespace: ml-workshop
 6  spec:
 7    master:
 8      instances: '1'
 9    metrics: true
10    worker:
11      instances: '1'
```

그림 5.30 스파크 커스텀 리소스

다음 명령을 실행해 쿠버네티스 클러스터에 스파크 클러스터 커스텀 리소스를 생성
한다. 스파크 오퍼레이터는 쿠버네티스 플랫폼에서 지속적으로 이 리소스를 검사하
고, 각각의 제공된 스파크 클러스터 커스텀 자원에 대한 아파치 스파크 클러스터 인
스턴스를 자동으로 생성한다.

```
kubectl create -f chapter5/simple-spark-cluster.yaml -n
ml-workshop
```

다음과 같은 결과를 확인한다.

```
$kubectl create -f chapter5/simple-spark-cluster.yaml -n ml-workshop
sparkcluster.radanalytics.io/simple-spark-cluster created
```

그림 5.31 스파크 클러스터 생성 결과

3. 우리의 클러스터에서 실행 중인 스파크 클러스터 파드를 확인한다.

```
kubectl get pods -n ml-workshop | grep simple-spark
```

다음과 같은 결과를 확인해야 한다. 이 2개의 파드는 스파크 오퍼레이터가 만든 것이고 하나는 스파크 마스터 노드, 다른 하나는 작업자 노드다. 작업자 파드의 수는 SparkCluster에 있는 instances 파라미터에 따라 설정된다. 처음 실행할 때에는 파드들이 실행 상태가 될 때까지 시간이 걸린다.

```
$kubectl get pods -n ml-workshop | grep simple-spark
simple-spark-cluster-m-98hl7                           1/1      Running
simple-spark-cluster-w-jwntc                           1/1      Running
$
```

그림 5.32 실행 중인 스파크 클러스터 파드의 목록

이제 쿠버네티스 클러스터에서 스파크 오퍼레이터가 어떻게 동작하는지 알았다. 다음 단계로 주피터허브를 어떻게 설정해야 우리의 새 노트북을 제공하는 동안 동적으로 클러스터를 요청하는지 살펴보자.

주피터허브로 스파크 클러스터를 생성하는 방법

간단히 말해 주피터허브는 이전 절에서 우리가 했던 일을 한다. 주피터허브는 Spark Cluster 리소스를 쿠버네티스에서 생성해, 스파크 오퍼레이터가 우리가 사용할 아파치 스파크 클러스터를 제공할 수 있다. SparkCluster 리소스 설정은 쿠버네티스 Config Map 파일에 있으며, manifests/jupyterhub/jupyterhub/base/jupyterhub-spark-operator-configmap.yaml에서 찾을 수 있다. 이 파일에서 그림 5.33과 같이 sparkCluster Template을 살펴보자. 이전 절에서 만들었던 파일과 비슷한 것을 볼 수 있다.

```
manifests > jupyterhub > jupyterhub > base > ! jupyterhub-spark-operator-configmap.yaml >
20    sparkClusterTemplate: |
21      kind: SparkCluster
22      apiVersion: radanalytics.io/v1
23      metadata:
24        name: "spark-cluster-{{ user }}"
25      spec:
26        worker:
27          instances: "{{ worker_nodes }}"
28          memoryLimit: "{{ worker_memory_limit }}"
29          cpuLimit: "{{ worker_cpu_limit }}"
30          memoryRequest: "{{ worker_memory_request }}"
31          cpuRequest: "{{ worker_cpu_request }}"
32        master:
33          instances: "{{ master_nodes }}"
34          memoryLimit: "{{ master_memory_limit }}"
35          cpuLimit: "{{ master_cpu_limit }}"
36          memoryRequest: "{{ master_memory_request }}"
37          cpuRequest: "{{ master_cpu_request }}"
38        customImage: "{{ spark_image }}"
39        metrics: true
40        env:
41        - name: SPARK_METRICS_ON
42          value: prometheus
```

그림 5.33 스파크 리소스에 대한 주피터허브 템플릿

독자 중 일부는 위 내용이 하나의 템플릿인 것을 발견했을 것이다. 이 템플릿에 있는 특정 변수들의 값이 필요하다. {{ user }}와 {{ worker_nodes }} 등을 말한다. 주피터허브는 우리의 노트북에 컨테이너를 제공하는 동안 SparkCluster 요청을 생성한다고 했던 것을 상기해보자. 주피터허브는 우리의 노트북을 생성하는 동안 이 파일을 템플릿으로 사용해 값들을 채운다. 그럼 어떻게 주피터허브가 어떤 스파크 클러스터를 만들지 결정할까? 위 설정이 프로필이고 ConfigMap으로 manifests/jupyterhub/jupyterhub/overlays/spark3/jupyterhub-singleuser-profiles-configmap.yaml에 준비돼 있다. 그림 5.33과 비슷할 것이다.

```
- name: Spark Notebook
  images:
  - quay.io/ml-aml-workshop/elyra-spark:0.0.4
  env:
    - name: PYSPARK_SUBMIT_ARGS
      value: '--conf spark.cores.max=2 --conf spark.executor.instances=1 --conf spark.exec
    - name: PYSPARK_DRIVER_PYTHON
      value: 'jupyter'
    - name: PYSPARK_DRIVER_PYTHON_OPTS
      value: 'notebook'
    - name: PYTHONPATH
      value: '$PYTHONPATH:/opt/app-root/lib/python3.8/site-packages/:/opt/app-root/lib/pyt


  services:
    spark:
      resources:
      - name: spark-cluster-template
        path: notebookPodServiceTemplate
      - name: spark-cluster-template
        path: sparkClusterTemplate
      configuration:
        worker_nodes: '1'
        master_nodes: '1'
        master_memory_limit: '2Gi'
        master_cpu_limit: '750m'
        master_memory_request: '2Gi'
        master_cpu_request: '100m'
        worker_memory_limit: '2Gi'
        worker_cpu_limit: '750m'
        worker_memory_request: '2Gi'
        worker_cpu_request: '250m'
        spark_image: 'quay.io/ml-on-k8s/spark:3.0.0'
      return:
        SPARK_CLUSTER: 'metadata.name'
```

그림 5.34 스파크 리소스에 대한 주피터허브 프로필

이 프로필이 트리거될 때 컨테이너 이름을 image 항목을 사용해 지정하는 것을 볼 수 있다. 데이터 엔지니어로서 주피터허브의 시작 페이지에서 노트북을 선택할 때, 주피터

허브는 이 프로필을 적용한다. 프로필에서 두 번째로 언급할 항목은 env 섹션이고, 노트북 컨테이너 이미지에 주입할 환경변수를 지정한다. configuration 객체는 resource 키에 언급된 템플릿에 적용할 값들을 정의한다.

고맙게도 보이지 않는 곳에서 독자와 독자의 팀을 위해 많은 일들을 처리했고, 훌륭한 경험을 선물했고, 진정한 오픈소스 의미에 맞게 모든 것들을 설정할 수 있고, 심지어 우리가 무언가를 변경하거나 새로운 피처를 추가하면 프로젝트에 되돌려줄 수도 있다.

다음 절에서는 위 구성 요소들을 실행하는 플랫폼에서 스파크 앱을 만들어 실행하는 것이 얼마나 쉬운지 볼 수 있을 것이다.

⋮⋮⋮ 주피터 노트북에서 스파크 앱을 만들어서 실행하기

다음 과정을 진행하기 전에 5장의 이전 절에서 소개한 구성 요소와 명령어를 따라왔어야 한다.

1. 다음 명령을 실행해서 스파크 오퍼레이터가 실행 중인지 확인한다.

```
kubectl get pods -n ml-workshop | grep spark-operator
```

다음과 같은 결과를 확인할 수 있다.

```
$kubectl get pods -n ml-workshop | grep spark
spark-operator-5f78bdd6c6-88tzv          1/1     Running     0          2d11h
```

그림 5.35 스파크 오퍼레이터 파드

2. 주피터허브 파드가 실행 중인지 다음 명령으로 확인하자.

```
kubectl get pods -n ml-workshop | grep jupyterhub
```

다음과 같은 결과를 확인한다.

```
$kubectl get pods -n ml-workshop | grep jupyterhub
jupyterhub-7848ccd4b7-kbd8m                        1/1    Running
jupyterhub-db-0                                    1/1    Running
```

그림 5.36 주피터허브 파드

3. 노트북을 시작하기 전에 다음 명령을 실행해서, 이전 절에서 생성한 스파크 클러스터를 삭제하자. 이는 주피터허브가 우리를 위해 새로운 스파크 클러스터 인스턴스를 자동으로 생성하는 것을 보기 위해서다.

```
kubectl delete sparkcluster simple-spark-cluster -n
ml-workshop
```

4. 주피터허브 서버에 로그인한다. 5장의 앞에서 주피터허브 설정 확인 방법을 참고한다. 서버 시작 페이지를 볼 수 있을 것이다. **Elyra Notebook Image with Spark** 이미지와 컨테이너 크기는 **Small**을 선택한다. 이는 manifests/jupyterhub/jupyterhub/overlays/spark3/jupyterhub-singleuser-profilesconfigmap.yaml 파일에 설정한 것과 같은 이미지다.

5. **Start Server**를 클릭한다.

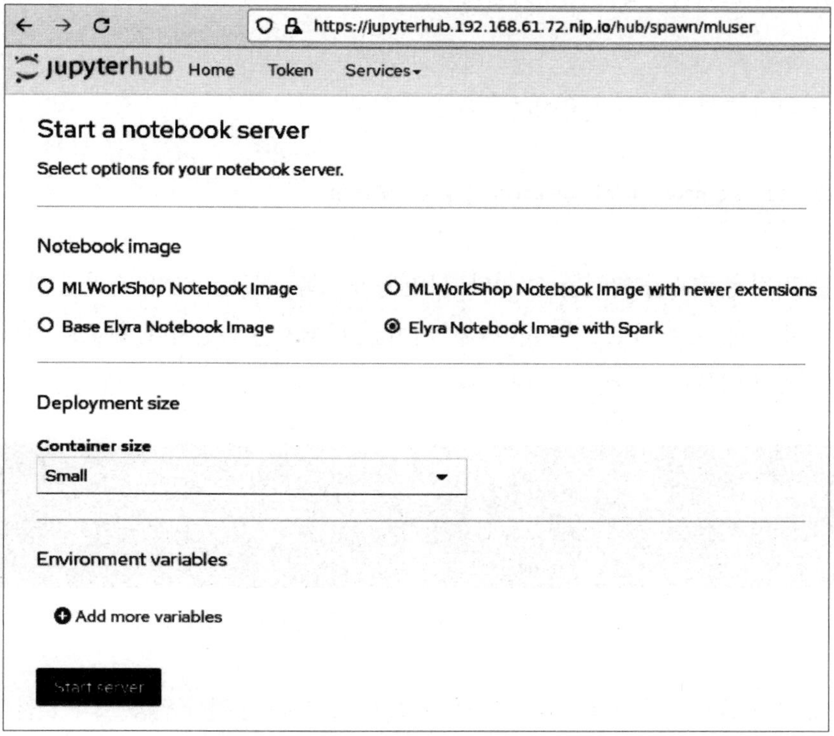

그림 5.37 주피터허브 시작 페이지에서 'Elyra Notebook Image with Spark'를 볼 수 있다.

방금 시작한 노트북은 우리의 전용 스파크 클러스터 생성을 트리거한다. 스파크 클러스터를 준비하는 동안 기다려야 하기 때문에 시간이 조금 걸릴 것이다.

화면에서는 **Elyra Notebook Image with Spark**를 선택했지만 `jupyterhub-sing` `leuser-profiles-configmap.yaml` 파일에 설정했던 이미지는 `quay.io/ml-aml-work` `shop/elyra-spark:0.0.4`이고, 동일한 이미지는 아니다. 평문을 사용한 이미지 매핑은 `manifests/jupyterhubimages/elyra-notebook-spark3-imagestream.yaml`에 설정돼 있다. 주피터허브 시작 페이지에 표시된 평문은 이 파일의 annotations 섹션에서 참조한다. 특정 라이브러리와 함께 자신만의 이미지를 추가하고 싶다면 여기에 파일만 추가하면 되고, 팀에서 활용할 수 있을 것이다. 이러한 주피터허브의 기능은 노트북 컨테이너 이미지를 표준화할 수 있도록 지원하므로, 팀의 모든 구성원들이 동일한 환경과 같은 라이브러리 모음을 가질 수 있게 된다.

6. 노트북을 시작하면 스파크 클러스터가 준비됐는지 확인하자. 이 스파크 클러스터는 오직 이 노트북 사용자 전용이라는 점을 유의한다.

```
kubectl get pods -n ml-workshop | grep mluser
```

다음과 같은 결과를 확인할 수 있다. 화면은 노트북 파드와 2개의 스파크 파드를 보여주며 -m-을 포함하고 있는 것이 마스터이고, 나머지는 작업자다. 참고로 파드 이름은 사용자 이름과 연관성이 있다.

```
$kubectl get pods -n ml-workshop | grep mluser
jupyterhub-nb-mluser                              1/1      Running
spark-cluster-mluser-m-2j9zh                       1/1      Running
spark-cluster-mluser-w-5lqfb                       1/1      Running
$
```

그림 5.38 주피터허브 노트북과 스파크 클러스터 파드

이제 모든 팀원이 데이터 처리 코드를 만들고 테스트하기 위한 전용 스파크 인스턴스에서 자신만의 개발 환경을 가질 수 있다.

7. 아파치 스파크는 앱과 데이터 처리 작업을 모니터할 수 있는 사용자 인터페이스를 제공한다. ODH가 제공하는 스파크 클러스터가 이 사용자 화면을 제공하고 https://spark-cluster-mluser.192.168.61.72.nip.io로 접근할 수 있다. 여기서 IP 주소는 독자의 minikube IP 주소로 변경해야 한다. 아마도 주피터허브에 로그인할 때 사용한 사용자명인 mluser가 위 URL에 일부인 것을 발견했을 것이다. 만약 다른 사용자명을 썼다면 URL에서 따라서 변경해야 한다.

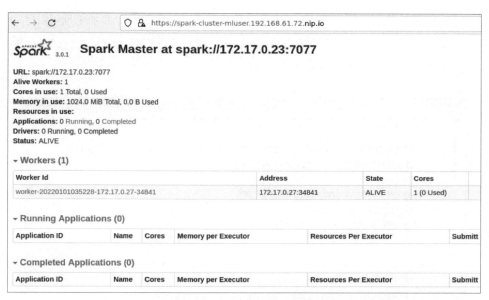

그림 5.39 스파크 사용자 인터페이스

위 화면은 클러스터에 작업자가 하나임을 보여준다. 작업자 노드를 클릭해 작업자 노드에서 실행 중인 실행자를 확인할 수 있다. 스파크 클러스터에 대한 설명을 다시 알아보고 싶다면 5장 앞부분의 '아파치 스파크의 기초 이해' 절을 참조한다.

8. 노트북에서 chapter5/hellospark.ipynb 파일을 연다. 주어진 배열로 제곱값을 계산하는 간단한 작업이다. 스파크는 자동으로 작업을 실행을 제어하고, 실행자들에게 배분한다는 점을 상기하자. 이 노트북은 스파크 클러스터와 통신하는 스파크 드라이버 프로그램이고, SparkSession 객체를 통해서 추상화된다.

이 노트북 화면 두 번째 상자에 있는 코드는 SparkSession 객체를 생성하는 것이다. getOrCreateSparkSession 유틸리티 함수는 플랫폼이 제공한 스파크 클러스터에 연결할 것이다.

마지막 상자의 코드에는 데이터 처리 로직이 있다. 이 예제에서 로직은 데이터를 가지고 배열의 각 요소에 대한 제곱을 계산한다. 데이터를 일단 처리하면, collect 메소드가 결과를 노트북의 스파크 앱에서 실행 중인 드라이버에 전달한다.

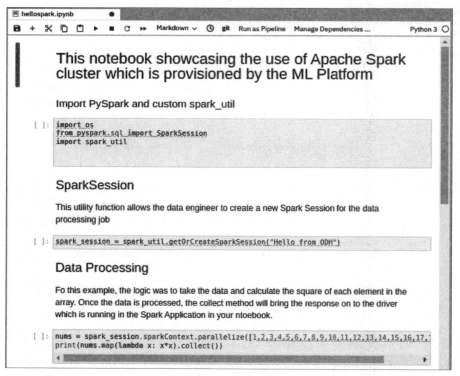

그림 5.40 간단한 스파크 앱이 있는 노트북

메뉴에서 **Run › Run All cells**를 클릭한다. 노트북은 스파크 클러스터에 연결해서 작업을 등록하고 실행할 것이다.

9. 작업을 처리하는 동안 https://spark-clustermluser.192.168.61.72.nip.io의 스파크 화면을 열자. IP 주소는 독자의 환경에 맞게 변경해야 한다. 화면에서 굵게 표시된 **Running Applications** 아래에 있는 테이블에서 **Application ID**를 클릭한다.

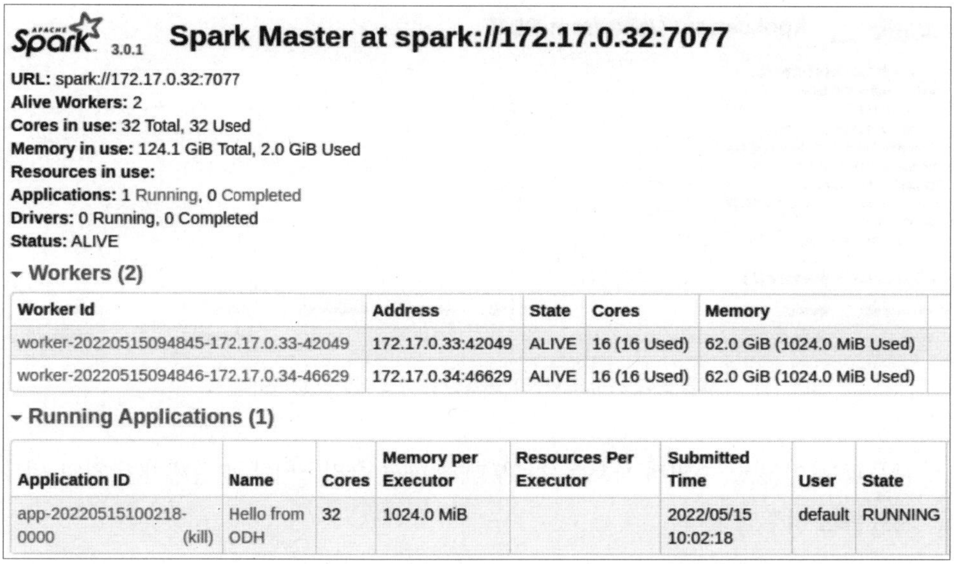

그림 5.41 아파치 스파크 화면

10. 스파크 앱의 상세 페이지를 탐색한다. 앱 이름은 노트북에서 설정했던 **Hello from ODH**다. **Application Detail UI**를 클릭한다.

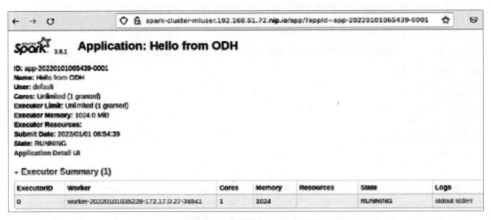

그림 5.42 스파크 화면이 등록된 스파크 작업을 보여준다.

다음과 같이 방금 주피터 노트북으로부터 스파크 클러스터에서 실행한 작업의 세부 지표를 보여주고 있다.

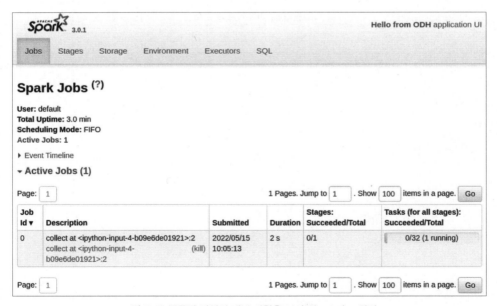

그림 5.43 등록된 작업의 세부 사항을 보여주는 스파크 화면

11. 일단 작업이 끝나면, **File › Hub Control Panel** 메뉴를 열고, **Stop My Server** 버튼을 클릭한다.

그림 5.44 주피터 노트북 제어판

12. 다음 명령을 실행해 스파크 클러스터가 종료됐는지 확인한다.

```
kubectl get pods -n ml-workshop | grep mluser
```

우리의 클러스터에서 스파크 오퍼레이터가 파드들을 종료했으므로 출력이 없어야 한다.

드디어 쿠버네티스에서 실행 중인 온디맨드 스파크 클러스터에서 기본적인 데이터 처리 작업을 실행했다. 이 모든 작업을 쿠버네티스에서 실행 중인 주피터 노트북으로 했다는 점을 상기하자.

플랫폼의 위와 같은 기능으로 데이터 엔지니어들은 엄청난 양의 데이터 처리 작업을 브라우저에서 직접 수행할 수 있다. 이러한 능력은 또한 그들이 머신러닝 프로젝트를 위해 데이터 변환, 정제, 품질 향상 등을 쉽게 협업해 수행하는 데 도움이 된다.

⋮⋮ 요약

5장에서 처음으로 머신러닝 플랫폼을 만들어봤다. ODH 구성 요소를 ODH 쿠버네티스 오퍼레이터를 통해 설정했다. 플랫폼이 자동으로 실행 환경을 준비하는 동안 데이터 엔지니어가 어떻게 주피터허브를 사용해 주피터 노트북과 아파치 스파크 클러스터 인스턴스를 만드는지 알아봤다. 또한 플랫폼이 일관성과 보안을 위해 컨테이너 이미지로 어떻게 운영 환경의 표준화를 지원하는지 살펴봤다. 데이터 엔지니어는 아파치 스파크 작업을 주피터 노트북에서 실행할 수 있다는 것도 볼 수 있었다.

이러한 능력은 데이터 엔지니어가 셀프서비스 방식을 바탕으로 자율적으로 일할 수 있도록 지원한다. 모든 구성 요소가 자동으로, 필요할 때 준비되는 것을 봤다. 이러한 플랫폼의 탄력적이고 셀프서비스를 지원하는 기능은 언제나 변경할 요구 사항이 발생하는 데이터와 머신러닝의 세상에서 팀이 더 생산적이고 민첩해질 수 있도록 도움을 줄 것이다.

6장에서는 데이터 과학자가 플랫폼으로부터 어떤 장점을 얻을 수 있고 효율성을 높일 수 있는지 살펴볼 것이다.

06

머신러닝 엔지니어링

6장에서는 우리의 논의를 머신러닝 엔지니어링 라이프사이클로부터 모델을 만들고 관리하는 작업으로 옮겨볼 것이다. 우리가 배울 셀프서비스 솔루션을 데이터 과학자에게 제공하는 머신러닝 플랫폼의 역할 덕분에 더 효율적으로 데이터 팀과 다른 데이터 과학자들이 함께 협업할 수 있다.

6장에서 중점적으로 다룰 내용은 모델을 만드는 것보다는 플랫폼이 다양한 팀의 구성원과 여러 환경에 대해서 어떻게 일관성과 보안을 지원하는지 볼 것이다. 데이터 과학에 대한 작업 영역의 준비와 관리에 대해 어떻게 플랫폼이 데이터 과학자들의 작업을 단순화하는지도 배울 것이다.

6장에서 배울 주제는 다음과 같다.

- 머신러닝 엔지니어링 이해

- 사용자 노트북 이미지 사용

- MLflow 소개

- 시험 추적 시스템용 MLflow

- 모델 레지스트리 시스템으로서 MLflow

⁞⁞⁞ 기술 요구 사항

6장은 몇 가지 설치 실습과 예제를 포함한다. OLM^{Operator Lifecycle Manager}을 사용해 설정한 쿠버네티스 클러스터를 실행해야 한다. 이러한 쿠버네티스 환경은 3장, '쿠버네티스 탐험'에서 다뤘다. 6장의 실습을 해보기 전에 쿠버네티스 클러스터가 동작하는지, ODH를 쿠버네티스 클러스터에 설치했는지 확인하자. ODH의 설치는 4장, '머신러닝 플랫폼의 구조'에서 다뤘다. 이 책과 관련된 모든 코드는 다음 링크(https://github.com/PacktPublishing/Machine-Learning-on-Kubernetes)에서 찾을 수 있다.

⁞⁞⁞ 머신러닝 엔지니어링 이해

머신러닝 엔지니어링이란 소프트웨어 엔지니어링 원칙을 머신러닝 프로젝트에 적용하는 프로세스와 방법을 말한다. 이 책에서 머신러닝 엔지니어링은 또한 데이터 과학 라이프사이클에 앱 개발 기술의 적용을 쉽게 만들어주는 일종의 규칙이다. 웹 사이트나 뱅킹 시스템과 같은 기존 앱을 작성할 때에는 높은 품질의 코드를 시작부터 작성할 수 있도록 지원하는 프로세스와 도구들이 있다. 스마트 통합 개발 환경^{IDE}, 표준 환경, 지속적인 통합^{CI, Continuous Integration}, 자동화된 테스트, 정적 코드 분석 등이 몇 가지 예다. 자동화와 지속적 배포^{CD, Continuous Deployment} 사례는 조직에서 앱을 하루에도 몇 번씩 시스템 중단 없이 배포할 수 있도록 지원한다.

머신러닝 엔지니어링은 기존 소프트웨어 엔지니어링 방법의 장점을 모델 개발 영역에 가져온다는 대략적인 의미가 있다. 하지만 대부분의 데이터 과학자는 개발자가 아니다. 그들은 소프트웨어 엔지니어링 방식에 익숙하지 않다. 또한 데이터 과학자가 사용하는 도구는 머신러닝 엔지니어링 작업에 적합하지 않을 수 있다. 다시 말해 모델은 소프트웨어의 또 다른 형태일 뿐이다. 그러므로 기존의 소프트웨어 엔지니어링 접근 방식을 머신러닝 모델에 적용할 수 있다. 패키징과 배포를 위한 컨테이너 사용이 하나의 예가 될 것이다.

어떤 팀은 데이터 과학자의 작업을 보완하기 위해 머신러닝 엔지니어를 고용하기도 한다. 데이터 과학자의 주된 역할이 머신러닝이나 문제 해결을 위한 딥러닝 모델을 만드는 것이라면 머신러닝 엔지니어는 소프트웨어 엔지니어링 영역에 집중한다. 머신러닝 엔지니어의 역할은 다음과 같다.

- 모델 최적화(제작할 모델이 그 모델을 호스팅할 대상 환경에 최적화됐는지 확인한다)

- 모델 패키징(머신러닝 모델을 이식 가능하고, 전달 가능하게, 실행할 수 있고, 버전 제어가 가능하도록). 모델 패키징은 또한 모델 서비스와 컨테이너화 등을 포함한다.

- 모니터링(성능 지표, 로그, 알림, 이상치와 드리프트 감지 등을 수집하기 위한 인프라 구성)

- 모델 테스트(A/B 테스트의 지원과 자동화)

- 모델 배포

- MLOps 인프라 제작과 유지 보수

- 머신러닝 모델을 위한 CI/CD 파이프라인 구현

- 머신러닝 라이프사이클 프로세스 자동화

나열된 항목 이외에도 머신러닝 엔지니어의 역할은 더 있지만 위 목록은 이미 머신러닝 엔지니어링을 어떻게 데이터 과학과 구분하는지 보여주고 있다.

우리가 만드는 머신러닝 플랫폼은 데이터 과학자도 대부분의 머신러닝 엔지니어링 작업을 스스로 할 수 있을 정도로, 수동으로 처리할 머신러닝 엔지니어링 작업을 줄일 것이다.

다음 절에서는 데이터 과학자가 모델 품질을 높이고, 팀에 학습 결과를 공유하기 위해서 어떻게 모델 개발의 반복 과정을 추적할 수 있는지 살펴볼 것이다. 또한 팀이 머신러닝 모델에 버전 관리를 적용하는 방법과 기타 소프트웨어 엔지니어링 사례를 머신러닝 세계에 적용하는 방법을 살펴볼 수 있다.

이후 7장에서는 모델을 어떻게 패키징하고 표준화된 방법으로 배포할 것인지와 배포 프로세스를 어떻게 자동화하는지 살펴보는 것으로 머신러닝 엔지니어링의 여정이 이어진다.

이제 데이터 과학 팀을 위해서 표준 개발 환경을 만드는 것부터 시작하자.

⠿ 사용자 노트북 이미지 사용

5장, '데이터 엔지니어링'에서 봤듯이 주피터허브는 셀프서비스 방식으로 주피터 노트북 기반의 개발 환경을 구동한다. 우리는 'Base Elyra Notebook Image' 컨테이너 이미지를 실행했고, 아파치 스파크로 데이터 처리 코드를 작성할 때 사용했다. 이 방법은 팀에서 일관되고 표준화된 개발 환경(예를 들어 코드를 만들 때 동일한 파이썬과 라이브러리의 버전)을 사용하는 데 도움이 되고, 팀이 사용한다는 사실을 알고 있는 소프트웨어에 대해서 보안 정책을 적용할 수 있도록 지원한다. 하지만 다른 라이브러리 또는 다른 머신러닝 프레임워크를 사용하는 자신만의 이미지를 만들고 싶을 수도 있다. 플랫폼은 이것 역시 지원한다.

다음 절에서 사용자 정의 컨테이너 이미지를 팀에서 활용할 수 있도록 만들어 배포할 것이다.

사용자 노트북 컨테이너 이미지 만들기

팀에서 joblib과 같은 라이브러리들과 함께 특정 버전의 사이킷 라이브러리를 사용하고자 한다고 가정해보자. 그리고 독자의 팀은 데이터 과학 코드를 개발할 때 이 라이브러리를 사용하려고 한다.

1. 이 책의 코드 리포지터리에 chapter6/CustomNotebookDockerfile에서 도커파일 DockerFile을 연다. 이 파일은 ODH가 제공하고 사용하는 기본 이미지를 사용한다. 파일은 그림 6.1과 같다.

```
chapter6 > 🐳 CustomNotebookDockerfile > ...
  1   FROM quay.io/thoth-station/s2i-lab-elyra:v0.1.1
  2
  3   # copy the requirements.txt file whoch contains all the deps
  4   COPY requirements.txt requirements.txt
  5   RUN pip install -r requirements.txt
  6
  7   # you can install dependices directly too
  8   RUN pip install watermark
```

```
≡ requirements.txt U ✕

chapter6 > ≡ requirements.txt
  1   scikit-learn==1.0
  2   joblib==1.1.0
  3
```

그림 6.1 사용자 노트북 이미지를 위한 도커파일

첫 줄은 이 책을 쓰는 시점의 최근 이미지다. **ODH**가 이 이미지를 사용한다. 4, 5번째 줄은 requirements.txt 파일에 정의한 파이썬 패키지를 설치한다. 8번째 줄은 requirements.txt에 없는 종속성을 설치한다. 이미지에 패키지를 더 추가하고 싶다면 requirements.txt 파일에 추가하면 된다.

2. 앞 단계에서 제공된 파일로 이미지를 생성한다. 다음 명령을 실행하자.

```
docker build -t scikit-notebook:v1.1.0 -f chapter6/
CustomNotebookDockerfile ./chapter6/.
```

다음과 같은 결과를 볼 수 있다.

```
=> [2/4] COPY requirements.txt requirements.txt
=> [3/4] RUN pip install -r requirements.txt
=> [4/4] RUN pip install watermark
=> exporting to image
=> => exporting layers
=> => writing image sha256:d6efdbc94979fb2caa23c08e9a8599a2e8159bf8a19e9aa602d2123f7685d408
=> => naming to docker.io/library/scikit-notebook:v1.1.0
Use 'docker scan' to run Snyk tests against images to find vulnerabilities and learn how to fix them
```

그림 6.2 컨테이너 빌드 명령의 출력

3. 완성된 이미지에 원하는 태그를 붙인다. 이 이미지를 쿠버네티스 클러스터가 접근할 수 있는 레지스트리에 올릴 필요가 있다. 공용 도커 리포지터리로 quay.io를 사용하고, 독자가 선호하는 리포지터리를 사용해도 좋다. 이 경우 다음 명령에서 quay.io/ml-on-k8s/ 부분을 변경해서 실행해야 한다.

```
docker tag scikit-notebook:v1.1.0 quay.io/ml-on-k8s/
scikit-notebook:v1.1.0
```

위 명령에는 출력이 따로 없다.

4. 본인이 원하는 도커 리포지터리에 이미지를 푸시한다. 다음 명령을 실행하고 앞의 3단계와 같이 리포지터리 위치를 변경했는지 확인하자. 인터넷 속도에 따라 이미지를 인터넷 리포지터리에 푸시push하는 데 시간이 다소 소요된다. 인내심을 갖자.

```
docker push quay.io/ml-on-k8s/scikit-notebook:v1.1.0
```

그림 6.3과 같은 결과를 볼 수 있을 것이다. 전송이 완료될 때까지 기다리자.

```
$docker push quay.io/ml-on-k8s/scikit-notebook:v1.1.0
The push refers to repository [quay.io/ml-on-k8s/scikit-notebook]
d67593a5dd34: Pushed
ff0c8535b565: Pushing [===>                                    ]  20.07MB/309.2MB
d3e12cc0c2ad: Pushed
2c26d8e0f927: Mounted from thoth-station/s2i-lab-elyra
c5e4d2689426: Mounted from thoth-station/s2i-lab-elyra
6428ea2f8e03: Mounted from thoth-station/s2i-lab-elyra
756159f326e3: Mounted from thoth-station/s2i-lab-elyra
b65b0a6ccebd: Mounted from thoth-station/s2i-lab-elyra
e5e0593b8dea: Waiting
8acf87721326: Waiting
37a9b7fa894e: Waiting
b093a0249a2a: Waiting
08595b8cc66c: Waiting
13c00070aba8: Waiting
743f2ab3a4c4: Waiting
cfc084379a4f: Waiting
714b6d92c03a: Waiting
168d524b4a7c: Waiting
0488bd866f64: Waiting
0d3f22d60daf: Waiting
```

그림 6.3 사용자 정의 노트북 이미지를 도커 리포지터리에 푸시한다.

이제 이미지를 활용할 준비가 됐다. 다음 단계에서는 **ODH** 매니페스트를 설정해 이 이미지를 사용한다.

5. 다음과 같이 manifests/jupyterhub-images/base/customnotebookimagestream. yaml 파일을 연다.

```
manifests > jupyterhub-images > base >  ! customnotebook-imagestream.yaml > {} status > [ ] tags > {}
 1   apiVersion: image.openshift.io/v1
 2   kind: ImageStream
 3   metadata:
 4     labels:
 5       opendatahub.io/notebook-image: "true"
 6     annotations:
 7       opendatahub.io/notebook-image-name: "SciKit v1.10 - Elyra Notebook Image"
 8       opendatahub.io/notebook-image-desc: "Jupyter notebook image with Scikit"
 9     name: elyra-scikit-customnotebook
10   spec:
11     tags:
12       from:
13         kind: DockerImage
14         name: quay.io/ml-on-k8s/scikit-notebook:v1.1.0
15       name: latest
16   status:
17     tags:
18       - tag: latest
19         dockerImageReference: quay.io/ml-on-k8s/scikit-notebook:v1.1.0
```

그림 6.4 ImageStream 객체

ODH의 주피터허브는 이름이 Imagestream인 객체를 사용한다. 레드햇 오픈시프트 Red Hat OpenShift의 기본 객체이지만, 표준 쿠버네티스에는 없다. 우리는 이 객체를 ODH 매니페스트에서 사용자 정의^{Custom} 리소스로 생성했기 때문에, 상위 쿠버네티스와 통합이 가능하다. 이 리소스는 manifests/odh-common/base/imagestream-crd. yaml에서 찾을 수 있다.

7, 8번째 줄에는 annotations[주석] 항목을 정의하고 있다. 주피터허브는 모든 image stream 객체를 읽고, 주피터허브 시작 페이지에 표시한다. 주피터허브는 또한 docker ImageReference 항목을 참조해, 요청 시 이 컨테이너 이미지를 읽어온다.

이 책의 코드 리포지터리를 구분해 독자만의 깃 계정과 더 많은 이미지를 추가하길 권한다. 깃 경로를 `manifests/kfdef/ml-platform.yaml` 파일에 변경하는 점을 유의 하자.

6. 주피터허브 서버가 새로 생성한 이미지를 알 수 있도록 주피터허브 파드를 재시작해야 한다. 다음 명령을 실행해 파드를 찾을 수 있고, 그 파드는 삭제한다. 몇 초 후에 쿠버네티스는 이 파드를 재시작하고 새 이미지가 주피터허브 시작 페이지에 표시될 것이다.

```
kubectl get pods -n ml-workshop | grep jupyterhub
```

다음과 같은 결과를 확인한다. 파드 이름은 독자의 화면과 다를 것이다.

```
$kubectl get pods -n ml-workshop | grep jupyterhub
jupyterhub-7848ccd4b7-thnmm                          1/1      Running
jupyterhub-db-0                                      1/1      Running
```

그림 6.5 주피터허브를 포함한 파드 이름들

7. 다음 명령을 실행해 주피터허브 파드를 삭제한다. 사용자 이미지가 이미 매니페스트에 있으므로, 이 예제를 위해 이 파드를 꼭 삭제할 필요는 없다. 이 단계는 새로운 사용자 노트북 이미지를 위에 언급한 방법으로 추가한 경우에 필요하다.

```
kubectl delete pod jupyterhub-7848ccd4b7-thnmm -n
ml-workshop
```

다음과 같은 결과를 확인할 수 있다. 독자의 화면에서 파드 이름은 다를 것이다.

```
$kubectl delete pod jupyterhub-7848ccd4b7-thnmm -n ml-workshop
pod "jupyterhub-7848ccd4b7-thnmm" deleted
```

그림 6.6 파드 삭제 명령 결과

8. 주피터허브에 로그인하면, 목록에서 새로운 노트북 이미지를 볼 수 있다.

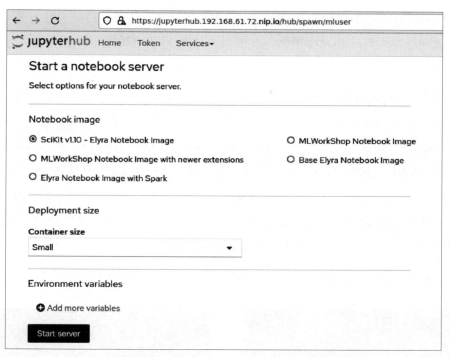

그림 6.7 주피터허브 시작 페이지가 새 노트북 이미지를 보여준다.

다음 절에서는 팀을 도와 모델 학습과 시험 조정 과정을 기록하고 공유하는 소프트웨어인 MLflow를 배울 것이다.

MLflow 소개

간단히 말해 MLflow는 모델 개발 라이프사이클을 단순화하는 것이다. 많은 데이터 과학자들은 주어진 데이터셋에 대해 적합한 하이퍼파라미터로 올바른 알고리듬을 찾는데 시간을 소비한다. 데이터 과학자로서 파라미터와 알고리듬의 여러 조합을 시험하고, 올바른 선택을 위해 결과를 검토하고 비교한다. MLflow는 우리가 위와 같은 파라미터, 결과, 관련 지표들을 기록, 추적, 비교할 수 있도록 지원한다. 각각의 시험에 대한 세부 사항을 캡처하는 MLflow의 구성 요소를 추적tracking 서버라고 한다. 추적 서버는 파이썬 라이브러리와 버전, 시험 경과 등의 시험 환경에 대한 세부 사항을 캡처한다.

추적 서버는 하이퍼파라미터와 함께 성능 지표(예: 정확도)와 같은 여러 다른 시험 실행 과정을 캡처한 데이터의 비교가 가능하다. 또한 이 데이터를 팀의 협업을 위해 공유할 수 있다.

MLflow 추적 서버의 두 번째 핵심 기능은 모델 레지스트리다. 예를 들어 각각의 시험이 하나의 모델에 대한 것이고, 주어진 데이터셋을 사용해 10번의 시험을 했다고 가정해보자. 주어진 문제의 해결을 위해서는 오직 하나의 모델만 사용하게 될 것이다. 모델 레지스트리는 선택한 모델에 태그를 세 가지 실행 환경, 즉 개발Staging, 운영Production, 보관Archived 중 하나로 할 것이다. 모델 레지스트리는 자동화된 작업으로 위의 모델들을 접근할 수 있도록 API를 갖고 있다. 레지스트리의 모델 버전 관리는 필요하다면 운영에서도 모델의 이전 버전으로 복구할 수 있도록 지원한다.

그림 6.8은 MLflow 소프트웨어의 두 가지 핵심 기능을 보여준다.

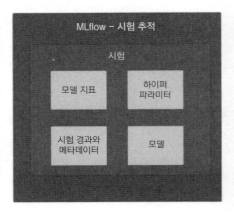

그림 6.8 MLflow의 주요 기능

이제 MLflow의 용도를 알았으니 MLflow의 구성 요소를 살펴보자.

MLflow 구성 요소 이해

MLflow 시스템의 주요 구성 요소와 어떻게 머신러닝 플랫폼 환경에 맞게 사용하는지 알아보자.

MLflow 서버

MLflow는 컨테이너로 배포되며, 백엔드^{backend} 서버, 상호작용을 위한 GUI, API 등을 포함하고 있다. 6장의 후반부에서는 시험 추적과 모델 레지스트리의 시각화를 위한 GUI 구성 요소도 사용할 것이다. 이 설정은 `manifests/mlflow/base/mlflow-dc.yaml` 에서 찾을 수 있다.

MLflow 백엔드 저장소

MLflow 서버는 시험에 관한 메타데이터를 저장하기 위한 백엔드 저장소가 필요하다. ODH 구성 요소는 백엔드 저장소로 PostgreSQL[1] 데이터베이스를 자동으로 제공한다. 이 설정은 **manifests/mlflow/base/mlflow-postgres-statefulset.yaml** 파일에서 찾을 수 있다.

MLflow 저장소

MLflow 서버는 S3와 데이터베이스 같은 몇 가지 형태의 저장소를 지원한다. 이러한 저장소는 모델 파일 등의 여러 파일들을 지속적으로 저장 가능하도록 지원한다. 우리 플랫폼에서는 오픈소스 S3와 호환되는 Minio를 제공한다. Minio는 S3 API 기능을 플랫폼에 제공한다. 하지만 독자의 회사에서는 이미 기업용 S3 솔루션을 사용 중일 수 있으므로, 이미 이러한 솔루션이 있다면 기존 것을 사용할 것을 권한다. 이 설정은 **manifests/minio/base/minio-dc.yaml** 파일에서 찾을 수 있다.

MLflow 인증

이 책을 쓰는 시점에 **MLflow**는 기본 장착된 인증 시스템이 없다. 우리 플랫폼에서는 **MLflow** GUI 앞단에 프록시 서버를 설정했고, **MLflow** 서버로 요청이 전달되기 전에

---

1   포스트그레씨퀄로 읽는다. – 옮긴이

인증을 할 것이다. 이러한 목적으로 깃허브(https://github.com/oauth2-proxy/oauth2-proxy)에 있는 오픈소스 구성 요소를 사용한다. 이 프록시는 플랫폼의 Keycloak 서비스를 통해 SSO 를 수행하도록 설정돼 있다.

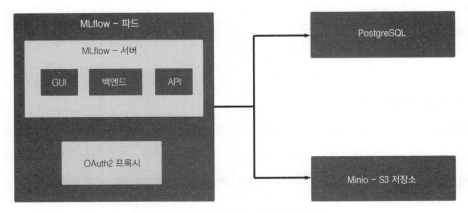

그림 6.9 플랫폼 위의 MLflow와 관련 구성 요소

그림 6.9에서 볼 수 있듯이 MLflow 파드는 내부적으로 2개의 컨테이너가 있다. 즉, MLflow 서버와 OAuth2 프록시다. OAuth2 프록시는 우리가 설치한 Keycloak 인스턴스를 사용하도록 설정했다.

5장, '데이터 엔지니어링'에서 새로운 인스턴스를 만들었을 때 MLflow와 Minio 등을 포함하도록 많은 플랫폼 구성 요소를 설치했다. 이제 MLflow 설치를 확인해보자.

MLflow 설치 확인하기

ODH가 이미 우리를 위해 MLflow와 관련 구성 요소를 설치했다. 이제 MLflow 화면을 통해 친숙해지자. 모든 팀원들이 시험과 모델에 쉽게 접근하는 것을 생각해본다면, 팀의 협업을 도울 수 있을 것이다.

1. 다음 명령으로 쿠버네티스 환경에 생성된 인그레스 객체를 가져온다. 우리가 배포한 서비스에 접근할 수 있는 URL을 가져오는 것이다.

```
kubectl get ingress -n ml-workshop
```

다음과 같은 결과를 확인한다.

```
$kubectl get ingress -n ml-workshop
NAME                    CLASS   HOSTS                            ADDRESS     PORTS      AGE
ap-airflow2             nginx   airflow.192.168.61.72.nip.io     localhost   80, 443    21m
grafana                 nginx   grafana.192.168.61.72.nip.io     localhost   80, 443    21m
jupyterhub              nginx   jupyterhub.192.168.61.72.nip.io  localhost   80, 443    21m
minio-ml-workshop-ui    nginx   minio.192.168.61.72.nip.io       localhost   80, 443    21m
mlflow                  nginx   mlflow.192.168.61.72.nip.io      localhost   80, 443    21m
```

그림 6.10 우리의 클러스터 네임스페이스에 속한 모든 인그레스 객체

2. 우리의 S3 구성 요소인 Minio 화면을 열고, MLflow가 저장소로 사용할 버킷[bucket]이 준비됐는지 확인한다. Minio 구성 요소의 URL은 https://minio.192.168.61.72. nip.io와 비슷한 형태로, 독자의 환경에 맞게 IP 주소를 변경해야 할 것이다. 암호는 매니페스트 파일에 설정돼 있으며, `minio123`이다. 오픈소스 기술 중 가용한 선택지의 하나로 매니페스트에 Minio를 추가했지만, 실제 운영 시스템에 적합한지는 이 책에서 다루는 범위가 아니다. 화면 좌측에 있는 버킷 메뉴 항목을 클릭하면 다음과 같이 가용한 여러 버킷을 볼 수 있다.

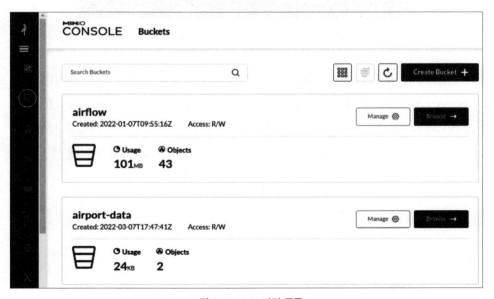

그림 6.11 Minio 버킷 목록

이러한 버킷은 어떻게 만들어졌을까? 매니페스트에는 버킷을 생성하는 쿠버네티스 작업이 있다. 이 작업은 `manifests/minio/base/miniojob.yaml`에서 찾을 수 있다. 버킷을 만들기 위해 `mc`라는 Minio 명령어를 사용한다. 이 명령은 파일의 `command` 항목에서 찾을 수 있다.

MLflow가 사용하는 S3의 설정은 `manifests/mlflow/base/mlflow-dc.yaml` 파일에 있다.

다음과 같은 설정을 볼 수 있다.

```
manifests > mlflow > base > ! mlflow-dc.yaml > apiVersion
        env:
          - name: MLFLOW_S3_ENDPOINT_URL
            value: http://minio-ml-workshop:9000/
          - name: AWS_ACCESS_KEY_ID
            value: "minio"
          - name: AWS_SECRET_ACCESS_KEY
            valueFrom:
              secretKeyRef:
                name: mlflow-store
                key: AWS_SECRET_ACCESS_KEY
          - name: AWS_BUCKET_NAME
            value: "mlflow"
          - name: MLFLOW_S3_IGNORE_TLS
            value: "true"
        ports:
```

그림 6.12 Minio를 사용하기 위한 MLflow 설정

3. 브라우저를 열고, `jupyterhub` 인그레스에 `HOSTS` 값을 붙여넣는다. 저자의 경우 `https://mlflow.192.168.61.72.nip.io`이다. 이 URL은 SSO 서버인 Keycloak 로그인 페이지로 안내한다. 위 URL에서 IP 주소는 독자의 것으로 대체해 사용해야 한다. MLflow의 인증은 `manifests/mlflow/base/mlflow-dc.yaml` 파일에 설정한 프록시가 관리함을 상기해보자.

4. 다음과 같이 MLflow를 위한 OAuth 프록시 설정을 볼 수 있다. oauth-proxy와 MLflow는 같은 파드에 속하기 때문에 우리가 한 일은 네트워크 요청을 oauth-proxy 에서 MLflow 컨테이너로 보내도록 한 것이 전부다. 이 설정은 -upstream 속성이다. 또한 oauth-proxy는 아이디 제공 서버의 이름이 필요하고, 여기서는 -oidc-issuer 속성에 설정된 Keycloak이다.

```
manifests > mlflow > base > ! mlflow-dc.yaml > {} spec > {} template > {} spec > [ ] containers >
22      containers:
23        - name: oauth-proxy
24          image: 'quay.io/oauth2-proxy/oauth2-proxy:v7.2.0'
25          args:
26            - '--provider=keycloak-oidc'
27            - '--https-address='
28            - '--http-address=:5000'
29            - '--client-id=mlflow'
30            - '--client-secret=ad216993-cf3a-4742-ba17-b531d5c22046'
31            - '--upstream=http://localhost:5500'
32            - '--email-domain=*'
33            - '--cookie-secret=ad12ca-qw23asd55adcwbjep'
34            - '--oidc-issuer-url=https://${KEYCLOAK_URL}/auth/realms/master'
35            - '--allowed-role=mflow:admin'
36            - --reverse-proxy=true
37            - --skip-provider-button=true
38            - --ssl-insecure-skip-verify=true
39            - --ssl-upstream-insecure-skip-verify=true
40          ports:
41            - name: public
42              containerPort: 5000
43              protocol: TCP
44          resources: {}
45          terminationMessagePath: /dev/termination-log
46          terminationMessagePolicy: File
47          imagePullPolicy: IfNotPresent
48
```

그림 6.13 MLflow에 대한 OAuth 프록시 설정

MLflow의 시작 페이지는 그림 6.14와 같다. 상단의 메뉴를 보면 두 부분으로 나뉘 어 있다. 하나는 Experiments이고 다른 하나는 Models다.

5. 이 페이지를 보기 전에 SSO 설정으로 로그인 페이지를 표시할 것이다. 아이디 mluser, 암호 mluser를 입력해서 로그인한다. 사용자명과 암호는 4장, '머신러닝 플랫폼의 구조'의 'Keycloak 사용자 만들기' 절에서 설정했다.

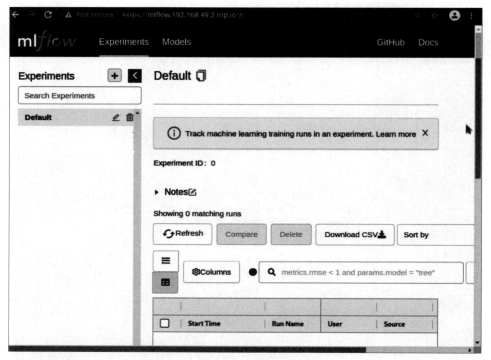

그림 6.14 MLflow 시험 추적 페이지

좌측에 있는 **Experiments** 화면은 시험 목록을 갖고 있으며, 우측에는 시험 실행의 상세 정보를 표시한다. 예를 들어 고객의 거래에서 사기 감지와 같은 데이터 과학 프로젝트의 시험이라고 생각해볼 수 있다. **Notes** 섹션에는 파라미터, 알고리듬, 시험 실행에 사용한 다른 정보가 기록돼 있다.

6. 모델 레지스트리의 시작 페이지를 보기 위해 **Models** 탭을 클릭한다.

Models 탭은 레지스트리의 모델 목록과 버전, 모델이 배포된 환경을 나타내는 실행 환경을 포함한다.

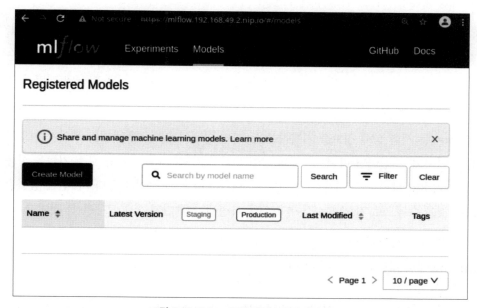

그림 6.15 MLflow 모델 레지스트리 페이지

MLflow URL을 열고 앞에서 언급한 페이지들을 본다면, 우리의 플랫폼에 설정된 ML flow를 확인한 것이다. 다음 단계는 MLflow 서버에서 세부 정보를 기록하는 동안에 기본적인 모델을 학습하기 위한 노트북을 만드는 것이다.

⇶ 시험 추적 시스템용 MLflow

이번 절에서는 MLflow 서버로 우리의 시험들의 기록을 지원하는 MLflow 라이브러리를 어떻게 활용하는지 살펴볼 것이다. 6장의 시작 부분에서 본 사용자 정의 노트북 이미지는 이미 MLflow 라이브러리 패키지를 컨테이너에서 갖고 있다. MLflow 라이브러리 버전을 가져오려면 chapter6/requirements.txt 파일을 참조한다.

다음 작업을 시작하기 전에 두 가지 주요 개념, 즉 시험experiment과 실행run을 이해해야 한다. 시험은 프로젝트명과 같이 MLflow가 메타데이터에 저장하고 분류하는 논리적인 이름이다. 가령 소비자에 대한 신용 카드 사기 예방을 위한 모델을 만드는 작업을 한다고 가정해보자. 이는 시험명이 될 수 있다.

하나의 실행은 MLflow가 추적하는 시험의 단일 실행 경과다. 실행은 시험에 속한다. 각 실행은 조금이라도 다른 설정, 하이퍼파라미터, 때로는 다른 데이터셋을 가질 수 있다. 이런 시험용 파라미터를 주피터 노트북에 보존할 것이다. 모델 학습의 개별 실행을 주로 하나의 실행이라고 본다.

MLflow는 시험 상세 정보를 기록하는 두 가지 방법이 있다. 첫 번째는 우리가 선호하는 방법이며, 머신러닝 라이브러리와 같이 동작하는 MLflow의 자동 로그 기능을 사용하는 것이다. 사이킷, 텐서플로, 파이토치, XGBoost 등과 통합돼 있다. 두 번째 방법은 모든 것을 수동으로 기록하는 것이다. 이후 과정에서 두 가지 선택 모두를 볼 것이다.

다음 과정은 시험의 실행 또는 모델 학습이 어떻게 주피터 노트북을 실행하는 동안 MLflow에서 저장되는지 보여준다.

1. 주피터허브에 로그인한다. 'Scikit v1.10 - Elyra Notebook Image'와 같이 커스텀 컨테이너를 선택했는지 확인한다.

   Start Server 버튼을 클릭하기 전에 **Add more variables** 링크를 클릭해 환경변수를 추가한다. 이 변수는 암호와 같은 민감한 정보를 포함하기도 한다. MLflow는 이 정보를 Minio S3 서버에 업로드하기 위해 필요하다.

시작 페이지는 그림 6.16과 같다.

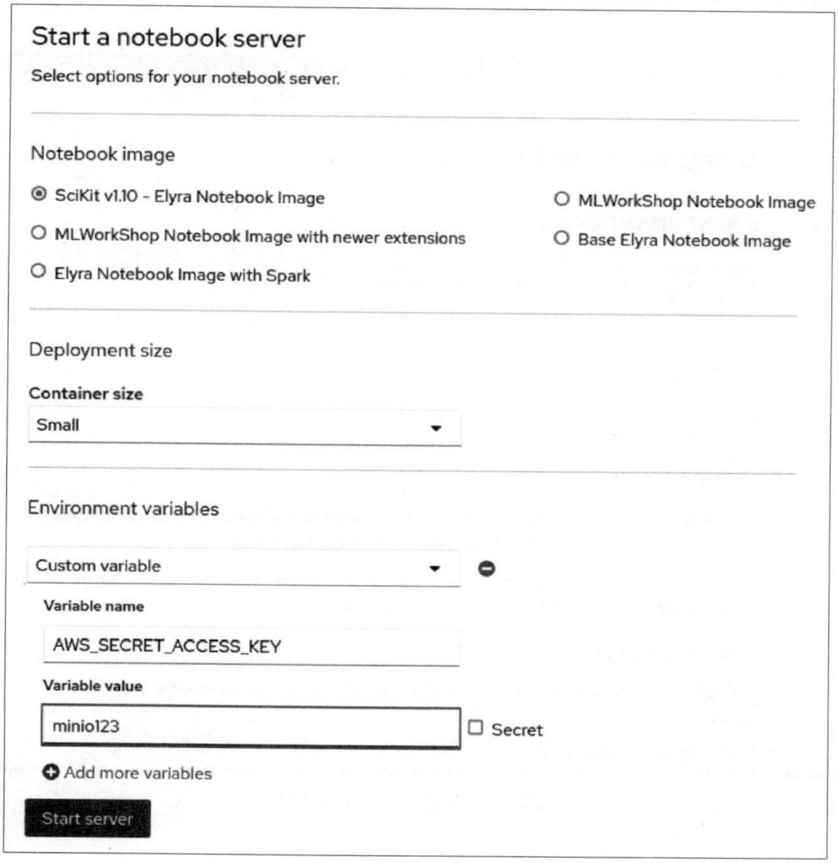

그림 6.16 주피터허브와 환경변수

2. `chapter6/hellomlflow.ipynb`에서 노트북을 연다. 이 노트북은 시험 데이터를 어떻게 MLflow 서버에 기록할 수 있는지 보여준다.

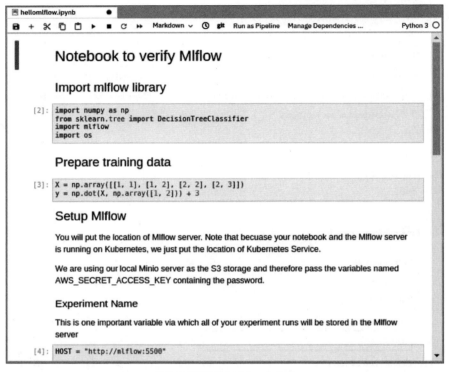

그림 6.17 통합된 MLflow 노트북

첫 번째 코드 상자를 보면, MLflow 라이브러리를 가져왔다. 두 번째 코드 상자는 `set_tracking_uri` 메소드를 사용해 MLflow 서버의 위치를 설정했다. 우리의 노트북과 MLflow 서버를 쿠버네티스 위에서 실행하기 때문에 이 메소드에서 사용하는 `HOST` 변수에 저장한 쿠버네티스 서비스 경로만 지정하면 된다.

다음으로 `set_experiment` 메소드를 사용해 시험명을 설정한다. 모든 시험의 실행이 이 MLflow 서버에 저장될 것이므로 중요한 변수다.

마지막 메소드 sklearn.autolog는 학습을 위해 우리가 사용할 라이브러리가 사이킷이라는 것을 MLflow에 알려주고, MLflow는 사이킷 API를 통해 데이터를 저장한다.

```
HOST = "http://mlflow:5500"

EXPERIMENT_NAME = "HelloMlFlow"

os.environ['MLFLOW_S3_ENDPOINT_URL']='http://minio-ml-workshop:9000'
os.environ['AWS_ACCESS_KEY_ID']='minio'
# os.environ['AWS_SECRET_ACCESS_KEY']='minio123'
os.environ['AWS_REGION']='us-east-1'
os.environ['AWS_BUCKET_NAME']='mlflow'

# Connect to local MLflow tracking server
mlflow.set_tracking_uri(HOST)

# Set the experiment name through which you will label all your exerpiments runs
mlflow.set_experiment(EXPERIMENT_NAME)

# enable autologging for scikit
mlflow.sklearn.autolog()
```

그림 6.18 MLflow 설정에 관한 노트북 코드

노트북의 마지막 상자에서 우리는 간단한 DecisionTreeClassifier를 사용해 모델을 학습시킨다. 매우 단순한 모델이며, MLflow 서버의 기능을 강조하기 위해서 사용한다.

3. 메뉴에서 **Run › Run all cells**를 선택해 노트북을 실행한다.

4. MLflow 서버에 로그인하고, 시험 이름 `HelloMLFlow`를 클릭한다. MLflow의 URL
은 `https://mlflow.192.168.61.72.nip.io`와 같은 형태로, IP 주소는 독자의 환경에
맞게 대체한다. 6장의 초반에 언급했듯이 쿠버네티스 클러스터의 인그레스 객체를
통해 위 URL을 얻는다.

이제 다음 그림 6.19와 같은 화면을 볼 수 있다.

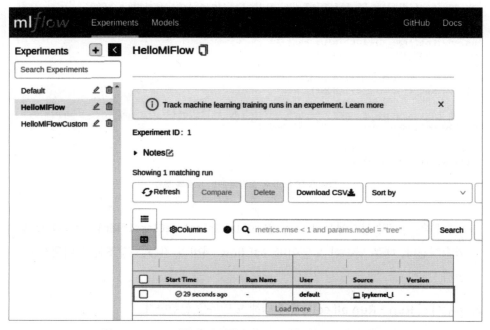

그림 6.19 MLflow 시험 추적 화면이 하나의 시험 실행 정보를 보여준다.

우측에 있는 테이블을 보면 하나의 기록이 있다. 우리가 6단계에서 실행한 시험이다.
노트북을 다른 파라미터로 여러 번 실행했다면 각각의 실행마다 한 줄이 기록됐을 것
이다.

5. 테이블의 첫 번째 줄을 클릭한다.

이전 단계에서 선택한 실행의 세부 정보를 보여준다. 화면은 그림 6.20과 같은 형태다.

그림 6.20 MLflow 실행 세부 정보

화면에 있는 정보를 이해해보자.

- **파라미터**Parameters: **Parameters** 옆에 있는 작은 화살표를 클릭하면 우리의 모델 학습 실행에 대한 하이퍼파라미터를 기록한 것을 볼 수 있다. 노트북의 4번 코드 상자를 참고하면, 우리가 사용한 `DecisionTreeClassifier` 파라미터도 여기에 기록돼 있는 것을 볼 수 있다. 예를 들어 `max_depth` 파라미터는 그림 6.21과 같다.

Date: 2022-02-08 04:16:21	Source: ▢ ipykernel_launcher.py	User: default
Duration: 5.1s	Status: FINISHED	

▸ **Notes** ✍

▾ **Parameters**

Name	Value
ccp_alpha	0.0
class_weight	None
criterion	gini
max_depth	5
max_features	None
max_leaf_nodes	None
min_impurity_decrease	0.0
min_impurity_split	None
min_samples_leaf	3
min_samples_split	10
min_weight_fraction_leaf	0.0
random_state	None
splitter	best

그림 6.21 MLflow 실행 파라미터

- **지표**^{Metrics}: **Metrics** 옆에 있는 작은 화살표를 클릭하면 모델 학습 실행에 대한 지표를 기록한 것을 볼 수 있다. 다음의 화면에서 training_accuracy를 볼 수 있다.

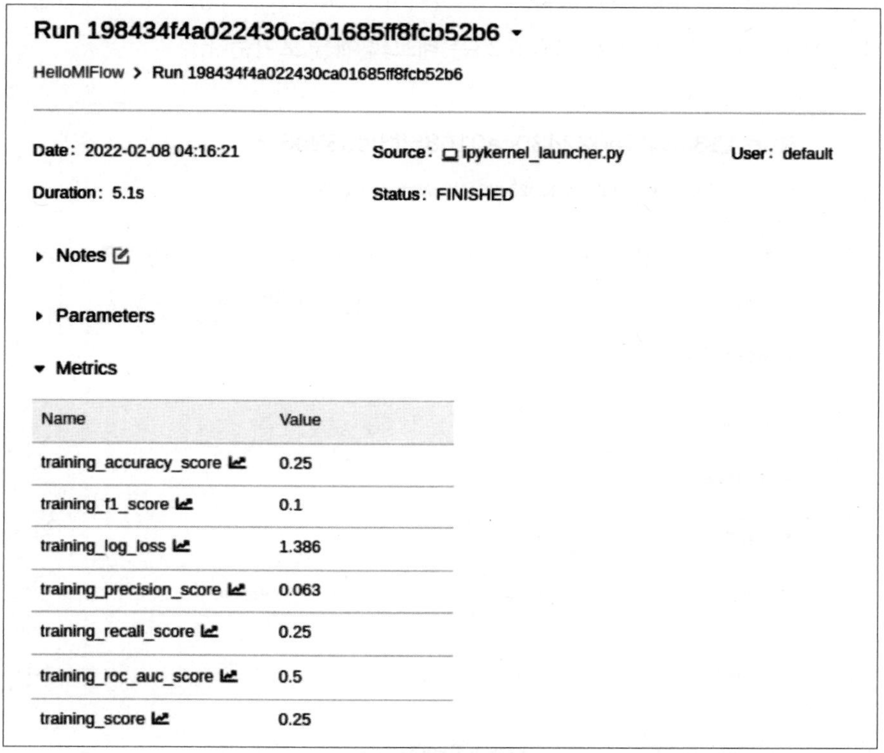

그림 6.22 MLflow 실행 지표

- **태그**^{Tags}: **Tags** 옆의 작은 화살표를 클릭하면 estimator_class와 같이 우리가 사용한 머신러닝 알고리듬을 정의한 관련 태그들을 자동으로 볼 수 있다. 필요하다면 자신만의 태그를 추가할 수도 있다. 다음 절에서는 자신만의 사용자 정의 태그를 부여하는 방법을 살펴볼 것이다. 그림 6.23은 태그의 예를 보여준다.

그림 6.23 MLflow 실행 태그

- **아티팩트**^{Artifacts}: 이 절은 이진^{binary} 모델 파일과 같은 실행과 연관된 아티팩트를 포함한다. 필요하다면 여기에 자신만의 아티팩트를 추가할 수도 있다. 우리의 **MLflow** 서버의 해당 S3 버킷에 아티팩트를 저장한다는 점을 유의해야 한다. 참고로 모델 이진 파일은 model.pkl 파일로 저장돼 있다.

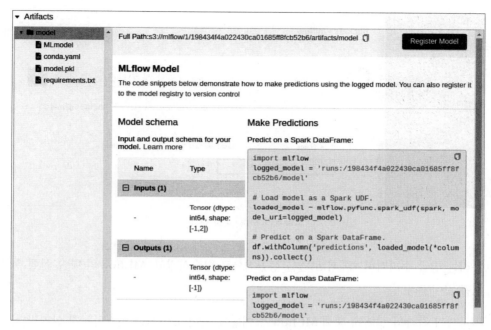

그림 6.24 MLflow 실행 아티팩트

6. 위 파일들이 정말 S3 서버에 저장돼 있는지 확인하기 위해서 Minio 서버에 로그인하고, **Buckets**를 선택한 후 MLflow 버킷에 대한 **Browse** 버튼을 클릭한다. 우리가 실행한 이름으로 만들어진 폴더를 찾을 수 있다. 이 이름은 우리의 시험 화면에서 상단 좌측 구석에 표시돼 있다. 이전 화면의 상단을 참고해보면, 32자의 조합을 가진 레이블을 볼 수 있다. 이 긴 숫자가 실행 아이디이다. 다음 화면처럼 독자의 S3 버킷에 32자로 된 폴더를 볼 수 있다. 이 링크를 클릭해서 S3 버킷에 있는 아티팩트를 찾을 수 있다.

그림 6.25 Minio 버킷 위치

우리는 방금 주피터허브에서 모델을 성공적으로 학습시켰고, **MLflow**의 학습 실행 정보를 찾아봤다.

지금까지 각각의 실행에 대해 **MLflow**가 어떻게 관련 데이터를 연결하는지 살펴봤다. 또한 6단계에서 본 테이블에서 다수의 실행을 선택하고, **Compare** 버튼을 클릭해 여러 실행 데이터를 비교할 수도 있다.

시험 실행에 사용자 데이터 추가

이제 단위 실행마다 더 많은 데이터를 추가하는 방법을 살펴보자. 사용자 데이터를 시험에 연계하기 위한 **MLflow API**를 사용하는 방법을 배울 것이다.

1. 이전 절과 마찬가지로 주피터 노트북을 시작한다.

2. 노트북을 chapter6/hellomlflow-custom.ipynb에서 연다. 이 노트북은 **MLflow** 서버에서 우리의 시험 데이터 기록을 어떻게 원하는 형태로 바꿀 수 있는지 보여준다. 이 노트북은 그림 6.26과 같이 6번 상자 코드 이외에는 이전 노트북과 비슷하다. 코드 상자는 시험에 대한 데이터를 어떻게 연결하는지 보여주는 함수를 포함한다.

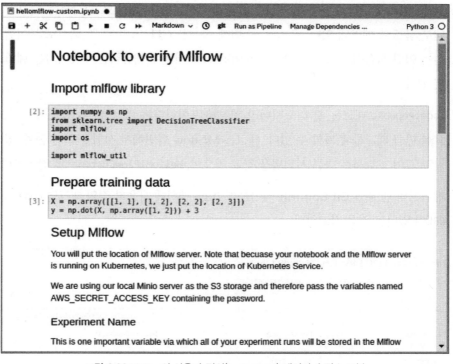

그림 6.26 MLflow의 사용자 정의(customized) 데이터 수집 노트북

위 함수들을 다음과 같이 몇 단계로 이해해보자. 6번 코드 상자는 다음과 같다.

```
with mlflow.start_run(tags={    "mlflow.source.
git.commit" : mlflow_util.get_git_revision_hash()
,    "mlflow.source.git.branch": mlflow_util.get_git_
branch(),    "code.repoURL": mlflow_util.get_git_remote()
}) as run: model.fit(X, y) mlflow_util.record_
libraries(mlflow)    mlflow_util.log_metric(mlflow,
"custom_mteric", 1.0)    mlflow_util.log_param(mlflow,
"docker_image_name", os.environ["JUPYTER_IMAGE"])
```

위 코드는 사용자 정의 태그인 code.repoURL을 포함할 것이므로, 시험 실행 모델을
생성한 원래 소스 코드를 추적하기가 쉬워진다.

3. start_run 함수를 호출해서 태그를 연결할 수 있다. mlflow로 시작하는 태그 키는 내부 용도로 예약돼 있다. 우리는 첫 번째 속성을 GIT 커밋^{commit} 해시로 부여했다. 이는 어떤 시험이 코드 리포지터리의 어떤 코드 버전에 해당하는지 찾아가는 데 도움이 된다.

code.repoURL 태그는 깃 리포지터리 위치를 포함한다는 것을 볼 수 있을 것이다. 필요한 만큼 태그를 추가할 수 있다. 태그는 MLflow 화면에서 시험을 열면 볼 수 있다. 참고로 이 노트북은 다른 시험명을 갖고 있으며, HelloMlFlowCustom으로 참조한다.

페이지의 맨 위에 **Git Commit** 레이블과 **Tags** 섹션에 사용자 정의 태그명 code.repo URL이 있다는 것을 참고한다.

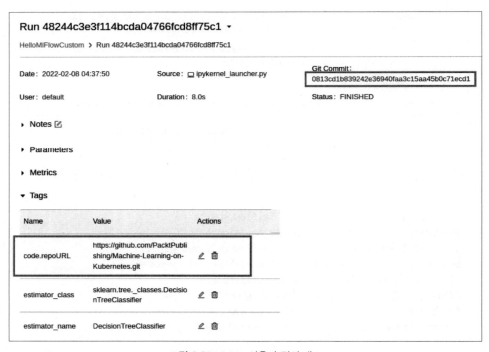

그림 6.27 MLflow 사용자 정의 태그

4. 우리가 사용한 두 번째 함수는 record_libraries다. 이 함수는 내부적으로 mlflow.log_artifact을 사용해 파일을 해당 시험과 연계하기 위한 래퍼wrapper 함수다. 이 유틸리티 함수는 현재 환경의 라이브러리들을 알려주는 pip freeze 결과를 파일로 저장하고, MLflow 시험에 업로드한다. 이 함수를 포함해 모든 함수들을 chapter6/mlflow_util.py에서 볼 수 있다.

새로운 파일인 pip_freeze.txt을 **Artifacts** 섹션에서 pip freeze 명령 결과를 저장한 것을 볼 수 있다.

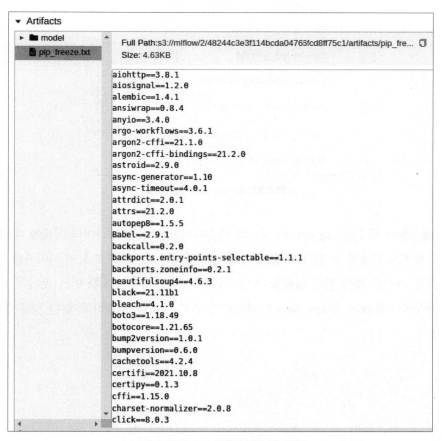

그림 6.28 MLflow 사용자 정의 아티팩트

5. `log_metric` 함수는 지표 이름과 관련 값들을 저장한다. 지표 값은 숫자일 것으로 간주한다. 예제 코드는 1이라는 값을 직접 넣었지만, 실제 상황에서는 각 시험 실행과 관련된 동적인 값이다. 페이지의 **Metrics** 섹션에서 사용자 정의 지표를 찾을 수 있다.

Metrics	
Name	Value
custom_mteric	1
training_accuracy_score	0.25
training_f1_score	0.1
training_log_loss	1.386
training_precision_score	0.063
training_recall_score	0.25
training_roc_auc_score	0.5
training_score	0.25

그림 6.29 MLflow 사용자 정의 지표

6. `log_param` 함수는 `log_metric` 함수와 비슷하지만, 주어진 파라미터 이름에 대해 어떤 타입도 사용할 수 있다. 예를 들어 앞에서 주피터 노트북으로 도커 이미지를 저장했고, 데이터 과학 팀이 활용할 수 있도록 사용자 정의 이미지를 만든 것이다. 다음 화면에서 `docker_image_name` 파라미터가 원하는 값을 포함하고 있는 것을 볼 수 있다.

▾ Parameters

Name	Value
ccp_alpha	0.0
class_weight	None
criterion	gini
docker_image_name	quay.io/thoth-station/s2i-lab-elyra:v0.1.1
max_depth	5
max_features	None
max_leaf_nodes	None
min_impurity_decrease	0.0
min_impurity_split	None
min_samples_leaf	3
min_samples_split	10
min_weight_fraction_leaf	0.0
random_state	None
splitter	best

그림 6.30 MLflow 사용자 정의 파라미터

MLflow를 사용해 추적하고, 사용자 정의 태그와 아티팩트 등을 시험 실행 정보에 추가했다. 다음 절에서는 모델 레지스트리 구성 요소로서 MLflow의 기능을 살펴볼 것이다. 함께 시작해보자.

모델 레지스트리 시스템으로서 MLflow

MLflow에 모델 레지스트리 기능이 있음을 상기하자. 레지스트리는 모델을 위한 버전 관리를 제공한다. 자동화 도구들은 레지스트리의 모델을 다양한 환경에 배포하거나 복귀할 수 있다. 이후의 장에서 API를 사용해 레지스트리에서 모델을 플랫폼에 가져오는 자동화 도구를 알아볼 것이다. 지금은 레지스트리를 활용해보자.

1. 화면을 통해 **MLflow** 서버에 로그인하고, **Models** 링크를 클릭한다. 다음과 같은 화면을 볼 것이다. **Create Model** 버튼을 클릭한다.

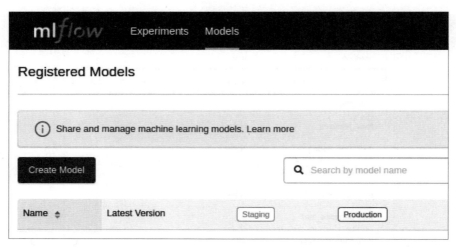

그림 6.31 MLflow의 새 모델 등록

2. 팝업 화면에서 다음과 같이 모델 이름을 입력하고, **Create** 버튼을 클릭한다. 모델을 실행하는 프로젝트의 이름을 참조할 수 있다.

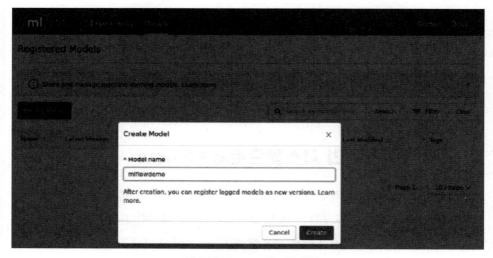

그림 6.32 MLflow 모델 이름 입력

3. 이제 위에서 등록한 이름에 모델 파일을 첨부해야 한다. 이전 절에서 시험마다 여러 개의 실행을 가질 수 있다는 점을 상기하자. 각각의 실행은 여러 파라미터들과 함께 연관된 모델을 정의한다. 등록을 원하는 모델에 대한 시험과 실행을 선택한다.

4. 다음과 같은 화면을 볼 수 있다. **Artifacts** 섹션에서 **model** 항목을 선택하면, 화면 우측에 **Register Model** 버튼이 있는 것을 볼 수 있다. 이 버튼을 클릭한다.

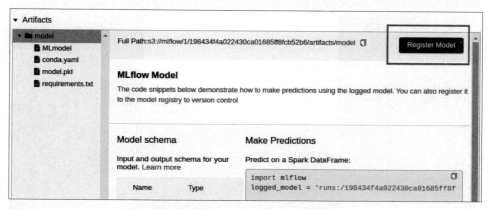

그림 6.33 MLflow에서 Register Model 버튼을 보여준다.

5. 팝업 화면에서 위의 1단계에서 생성한 모델명을 선택하고, **Register**를 클릭한다.

그림 6.34 MLflow에 모델을 등록하는 모델명 선택 화면

6. 1번 단계에서 언급한 **Models** 탭으로 가서 **MLflow** 레지스트리에 모델이 등록됐는지 본다. 그림과 같이 목록을 볼 수 있을 것이다. mlflowdemo와 같은 모델 이름을 클릭한다.

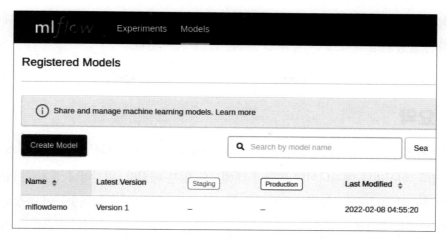

그림 6.35 MLflow에서 등록된 모델과 버전 목록을 보여준다.

7. 선택한 **Stage** 레이블에 따라 모델을 실행 환경^{stage}에 첨부할 수 있는 세부 화면을 볼 수 있다. 다른 속성들도 편집이 가능하며, 모델에 어떤 데이터를 연계할 수 있는지 여기서 탐색해볼 수 있다.

그림 6.36 MLflow에서 등록된 모델의 상위 실행 환경을 설정할 수 있는 버튼을 보여준다.

축하한다! 방금 모델 레지스트리 역할을 하는 **MLflow**를 경험했다. 모델 버전에 대해 원하는 실행 환경 라이프사이클을 설정하는 방법도 알아봤다.

⁖⁖ 요약

6장에서 머신러닝 엔지니어링과 함께 데이터 과학이 어떻게 다른지 더 잘 이해할 수 있게 됐다. 머신러닝 엔지니어의 역할에 대해서도 일부 배웠다. 머신러닝 엔지니어링과 머신러닝 엔지니어의 역할은 계속 진화하고 있으며, 점점 더 많은 기술들이 등장하고 있다는 점을 유념해야 한다. 이 책에서 다루지 않은 이러한 기술의 하나가 온라인 머신러닝이다.

또한 우리는 어떻게 사용자 정의 노트북 이미지를 생성하고, 표준화된 노트북 환경을 위해 사용하는지 배웠다. **MLflow**가 모델 개발 파라미터와 학습 결과, 지표 등을 추적하고 비교하는 동안에 주피터 노트북에서 모델을 학습시켰다. **MLflow**를 모델 레지스트리로서 어떻게 활용할 수 있고, 모델 버전을 다른 실행 환경으로 어떻게 이동하는지 살펴봤다.

7장에서는 머신러닝 엔지니어링 분야를 계속 다루면서 머신러닝 모델을 **API** 형태로 사용할 수 있도록 패키징하고 배포할 것이다. 다음으로 머신러닝 플랫폼의 도구들을 사용해 패키징과 배포 프로세스를 자동화할 것이다.

07

모델 배포와 자동화

지금까지 플랫폼이 어떻게 모델을 자율적인 방식으로 만들어내고, 등록하는지 알아 봤다. 7장에서는 머신러닝 엔지니어링 분야를 확장해 모델 배포, 모니터링, 배포 작업의 자동화에 대해 알아볼 것이다.

플랫폼이 모델 패키징과 배포 기능을 어떻게 지원하는지 그리고 그 기능을 어떻게 자동 화할 수 있는지 배울 것이다. 모델을 레지스트리에서 가져와 컨테이너 형태로 패키징하 고 **API** 형태로 사용할 수 있도록 플랫폼에 모델을 배포할 것이다. 다음으로 위 모든 과 정을 플랫폼이 제공하는 워크플로 엔진을 사용해 자동화할 것이다.

일단 모델을 배포하면 학습에 사용하는 데이터에 대해서는 잘 동작한다. 하지만 실제 상황에서 데이터는 변한다. 플랫폼이 우리의 모델 성능을 볼 수 있도록 어떻게 지원하 는지 알아볼 것이다. 7장은 모델 성능을 모니터하기 위한 도구와 기술을 논의한다. 성능 데이터는 모델이 새로운 데이터셋으로 재학습이 필요한지, 또는 주어진 문제에 대해 새 로운 모델을 만들어야 하는지 판단하는 데 사용할 수 있다.

7장에서는 다음 주제를 다룬다.

- 셀돈 코어를 사용한 모델 추론의 이해

- 셀돈 코어를 사용한 모델의 패키징, 실행, 모니터링

- 아파치 Airflow 이해

- Airflow에서 머신러닝 모델 배포의 자동화

⋙ 기술 요구 사항

7장은 몇 가지 설치 실습과 예제를 포함한다. OLM을 사용해 설정한 쿠버네티스 클러스터를 실행해야 한다. 이러한 쿠버네티스 환경은 3장, '쿠버네티스 탐험'에서 다뤘다. 7장의 실습을 해보기 전에 쿠버네티스 클러스터가 동작하는지, ODH를 쿠버네티스 클러스터에 설치했는지 확인하자. ODH의 설치는 4장, '머신러닝 플랫폼의 구조'에서 다뤘다.

⋙ 셀돈 코어를 사용한 모델 추론의 이해

6장에서는 모델을 만들었다. 데이터 과학 팀이 운영(실제 운영 환경)에 사용할 목적으로 모델을 만들었고, 예측 요청 기능을 제공한다. 운영에서 모델을 사용할 수 있는 방법에는 여러 가지가 있다. 예를 들면 사용자가 직접 보면서 사용할 수 있는 프로그램 형태로 모델을 임베딩embedding할 수도 있지만, 주로 사용되는 방법은 REST API 형태로 모델을 노출시키는 것이다. 어떤 앱이라도 REST API를 활용할 수 있다. 일반적으로 운영에서 모델을 실행하면서 서비스로 제공하는 것을 모델 서비스라고 한다.

하지만 모델이 일단 운영에 있으면, 성능을 모니터하고 기대치를 맞추기 위해 업데이트할 필요가 있다. 호스팅 중인 모델 솔루션은 모델을 서비스할 뿐만 아니라 성능을 모니터하고, 모델 재학습 등을 트리거하기 위해 사용할 수 있는 알림을 발송한다.

셀돈^{Seldon}은 영국에 기반을 둔 법인으로 모델 라이프사이클을 관리하기 위한 도구 모음을 만들었다. 셀돈 코어^{Seldon Core}는 REST API 형태로 머신러닝 모델을 노출할 수 있도록 지원하는 오픈소스 프레임워크다. 셀돈 코어는 프로메테우스[1]와 플랫폼의 모니터링 구성 요소가 활용할 수 있는 REST API에 대한 모니터링 측정치를 자동으로 노출한다. 플랫폼에서 모델을 REST API로 노출하기 위해 필요한 과정은 다음과 같다.

1. 서비스로 노출할 모델에 대한 특정 언어의 래퍼^{wrapper}를 작성한다.

2. 모델을 컨테이너로 만든다.

3. 쿠버네티스에서 셀돈 배포 CR^{Custom Resource}을 사용해 추론 그래프 모델을 정의하고 배포한다.

위의 세 단계에 대해 자세히 살펴보자.

파이썬을 사용한 모델 래핑

위에서 언급한 과정을 어떻게 적용할지 알아보자. 6장, '머신러닝 엔지니어링'에서 MLflow 서버로 시험의 세부 정보와 모델을 등록했다. 모델 파일은 MLflow 아티팩트에 `model.pkl` 파일로 저장했던 것을 상기해보자.

이제 모델 파일을 가지고, 간단한 파이썬 래퍼를 작성해보자. 래퍼 작업은 REST 서비스로 모델을 쉽게 노출하기 위해 사용하는 셀돈 라이브러리를 사용한다. 래퍼의 예제는 `chapter7/model_deploy_ pipeline/model_build_push/Predictor.py`에서 찾을 수 있다. 이 래퍼의 핵심 구성 요소는 셀돈 프레임워크로 생성한 HTTP 엔드포인트^{endpoint}에서 호출하는 `predict` 함수다. 그림 7.1은 `joblib` 모델을 사용한 간단한 파이썬 래퍼를 보여준다.

---

1   Prometheus, 발음은 '프로미띠어스'에 더 가깝다. – 옮긴이

```python
import joblib


class Predictor(object):

    def __init__(self):
        self.model = joblib.load('model.pkl')

    def predict(self, data_array, column_names):
        return self.model.predict_proba(data_array)
```

그림 7.1 모델 예측을 위한 파이썬 언어 래퍼

predict 함수는 넘파이numpy 배열과 직렬화serialized된 HTTP 요청으로 칼럼명들(column_names)을 받는다. 이 메소드는 넘파이 배열 또는 값이나 바이트의 리스트의 형태로 예측 결과를 반환한다. 이 외에도 활용 가능한 많은 메소드가 있고, 이러한 언어 래퍼와 전체 목록은 웹 사이트(https://docs.seldon.io/projects/seldon-core/en/v1.12.0/python/python_component.html#low-level-methods)를 참조한다.

이제 언어 래퍼를 준비했다. 다음 단계는 모델과 언어 래퍼를 컨테이너화하는 것이다.

모델을 컨테이너로 만들기

컨테이너에 무엇을 넣을 것인가? 목록을 만드는 것부터 시작해보자. 모델과 래퍼 파일이 필요할 것이다. 컨테이너 안에 셀돈 파이썬 패키지가 있어야 한다. 이 패키지들이 준비되면 모델을 노출시키기 위해 셀돈 서비스를 사용할 것이다. 그림 7.2는 위와 같은 컨테이너를 만드는 도커파일을 보여준다. 이 파일은 Chapter7/model_deployment_pipeline/model_build_push/Dockerfile.py에 있다.

```dockerfile
FROM registry.access.redhat.com/ubi8/python-38:1-77

WORKDIR /microservice
COPY base_requirements.txt /microservice/
RUN pip install -r base_requirements.txt

COPY requirements.txt /microservice/
RUN pip install -r requirements.txt

COPY Predictor.py  model.pkl /microservice/

CMD seldon-core-microservice $MODEL_NAME --service-type $SERVICE_TYPE --grpc-port ${GRPC_PORT} --metrics-port ${METRICS_PORT} --http-port ${HTTP_PORT}
```

그림 7.2 모델을 컨테이너로 패키징하는 도커파일

이제 도커파일 내용을 이해해보자.

- 첫 줄의 모델 서비스를 위한 기본 컨테이너 이미지다. 레드햇에서 무료 이미지를 선택했지만, 독자의 편의에 따라 선택해도 좋다. 이 이미지는 독자가 속한 조직의 파이썬과 관련 소프트웨어의 표준이 되는 기본 이미지가 될 수도 있다.

- 세 번째 줄에서 우리는 microservice 디렉터리를 생성하고, 컨테이너 안의 모든 아티팩트를 넣었다.

- 네 번째 줄에서 컨테이너를 만들기 위해 필요한 첫 파일은 base_requirements.txt다. 이 파일에는 셀돈 코어 시스템을 위한 패키지와 종속성을 포함하고 있다. 이 파일은 chapter7/model_deployment_pipeline/model_build_push/base_requirements.txt에서 찾을 수 있다. 파일에 셀돈 코어 패키지들과 joblib 패키지를 추가했다.

그림 7.3은 base_requirements.txt 파일을 보여준다.

그림 7.3 셀돈과 Joblib를 컨테이너에 추가하는 파일

- 5번 줄에는 base_requirements.txt 파일을 사용해 파이썬 패키지를 컨테이너에 설치한다.

- 7,8번 줄에서 모델이 학습할 때 다른 패키지를 사용할 수도 있다. 추론 중에는 일부 패키지가 더 필요할 수 있다. 예를 들어 라이브러리를 사용한 모델 학습 이전에 입력 데이터 스케일링이 끝났다면, 추론 시에 스케일링을 적용할 때에도 동일한 라이브러리가 필요하다.

6장, '머신러닝 엔지니어링'에서 우리는 시험 세부 정보와 모델을 MLflow 서버로 등록했다. requirements.txt란 이름으로 모델 학습에 사용된 패키지를 포함하는 파일과 함께 아티팩트로서 저장된 모델 파일을 상기해보자. 우리는 MLflow가 생성한 require ments.txt를 사용해 모델의 실행에 필요한 패키지를 설치할 수 있다. 또는 사용자 정의 파일에 자신만의 종속성을 추가할 수 있다. 그림 7.4는 6장, '머신러닝 엔지니어링'에서 본 MLflow 화면이다. model.pkl 파일 다음에 있는 requirements.txt 파일을 볼 수 있다.

그림 7.4 MLflow 실행 아티팩트

10번째 줄: 언어 래퍼 파일과 모델 파일을 컨테이너에 추가한다.

11번째 줄: seldon-core-microservice 서버를 사용해 추론 서버를 시작한다. 여기와 다음 절에서 전달하는 파라미터들을 주목해보자. 다음과 같은 파라미터들을 어떻게 전달하는지 알 수 있을 것이다.

- **MODEL_NAME**: 모델을 포함하고 있는 언어 래퍼에 있는 파이썬 클래스 이름이다.

- **SERVICE_TYPE**: 이 파라미터는 추론 파이프라인 안에서 생성된 서비스 유형을 포함한다. 추론 파이프라인이 모델 실행이나 데이터 변환, 또는 이상치-감지outlier-detector 등을 포함할 수 있다는 것을 상기해보자. 모델 실행을 위해서는 이 파라미터 값이 MODEL이 될 것이다.

- **GRPC_PORT**: 이 포트는 gRPC[Google Remote Procedure Call]가 모델 추론에 대해 대기하는 포트다.

- **METRICS_PORT**: 이 포트는 서비스 성능 데이터를 노출하는 포트다. 모델이 아니라 서비스에 대한 성능 데이터라는 점을 유의한다.

- **HTTP_NAME**: HTTP를 통해 모델을 서비스하는 HTTP 포트다.

이제 도커파일 형태로 컨테이너 세부 설정이 준비됐다. 다음은 셀돈 컨트롤러를 사용해 쿠버네티스 플랫폼에 컨테이너를 배포하는 방법을 알아볼 것이다.

셀돈 코어 컨트롤러로 모델 배포하기

우리의 머신러닝 플랫폼은 파드를 실행하고, 이전 절에서 만든 컨테이너의 배포를 지원하는 일종의 소프트웨어인 셀돈 컨트롤러를 제공한다. 우리 플랫폼의 컨트롤러는 기존의 셀돈 오퍼레이터의 확장이다. 이 책을 쓰는 시점에 셀돈 오퍼레이터는 쿠버네티스 버전 1.22와 호환되지 않았다. 그래서 기존의 오퍼레이터를 확장해 쿠버네티스 플랫폼의 최신 버전과 이후 버전에서 동작하도록 했다.

ODH의 설치와 ODH가 어떻게 쿠버네티스에서 동작하는지 다룬 4장, '머신러닝 플랫폼의 구조'를 참조하자. 비슷한 방법으로 셀돈 컨트롤러를 ODH 오퍼레이터로 설치할 것이다. 셀돈 컨트롤러 설치를 위한 설정은 `manifests/ml-platform.yaml`에 있다. 그림 7.5의 설정을 살펴보자.

그림 7.5 매니페스트 파일의 MLflow 섹션

셸돈 컨트롤러가 클러스터 내에서 올바르게 실행 중인지 확인하자.

```
kubectl get pods -n ml-workshop | grep -i seldon
```

다음과 같은 결과를 볼 수 있다.

```
$kubectl get pods -n ml-workshop | grep seldon
seldon-controller-manager-7f67f4985b-vxvjt          1/1      Running
```

그림 7.6 셸돈 컨트롤러 파드

Seldon Deployment CR을 참조하는 ODH 오퍼레이터가 셸돈 컨트롤러 파드를 설치한다. 이 리소스의 스키마는 Seldon Deployment CRD에서 정의한다. CRD는 `mani fests/odhseldon/cluster/base/seldon-operator-crd-seldondeployments.yaml`에서 찾을 수 있다. 일단 Seldon Deployment CR을 생성하면 컨트롤러는 CR과 관련된 파드들을 배포한다. 이러한 관계는 그림 7.7에서 보여준다.

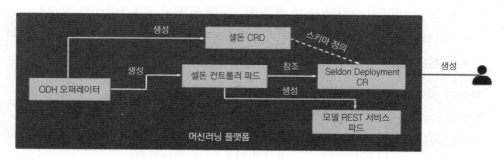

그림 7.7 셸돈 서비스를 배포하기 위한 플랫폼의 구성 요소

Seldon Deployment CR의 다양한 구성 요소를 살펴보자. 간단한 예는 `chapter7/manual_model_deployment/SeldonDeploy.yaml`에서 찾을 수 있다.

Seldon Deployment CR은 셸돈 컨트롤러가 쿠버네티스 클러스터에 모델을 배포하기 위해 필요한 모든 정보를 포함하고 있다. Seldon Deployment CR에는 3개의 주요 섹션이 있다.

- **일반 정보**: 이 섹션에서는 `apiVersion`, `kind`와 쿠버네티스 관련 정보를 기술한다. 레이블 및 'Seldon deployment' 이름을 쿠버네티스 객체로서 정의한다. 다음 화면은 이 객체의 레이블과 주석을 포함하고 있다.

```
apiVersion: machinelearning.seldon.io/v1
kind: SeldonDeployment
metadata:
  labels:
    app: seldon
  name: model-test
spec:
  annotations:
    project_name: test
    deployment_version: v1
  name: model-test-spec
```

그림 7.8 셀돈 배포 – 쿠버네티스 관련 정보

- **컨테이너 사양**: 두 번째 섹션에서는 컨테이너 위치, 배포, 우리의 서비스에 대한 파드의 수평 확장horizontal pod scaling 정보 등을 세부적으로 제공한다. 이 컨테이너는 이전 절에서 만든 것과 동일하다. 그림 7.7은 이 정보를 갖고 있는 `chapter7/manual_model_deployment/SeldonDeploy.yaml` 파일의 섹션을 보여주고 있다.

  `containers`는 `image` 객체에 대한 배열을 사용한다는 점을 주목하자. 우리가 이미지를 더 추가할 수 있다는 것이다. `image` 키는 컨테이너 위치를 가진다. `env` 배열은 파드에 대한 환경변수를 정의한다. 이전 절의 도커파일에서 이 변수들을 사용했던 것을 상기하자. `MODE_NAME`은 `Predictor`라는 값을 가진다. 이는 래퍼로 사용했던 클래스명이다. `SERVICE_TYPE`의 값은 `MODEL`이다. 컨테이너가 제공하는 서비스 유형을 말한다.

  마지막 부분은 `hpaSpec`이다. 셀돈 컨트롤러가 Kubernetes Horizontal Pod Autoscaler로 변환할 것이다. 이러한 설정을 통해 추론 서비스 호출을 진행하는 동안에 우리의 파드들의 확장성을 제어할 수 있다. 다음으로 `maxReplicas`를 `1`로 설정해 새로 생길 파드는 없겠지만, 이 값을 배포마다 조정할 수 있다. 아래의 파드 가운데 CPU

사용률이 80%를 넘으면 확장성^{scalability} 설정이 개입한다. 하지만 maxReplica 값이 1이기 때문에 새로운 파드가 생성되지 않을 것이다.

```
    predictors:
      - componentSpecs:
        - spec:
          containers:
            - image: <INSERT CONTAINER LOCATION HERE>
              imagePullPolicy: Always
              name: model-test-predictor
              env:
                - name: MODEL_NAME
                  value: "Predictor"
                - name: SERVICE_TYPE
                  value: MODEL
                - name: GRPC_PORT
                  value: "5005"
                - name: METRICS_PORT
                  value: "6005"
                - name: HTTP_PORT
                  value: "9000"
        hpaSpec:
          maxReplicas: 1
          metrics:
            - resource:
                name: cpu
                targetAverageUtilization: 80
              type: Resource
          minReplicas: 1
```

그림 7.9 셀돈 배포 – 셀돈 서비스 컨테이너

- **추론 그래프**: graph 키 이하의 섹션은 우리의 서비스에 대한 추론 그래프를 만든다. 추론 그래프는 여러 노드를 가지며, 각 노드에서 어떤 컨테이너를 사용할지 정의할 것이다. 객체의 배열을 사용하는 children 키를 볼 수 있는데, 추론 그래프를 정의한다. 여기서는 graph가 오직 하나의 노드를 가지며, children 키는 연결된 정보가 아무것도 없다. 하지만 이후의 장에서 어떻게 더 많은 노드로 추론 그래프를 만들 수 있는지 알아볼 것이다.

graph 이하의 나머지 항목들은 추론 그래프의 첫 번째 노드를 정의한다. name 항목은 container 섹션에서 우리가 정한 이름에 대응하는 값을 가지며, 추론 그래프 노드에서 어느 컨테이너가 서비스할지 셀돈이 알 수 있게 하는 키다.

다른 중요한 부분은 logger 섹션이다. 셀돈은 자동으로 요청과 응답을 logger 섹션에 설정한 URL로 전달할 수 있다. 이 요청과 응답 전달 기능은 법적인 이유로 감사^audit 데이터를 저장하거나, 재학습을 트리거하기 위해 데이터 드리프트^drift 알고리듬을 적용하는 등의 다양한 시나리오에서 사용할 수 있다. 참고로 셀돈은 필요하다면 카프카에도 전달할 수 있지만, 이 책에서 다루지는 않을 것이다.

```
graph:
  children:
  name: model-test-predictor
  endpoint:
    type: REST
    service_host: localhost
    service_port: 9000
  type: MODEL
  logger:
    url: http://logger/
    mode: all
```

그림 7.10 셀돈 배포 – 추론 그래프

kubectl 명령으로 일단 셀돈 배포 CR을 생성하면 셀돈 컨트롤러가 파드들을 배포하고 모델의 서비스를 사용할 수 있게 된다.

다음은 6장, '머신러닝 엔지니어링'에서 만든 기본 모델을 패키징하고 배포해볼 것이다.

셀돈 코어를 사용한 모델의 패키징, 실행, 모니터링

이번 절은 6장, '머신러닝 엔지니어링'에서 만든 모델 파일로부터 컨테이너를 패키징하고 만들어 볼 것이다. 다음으로 모델을 배포하고 접근하기 위해 셀돈 배포를 사용할 것이다. 이 책의 후반부에서는 위 프로세스를 자동화하지만, 이번 절에서는 수동으로 진행해본다. 또한 위 구성 요소와 그 동작에 대한 이해를 더 높여볼 것이다.

이 예제를 시작하기 전에 공개된 도커 레지스트리에 만든 계정이 있어야 한다. 무료 레지스트리인 quay.io를 사용하지만, 독자가 선호하는 것이 있다면 사용해도 좋다.

1. 먼저 MLflow와 우리의 S3 서버인 Minio가 클러스터에서 실행 중인지 확인하자.

```
kubectl get pods -n ml-workshop | grep -iE 'mlflow|minio'
```

다음과 같은 결과를 확인한다.

```
minio-ml-workshop-6b84fdc7c4-z7hxk          1/1          Running
mlflow-7b954c468f-7q2ws                     2/2          Running
mlflow-db-0                                 1/1          Running
```

그림 7.11 플랫폼에서 실행 중인 MLflow와 Minio

2. MLflow의 인그레스 목록을 가져와 아래에 출력돼 있는 `mlflow` URL을 사용해 로그인한다.

```
kubectl get ingresses.networking.k8s.io -n ml-workshop
```

출력은 다음과 같다.

```
NAME                CLASS    HOSTS
ap-airflow2         nginx    airflow.192.168.61.72.nip.io
grafana             nginx    grafana.192.168.61.72.nip.io
jupyterhub          nginx    jupyterhub.192.168.61.72.nip.io
minio-ml-workshop-ui nginx   minio.192.168.61.72.nip.io
mlflow              nginx    mlflow.192.168.61.72.nip.io
```

그림 7.12 쿠버네티스 클러스터의 인그레스

3. MLflow 화면을 열었다면 6장, '머신러닝 엔지니어링'에서 기록한 시험을 탐색하자. 시험명은 HelloMlFlow다.

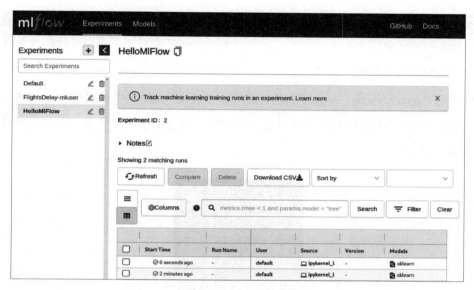

그림 7.13 MLflow 시험 추적

4. 화면 우측 칸에 있는 첫 실행을 선택해서, 실행의 상세 페이지를 연다. **Artifacts** 섹션에서 **model.pkl**을 클릭하면, 우측에 작은 다운로드 화살표 아이콘을 볼 수 있다. 화면의 이 아이콘으로 model.pkl과 requirements.txt를 다운로드한다.

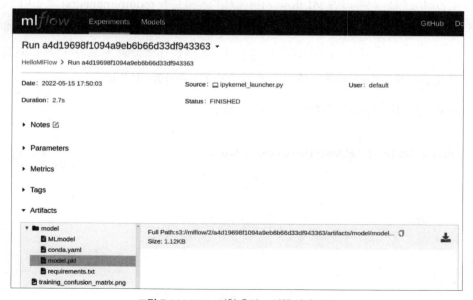

그림 7.14 MLflow 시험 추적 – 실행 상세 정보

5. 이 책에서 제공한 코드 리포지터리를 복사한 폴더로 이동한다. 아직 없다면 깃허브 (https://github.com/PacktPublishing/Machine-Learning-on-Kubernetes.git)에 있는 리포지터리를 독자의 컴퓨터에 복사한다.

6. 이제 chapter7/model_deploy_pipeline/model_build_push 폴더로 가서 앞 단계에서 다운로드한 2개의 파일을 이 폴더에 복사한다. 이제 폴더에는 다음과 같은 파일들이 있을 것이다.

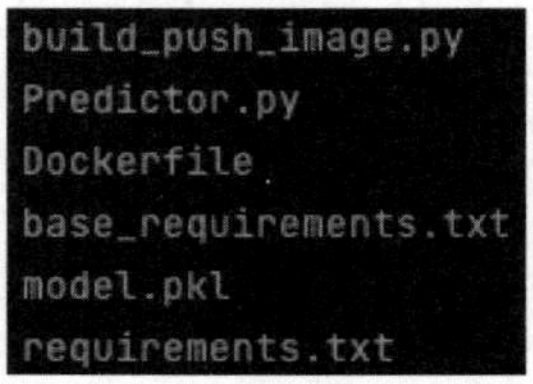

```
build_push_image.py
Predictor.py
Dockerfile
base_requirements.txt
model.pkl
requirements.txt
```

그림 7.15 모델을 컨테이너로 패키징하는 예제 파일들

NOTE

마지막에 있는 두 파일은 우리가 방금 복사한 것이다. 나머지는 복사한 코드 리포지터리에서 온 파일들이다.

호기심이 많은 독자라면 MLflow 서버에서 다운로드한 requirements.txt 파일이 모델 학습을 위한 노트북 실행에 필요한 패키지들을 포함하고 있다는 것을 알았을 것이다. mlflow와 같은 이 패키지들은 저장해둔 모델을 실행할 때 필요하다. 작업 과정을 단순하게 만들기 위해 전부 우리의 컨테이너에 추가할 것이다.

7. 이제 로컬 컴퓨터에서 컨테이너를 빌드하자.

```
docker build -t hellomlflow-manual:1.0.0 .
```

다음과 같은 결과를 확인한다.

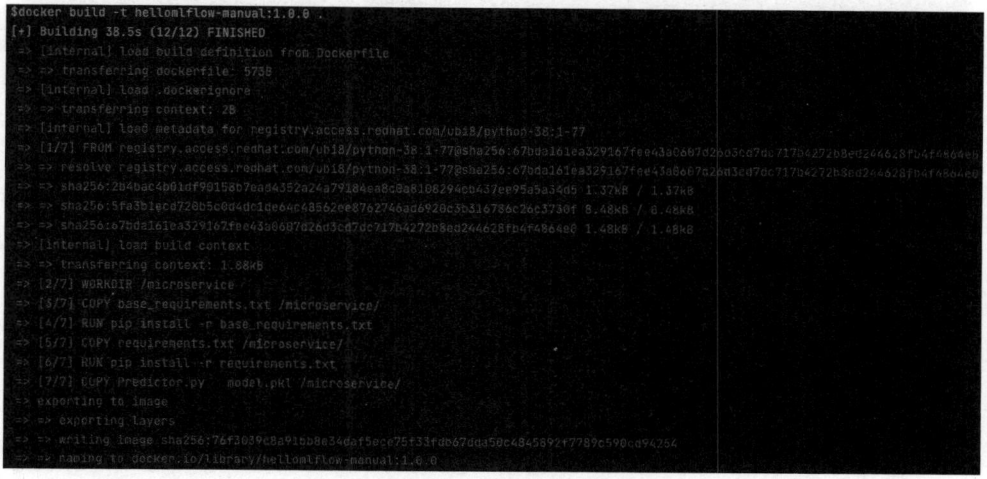

그림 7.16 모델을 컨테이너로 패키징

8. 다음 단계는 컨테이너를 태그하고 원하는 리포지터리에 푸시하는 것이다. 이미지를 리포지터리에 푸시하기 전에 이미지 레지스트리의 계정이 필요하다. 아직 계정이 없다면 https://hub.docker.com 또는 https://quay.io에서 계정을 하나 생성한다. 독자의 레지스트리를 생성했다면 다음 명령으로 이미지를 태그하고 푸시한다.

```
docker tag hellomlflow-manual:1.0.0 <DOCKER_REGISTRY>
/hellomlflow-manual:1.0.0
docker push <DOCKER_REGISTRY> /hellomlflow-manual:1.0.0
```

다음과 같은 출력을 확인한다. 아래의 화면에서는 레지스트리로 quay.io/ml-on-k8s 를 참조하는 것을 볼 수 있다.

```
$docker push quay.io/ml-on-k8s/hellomlflow-manual:1.0.0
The push refers to repository [quay.io/ml-on-k8s/hellomlflow-manual]
447350ea4072: Pushed
1a4cacc07eb4: Pushed
ba0019486e6f: Pushed
26e9f063ed76: Pushed
cde643b1a2b1: Pushed
33c2bc928dd5: Pushed
bf7c04d1de2d: Mounted from ml-on-k8s/container-model
7b17276847a2: Mounted from ml-on-k8s/container-model
558b534f4e1b: Mounted from ml-on-k8s/container-model
3ba8c926eef9: Mounted from ml-on-k8s/container-model
352ba846236b: Mounted from ml-on-k8s/container-model
1.0.0: digest: sha256:ec6b6c5f8a38aea72a65df5d3bf9d1bef144dca0bba9efb3c7b2dd3cacce83a1 size: 2627
```

그림 7.17 공개 레지스트리에 모델을 푸시한다.

9. 레지스트리에 컨테이너가 준비됐으므로, 셀돈 배포 CR을 사용해 서비스 형태로 배포할 필요가 있다. chapter7/manual_model_deployment/SeldonDeploy.yaml 파일을 열고 이미지 경로를 수정하자.

본인 이미지의 위치에 맞게 16번 줄을 수정한 파일은 다음과 같다.

```
manual_model_deployment/SeldonDeploy.yaml
 3    metadata:
 4      labels:
          app: seldon
      name: model-test
    spec:
 8      annotations:
 9        project_name: test
10        deployment_version: v1
11      name: model-test-spec
12      predictors:
13        - componentSpecs:
14            - spec:
15                containers:
16                  - image: quay.io/ml-on-k8s/hellomlflow-manual:1.0.0
17                    imagePullPolicy: Always
18                    name: model-test-predictor
19                    env:
20                      - name: MODEL_NAME
21                        value: "Predictor"
22                      - name: SERVICE_TYPE
                          value: MODEL
24                      - name: GRPC_PORT
```

그림 7.18 셀돈 배포 CR과 이미지 위치

10. 모델을 chapter7/manual_model_deployment/SeldonDeploy.yaml 파일을 사용해 서비스로 배포한다. 다음 명령을 실행하자.

```
kubectl create -f chapter7/manual_model_deployment/
SeldonDeploy.yaml -n ml-workshop
```

다음과 같은 결과를 확인한다.

```
$kubectl create -f chapter7/manual_model_deployment/SeldonDeploy.yaml -n ml-workshop
seldondeployment.machinelearning.seldon.io/model-test created
```

그림 7.19 셀돈 배포 CR 생성하기

11. 컨테이너가 실행 중인지 확인한다. 다음 명령을 실행하면 된다.

```
kubectl get pod -n ml-workshop | grep model-test-
predictor
```

SeldonDeploy.yaml 파일(model-test-predictor)의 **graph** 섹션에 설정한 이름이 컨테이너명의 일부인 것을 볼 수 있다.

다음과 같은 결과를 확인한다.

```
$kubectl get pod -n ml-workshop | grep model-test-predictor
model-test-predictor-0-model-test-predictor-76d5c5b8f-d9nqf          2/2        Running
```

그림 7.20 셀돈 배포 CR 사용 후에 파드 확인

12. 잘 따라왔다. 지금 모델을 서비스로 실행하고 있다. 이제는 셀돈 컨트롤러가 생성한 파드 안에 무엇이 있는지 살펴보자. 다음 명령을 실행해 파드 안에 있는 컨테이너 목록을 가져온다.

```
export POD_NAME=$(kubectl get pod -o=custom-
columns=NAME:.metadata.name -n ml-workshop | grep model-
test-predictor)
```

```
kubectl get pods $POD_NAME -o jsonpath='{.spec.containers[*].
name}' -n ml-workshop
```

다음과 같은 결과를 확인한다.

```
$export POD_NAME=$(kubectl get pod -o=custom-columns=NAME:.metadata.name -n ml-workshop | grep model-test-predictor)
$kubectl get pods $POD_NAME -o jsonpath='{.spec.containers[*].name}' -n ml-workshop
model-test-predictor seldon-container-engine$
```

그림 7.21 셀돈 파드 내부의 컨테이너들

2개의 컨테이너가 있는 것을 볼 수 있다. 하나는 우리가 만든 이미지인 `model-test-predictor`이고, 다른 하나는 셀돈 서버인 `seldon-container-engine`이다.

모델을 가지고 있는 `model-test-predictor` 컨테이너는 HTTP와 gRPC를 통해 모델을 노출하는 언어 래퍼를 사용한다. 다음 명령을 사용해 `model-test-predictor`에서 어느 포트들이 열려 있는지 로그를 살펴보자.

```
kubectl logs -f $POD_NAME -n ml-workshop -c model-test-
predictor
```

다음과 같은 결과를 확인한다(다른 로그들도 더 있을 것이다).

```
- seldon_core.microservice:main:374 - INFO:  Importing Predictor
- seldon_core.microservice:main:463 - INFO:  REST gunicorn microservice running on port 9000
- seldon_core.microservice:main:557 - INFO:  REST metrics microservice running on port 6005
- seldon_core.microservice:main:567 - INFO:  Starting servers
```

그림 7.22 포트들을 보여주는 컨테이너 로그

서비스들은 HTTP를 위한 9000번 포트와 지표 서버를 위한 6005번 포트가 준비된 것을 볼 수 있다. 이 지표 서버는 프로메테우스 기반의 모니터링 데이터를 /prome theus 엔드포인트를 통해 제공한다. 로그에서 이 부분도 다음과 같이 볼 수 있다.

```
seldon_core.microservice:load_annotations:163 - INFO:  Found annotation prometheus.io/path:/prometheus
seldon_core.microservice:load_annotations:163 - INFO:  Found annotation prometheus.io/scrape:true
seldon_core.microservice:load_annotations:163 - INFO:  Found annotation seldon.io/svc-name:model-test
```

그림 7.23 컨테이너 로그가 프로메테우스 엔드포인트를 보여준다.

두 번째 컨테이너인 seldon-container-engine은 추론 그래프를 조정하고, 셀돈 배포 CR의 logger 섹션에 설정한 서비스로 데이터를 전달한다.

13. 이 단계에서는 셀돈 배포 CR로 만든 쿠버네티스 객체가 무엇인지 찾아볼 것이다. 간단하게 찾는 방법은 다음 명령을 실행하는 것이다. 이 명령은 셀돈 컨트롤러의 객체 레이블에 따라 다르며, seldon-deployment-id로 레이블을 설정하고 값은 셀돈 배포 CR의 이름인 model-test다.

```
kubectl get all -l seldon-deployment-id=model-test -n
ml-workshop
```

다음과 같은 결과를 확인한다.

그림 7.24 셀돈 컨트롤러로 만든 쿠버네티스 객체

셀돈 배포 CR에서 우리가 만든 설정을 사용해 배포, 서비스, 수평 파드 자동 확장 HPA, Horizontal Pod Autoscalers 객체 등이 생성된 것을 볼 수 있다. 배포는 파드들을 생성하고 복제하는 것으로 마무리된다. 셀돈 컨트롤러는 쿠버네티스 플랫폼에 모델을 배포하는 것을 쉽게 만든다.

14. 아마도 셀돈 배포 CR이 만든 인그레스 객체가 없다는 것을 알아챘을 것이다. 이제 인그레스 객체를 만들어서 모델을 클러스터의 외부에서 호출할 수 있도록 다음 명령을 실행하자. 인그레스 객체는 chapter7/manual_model_deployment/Ingress.yaml 파일로 생성한다. 6장에서 이미 작업한 독자의 설정에 맞게 host 값을 변경해야 한다. 인그레스는 요청을 8000번 포트로 전달한다는 것을 알 수 있다. 셀돈은 추

론의 호출을 조정하기 위해 대기 중인 포트를 제공한다. 이 서비스는 seldon-container-engine이라는 컨테이너에 있다.

```
kubectl create -f chapter7/manual_model_deployment/
Ingress.yaml -n ml-workshop
```

다음과 같은 결과를 확인한다.

```
$kubectl create -f chapter7/manual_model_deployment/Ingress.yaml -n ml-workshop
ingress.networking.k8s.io/model-test created
```

그림 7.25 우리의 서비스를 위한 인그레스 객체 만들기

다음 명령을 실행해 인그레스가 생성됐는지 확인한다.

```
kubectl get ingress -n ml-workshop | grep model-test
```

다음과 같은 결과를 확인한다.

```
$kubectl get ingress -n ml-workshop | grep model-test
model-test              nginx   model-test.192.168.61.72.nip.io   localhost   80
```

그림 7.26 우리의 서비스를 위한 인그레스 확인

15. 셀돈 배포 CR은 로깅을 위한 URL을 참조하기 때문에 간단한 HTTP 에코[echo] 서버를 배포해 단순히 받은 호출을 출력할 것이다. 셀돈 배포 CR의 logger 섹션에 설정된 URL로 부하가 잘 전달되는지 확인할 수 있을 것이다. 매우 단순한 에코 서버는 다음의 명령어를 실행해 만들 수 있다.

```
kubectl create -f chapter7/manual_model_deployment/
http-echo-service.yaml -n ml-workshop
```

다음과 같은 결과를 볼 수 있다.

```
$kubectl create -f chapter7/manual_model_deployment/http-echo-service.yaml -n ml-workshop
deployment.apps/logger created
service/logger created
```

그림 7.27 요청 데이터를 기록하기 위한 간단한 HTTP 에코 서버 만들기

다음 명령을 실행해 파드를 확인한다.

```
kubectl get pods -n ml-workshop | grep logger
```

다음과 같은 결과를 확인한다.

```
$kubectl get pods  -n ml-workshop | grep logger
logger-848dd74654-8n88z                                            1/1       Running
```

그림 7.28 간단한 HTTP 에코 서버 확인

16. 이제 무언가를 예측하기 위한 우리의 모델을 호출해보자. 6장에서 우리가 개발한 모델은 별로 쓸모가 없지만, 모델의 전반적인 패키징과 배포 과정의 이해를 도울 수 있다.

6장, '머신러닝 엔지니어링'을 상기해보면 hellomlflow 노트북의 입력은 (4,2), 출력은 (4,)와 같은 형태다.

```
X = np.array([[1, 1], [1, 2], [2, 2], [2, 3]])
y = np.dot(X, np.array([1, 2])) + 3
```

그림 7.29 모델의 입력과 출력

그러므로 우리의 모델에 데이터를 보내려면, [2,1]과 같이 정수 한 쌍으로 이뤄진 배열이어야 한다. 모델을 호출할 때에는 이름이 data인 키 항목에 ndarray 항목에 있는 데이터가 필요하다. 이 입력은 다음 그림과 같은 형태다. 이는 셀돈 서비스가 받을 것이라고 기대하고 있는 데이터 형식이다.

그림 7.30 모델을 위한 HTTP 전송 데이터(payloads) 형식의 입력

17. 다음은 모델을 위한 REST 엔드포인트다. 13번 단계에서 생성한 인그레스를 말하며, 표준 셀돈 URL이다. 최종적인 형태는 다음과 같다.

```
http://<INGRESS_LOCATION>/api/v1.0/predictions
```

우리의 경우 다음과 같이 수정해야 한다.

```
http://model-test.192.168.61.72.nip.io/api/v1.0/predictions
```

이제 요청을 보내기 위해 전송할 데이터와 URL을 준비했다.

18. 이번 단계는 모델을 호출해보는 것이다. 이 호출을 위해 일반적으로 사용하는 명령줄 도구를 사용한다. 하지만 Postman과 같은 다른 소프트웨어를 사용해 HTTP 호출을 만들 수 있다.

이 호출은 HTTP 동사^{verb} 중 POST를 사용하고, 서비스의 위치를 제공한다. JSON 콘텐트를 알리기 위해 Content-Type 헤더를 전달해야 한다. curl 프로그램의 data-raw 플래그를 사용해 body 데이터를 전달한다.

```
curl -vvvv -X POST 'http://<INGRESS_LOCATION>/api/v1.0/
predictions' \--header 'Content-Type: application/json'
\--data-raw '{ "data": { "ndarray": [[2,1]] }}'
```

마지막 요청은 다음과 같다. 이 호출을 하기 전에 독자의 인그레스 위치에 맞게 URL을 변경해야 한다.

```
curl -vvvv -X POST 'http://model-test.192.168.61.72.
nip.io/api/v1.0/predictions' \--header 'Content-Type:
application/json' \--data-raw '{ "data": { "ndarray":
[[2,1]] }}'
```

다음과 같은 결과를 확인한다. 명령의 출력은 (4,)처럼 모델에 맞는 형태의 배열을 보여주며 아래 화면의 ndarray 키 아래에 있다.

```
{"data":{"names":["t:0","t:1","t:2","t:3"],"ndarray":[[0.25,0.25,0.25,
0.25]]},"meta":{"requestPath":{"model-test-predictor":"quay.io/ml-on-k
8s/hellomlflow-manual:1.0.0"}}}
```

그림 7.31 모델 추론 호출에 대한 전송 데이터의 출력

19. 이제 우리의 에코 서버에 모델 전송 데이터가 기록됐는지 확인해보자. 드리프트 감지나 감사 기록^audit logging과 같이, 이후의 데이터 처리를 위해 원하는 경로로 입출력 데이터를 캡처해 전송하는 셀돈의 기능을 확인하는 것이다.

```
export LOGGER_POD_NAME=$(kubectl get pod -o=custom-
olumns=NAME:.metadata.name -n ml-workshop | grep logger)
kubectl logs -f $LOGGER_POD_NAME -n ml-workshop
```

입력과 출력 데이터를 구분한 것을 볼 수 있을 것이다. 로그에서 구분된 두 레코드를 연계하기 위해서는 **ce-requestid** 키를 사용할 수 있다. 다음 화면은 추론 호출의 입력 데이터의 주요 항목을 보여준다.

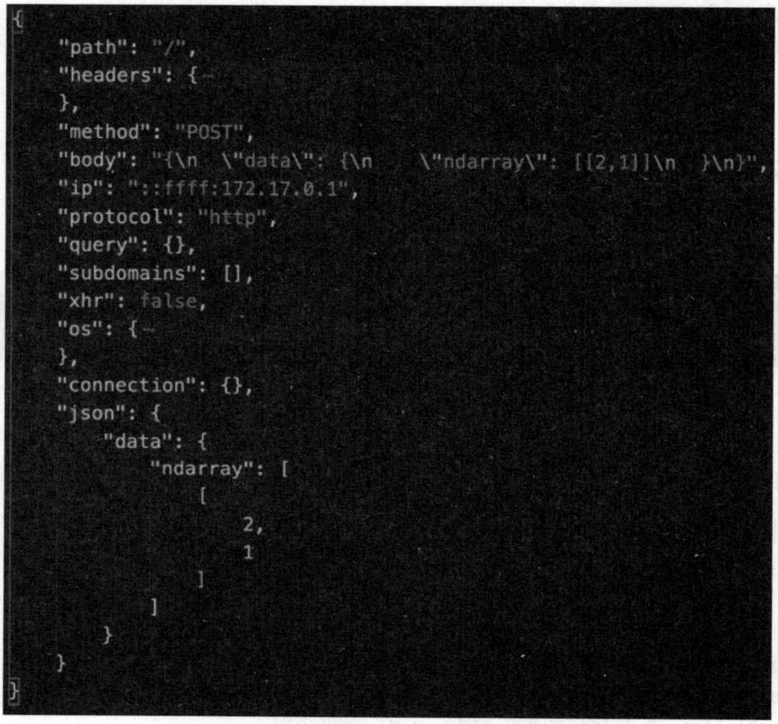

```
{
    "path": "/",
    "headers": {~
    },
    "method": "POST",
    "body": "{\n  \"data\": {\n     \"ndarray\": [[2,1]]\n  }\n}",
    "ip": "::ffff:172.17.0.1",
    "protocol": "http",
    "query": {},
    "subdomains": [],
    "xhr": false,
    "os": {~
    },
    "connection": {},
    "json": {
        "data": {
            "ndarray": [
                [
                    2,
                    1
                ]
            ]
        }
    }
}
```

그림 7.32 에코 파드로 전달된 입력용 전송 데이터

다음은 추론 호출의 출력용 전송 데이터에 대한 주요 항목을 보여준다.

```
{
    "path": "/",
    "headers": {
    },
    "connection": {},
    "json": {
        "data": {
            "names": [
                "t:0",
                "t:1",
                "t:2",
                "t:3"
            ],
            "ndarray": [
                [
                    0.25,
                    0.25,
                    0.25,
                    0.25
                ]
            ]
        },
        "meta": {
            "requestPath": {
                "model-test-predictor": "quay.io/ml-on-k8s/hellomlflow-manual:1.0.0"
            }
        }
    }
}
```

그림 7.33 에코 파드로 전달된 출력용 전송 데이터

20. 이제 셸돈 엔진이 서비스 모니터링 데이터를 잘 수집해 우리가 사용할 수 있는지 확인해보자. 프로메테우스가 동작하는 방식은 반복해서 긁어오는 것이므로 이 데이터는 현재 상태이고, 프로메테우스 서버는 해당 URL을 호출해 데이터베이스에 기록하는 역할을 한다.

위 정보의 URL 형식은 다음과 같다. 인그레스는 우리가 13번 단계에서 만든 것과 동일하다.

```
http://<INGRESS_LOCATION>/prometheus
```

위 URL을 수정한 나의 인그레스는 다음과 같다.

```
http://model-test.192.168.61.72.nip.io/prometheus
```

브라우저를 열고 위 URL을 사용해보자. 다음과 같은 결과를 확인할 수 있다.

```
# HELP go_gc_duration_seconds A summary of the pause duration of
garbage collection cycles.
# TYPE go_gc_duration_seconds summary
go_gc_duration_seconds{quantile="0"} 3.9284e-05
go_gc_duration_seconds{quantile="0.25"} 4.4424e-05
go_gc_duration_seconds{quantile="0.5"} 4.779e-05
go_gc_duration_seconds{quantile="0.75"} 5.3872e-05
go_gc_duration_seconds{quantile="1"} 0.00014359
go_gc_duration_seconds_sum 0.031500144
go_gc_duration_seconds_count 605
# HELP go_goroutines Number of goroutines that currently exist.
# TYPE go_goroutines gauge
go_goroutines 28
# HELP go_info Information about the Go environment.
# TYPE go_info gauge
go_info{version="go1.17.1"} 1
# HELP go_memstats_alloc_bytes Number of bytes allocated and still
in use.
```

그림 7.34 프로메테우스 형식의 모니터링 데이터 접근

많은 정보를 수집한 것을 볼 수 있는데, 응답 시간, 상태 코드(status code - 200, 400, 500 등)당 HTTP 응답 수, 캡처 데이터, 서버 성능, Go 런타임 지표 등을 포함한다. 어떤 데이터가 있는지 이해를 높이기 위해 위 파라미터들을 살펴보길 권한다. 이 책의 후반부에서는 모델 추론 서버의 성능을 시각화하기 위해서 위와 같은 데이터를 어떻게 수집해서 표시할 수 있는지 알아볼 것이다.

우리는 이 예제에서 중요한 부분을 해냈다. 이 절의 목표는 셀돈 코어를 사용한 모델의 배포에 관련된 과정과 구성 요소들을 보여주는 것이다. 다음 절에서는 플랫폼의 워크플로 구성 요소인 Airflow를 소개할 것이다. 이후 몇 장에 걸쳐 머신러닝 플랫폼에 있는 구성 요소를 사용해 위 과정을 자동화할 것이다.

⫶ 아파치 Airflow 소개

아파치 Airflow는 프로그램을 통해 워크플로를 설계, 실행, 스케줄링, 모니터링하기 위한 오픈소스 소프트웨어다. 워크플로는 데이터 파이프라인, 머신러닝 워크플로, 배포 파이프라인, 심지어 인프라 작업 등을 포함하는 여러 작업의 순서다. 에어비엔비Airbnb에서 만든 워크플로 관리 시스템이며, 훗날 아파치 소프트웨어 재단의 인큐베이션 프로그램으로 프로젝트를 오픈소스화했다.

대부분의 워크플로 엔진은 XML로 워크플로를 정의하는 반면에 Airflow는 파이썬을 주 언어로 사용해 워크플로를 정의한다. 워크플로 내의 작업들도 파이썬으로 작성한다.

Airflow는 많은 기능이 있지만 이 책에서는 기초적인 부분만 다룬다. 이 절은 Airflow의 세부 안내서가 아니다. 머신러닝 플랫폼의 소프트웨어 구성 요소를 소개하는 데 중점을 둔다. 먼저 DAG부터 시작해보자.

DAG 이해

워크플로는 작업 순서로 간단하게 정의한다. Airflow는 DAG^{Directed Acyclic Graph}(방향성을 가진 비순환 그래프)로 부르는 데이터 구조를 따르는 작업 순서다. 컴퓨터 사이언스 데이터 구조를 기억한다면 DAG는 순환이나 반복이 없는 단방향의 노드로 구성돼 있다. 그래서 Airflow의 워크플로는 DAG라고 부르게 됐다.

그림 7.35는 데이터 파이프라인 워크플로의 전형적인 예를 보여준다.

그림 7.35 전형적인 데이터 파이프라인 워크플로

그림 7.36의 워크플로 예는 상자로 표현한 작업으로 구성된다. 이 작업의 실행 순서는 화살표 방향으로 결정된다.

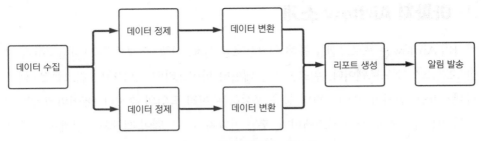

그림 7.36 병렬 실행의 워크플로 예

워크플로의 또 다른 사례인 그림 7.36을 보자. 이 사례에서는 작업을 병렬로 실행한다. 리포트 생성 작업은 2개의 데이터 변환 작업이 완료되는 것을 기다린다. 이를 실행 종속성execution dependency이라고 부르며, **Airflow**가 해결하는 문제 중 하나다. 즉 앞 단의 작업을 완료해야 작업을 실행할 수 있다.

워크플로를 구성할 수 있지만 그림 3.37과 같은 순환 구간이 없어야 한다.

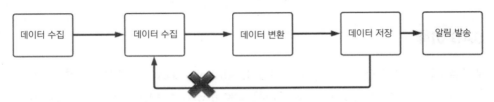

그림 7.37 순환 구간이 있는 워크플로 예

그림 3.37에서 데이터 정제 작업은 데이터 저장 작업에 종속성이 있기 때문에 절대 실행할 수 없다. 에어프로는 비순환 그래프만 지원한다.

그림에서 알 수 있듯이 **DAG**는 일련의 작업들이고, **Airflow**는 세 가지 공통 작업 유형이 있다.

- **오퍼레이터**: 무언가를 실행하기 위해 사전에 정의한 작업들이며, 파이프라인이나 워크플로를 함께 연결할 수 있다. DAG는 모두는 아니지만 대부분이 오퍼레이터로 구성된다.

- **센서**: 오퍼레이터의 하위 유형으로 외부 이벤트를 기반으로 동작하는 일련의 오퍼레이터다.

- **태스크플로**^{TaskFlow}: @task를 붙인 사용자 정의 파이썬 함수다. 정규 파이썬 함수를 작업으로 실행하는 것을 지원한다.

Airflow 오퍼레이터는 확장이 가능하다. 즉 커뮤니티에서 많은 이미 만들어진 오퍼레이터들을 우리가 사용할 수 있다. 이 가운데 하나는 우리의 다음 예제들에서 사용할 노트북 오퍼레이터다. 이 오퍼레이터는 DAG의 작업으로 주피터 노트북을 실행할 수 있다.

그렇다면 일련의 작업들을 실행할 때 DAG를 사용하는 장점이 무엇일까? 그냥 스크립트를 만들어서 순서대로 스크립트를 실행하면 되지 않을까? 답은 Airflow가 제공하는 기능에 있다. 이제부터 알아볼 것이다.

Airflow 기능 탐험

cron jobs(일종의 작업 스케줄러 도구), 스크립트와 비교했을 때 Airflow가 주는 장점은 그 세부적인 기능에 있다. 이런 기능의 일부를 살펴보자.

- **실패와 오류 관리**: 작업이 실패한 경우 Airflow는 실패와 오류를 우아하게 처리한다. 작업이 실패한 경우에 자동으로 재시도하도록 설정할 수 있다. 또한 몇 번 재시도할지도 설정 가능하다.

  실행의 순서에 관해서는 Airflow가 관리할 수 있는 전형적인 워크플로에서 스크립트 작성보다 훨씬 쉬운 두 가지 유형의 작업 종속성이 있다.

- **데이터 종속성**: 작업 중 일부는 다른 작업이 생성하는 데이터가 필요하기 때문에 다른 작업이 먼저 끝나야 하는 경우도 있다. 이는 Airflow가 관리할 수 있다. 더군다나 Airflow는 어떤 작업의 출력에서 작은 양의 메타데이터를 전달해서 다른 작업의 입력으로 전달하는 것 또한 지원한다.

- **실행 종속성**: 작은 크기의 워크플로에서는 실행 종속성을 스크립트로 만들 수도 있을 것이다. 하지만 Bash에서 수백 개의 작업을 스크립트로 만든다고 상상해보자. 어떤 작업은 순서대로 실행해야 하는 반면, 어떤 작업은 병렬로 동시에 실행할 수도 있어야 한다. 나는 이런 작업이 매우 벅차다고 생각한다. Airflow는 DAG를 만들어 이를 단순화하도록 돕는다.

- **확장성**: Airflow는 여러 컴퓨터나 컨테이너로 수평 확장할 수 있다. 워크플로의 작업들은 공통 스케줄러가 조정하면서 여러 노드에서 실행될 수 있다.

- **배포**: Airflow는 DAG를 저장하기 위해 깃을 사용할 수 있다. 즉 워크플로의 새로운 변경 사항들을 지속적으로 배포할 수 있다는 것이다. 사이드카sidecar 컨테이너가 DAG를 갖고 있는 깃 리포지터리에서 변경 사항을 자동으로 가져올 수 있다. 즉 DAG의 지속적인 통합을 지원한다.

다음 단계에서 Airflow의 다양한 구성 요소를 이해해보자.

Airflow 구성 요소 이해

Airflow는 독립적인 서비스들로 실행하는 여러 구성 요소다. 그림 7.38은 Airflow의 구성 요소와 상호작용을 보여준다.

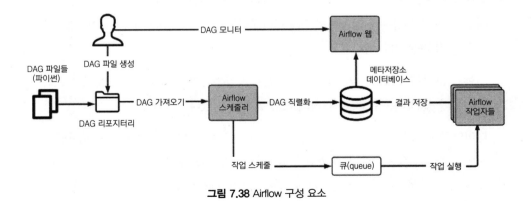

그림 7.38 Airflow 구성 요소

Airflow는 세 가지 핵심 서비스가 있다. Airflow 웹은 사용자가 시각적으로 DAG와 작업들을 모니터하고 활용할 수 있도록 사용자 인터페이스를 제공한다. Airflow 스케줄러는 Airflow 작업자에 대한 작업 일정을 관리하는 역할을 한다. 여기서 작업 일정이란 단지 정해진 시간에 작업을 실행하는 것만을 의미하지 않는다. 특정 순서에 따라 작업을 실행하는 것, 실행 종속성, 실패 등을 관리하는 것도 포함한다. 이는 Airflow가 확장성을 지원할 수 있는 핵심적인 부분이다. 더 많은 Airflow 작업을 실행하면 더 많은 작업들을 동시에 실행할 수 있다.

DAG 리포지터리는 스케줄러가 저장하거나 가져오는 파이썬으로 작성된 파일들이 있는 디렉터리다. 플랫폼에 설정돼 있는 Airflow 인스턴스는 DAG 리포지터리와 원격의 깃 리포지터리를 동기화하는 사이드카 컨테이너를 포함하고 있다. 파이썬 파일을 깃에 푸시해주는 것으로 DAG 배포를 단순화한다.

이 책에서 Airflow를 깊이 있게 다루진 않을 것이다. 우리의 목표는 Airflow에서 최소한의 파이썬 코딩으로 파이프라인을 만들 수 있는 정도면 충분하다. 엘라이라^{Elyra} 노트북 파이프라인 빌더 기능을 사용해 에이플로 파이프라인을 그래프로 만들 것이다. Airflow와 파이썬 프로그램으로 파이프라인을 만드는 방법에 대해 더 자세히 알고 싶다면 다음 링크(https://airflow.apache.org/docs/apache-airflow/stable/concepts/overview.html)에 있는 아파치 Airflow에 관해 매우 충분한 문서들부터 시작해보기를 권한다.

이제 Airflow에 대한 기본을 이해했으니 실행해볼 시간이다. 4장, '머신러닝 플랫폼의 구조'에서 따끈한 ODH 인스턴스를 설치했다. 이 과정에서 Airflow 서비스도 설치했다. 이제 설치된 것을 확인해보자.

Airflow 설치 확인하기

우리의 클러스터에서 Airflow가 잘 실행 중인지 확인하기 위해 다음 단계들을 따라가야 한다.

1. 다음 명령으로 각 Airflow 파드가 실행 중인지 확인한다.

```
kubectl get pods -n ml-workshop | grep airflow
```

그림 7.39와 같이 Airflow 서비스 파드들이 실행 상태인지 확인한다. 모든 파드가 Running 상태인지 확인하자.

그림 7.39 실행 상태의 Airflow 파드

2. 인그레스 호스트인 ap-airflow2에서 Airflow 웹의 URL을 얻는다. 다음 명령을 실행하면 된다.

```
kubectl get ingress -n ml-workshop | grep airflow
```

그림 7.39와 비슷한 결과를 볼 수 있다. 여기서 호스트 값은 ap-airflow2 인그레스다. 독자의 환경에서는 IP 주소가 다를 수 있다.

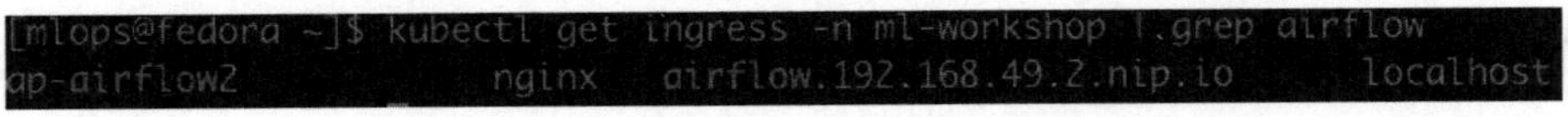

그림 7.40 ml-workshop 네임스페이스의 Airflow 인그레스

3. 이제 https://airflow.192.168.49.2.nip.io를 연다. 여기서 도메인 이름은 ap-airflow2 인그레스 호스트 값인 것을 알아두자. 그림 7.41과 같은 Airflow 웹 사용자 인터페이스를 볼 수 있을 것이다.

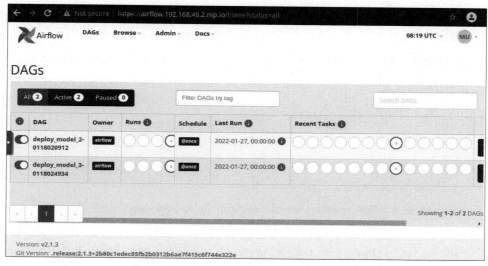

그림 7.41 아파치 Airflow의 홈 화면

Airflow 시작 페이지를 열었다면 Airflow 설치가 유효한 것이다. DAG의 목록에 이미 존재하는 DAG의 상태가 현재 실패한 상태임을 볼 수 있다. DAG 파일들은 다음 링크 (https://github.com/airflow-dags/dags/)에 있으며, DAG 리포지터리의 기본값이다. 독자의 시험을 위해서는 직접 생성한 DAG 리포지터리가 필요할 것이다. 다음 절은 이를 어떻게 하는지 세부적으로 알아본다.

Airflow DAG 리포지터리 설정

DAG 리포지터리는 Airflow가 우리의 파이프라인이나 워크플로를 나타내는 DAG 파일들을 가져오는 깃 리포지터리다. Airflow가 독자의 DAG 리포지터리를 가리키려면 깃 리포지터리를 생성하고, Airflow 스케줄러와 Airflow 웹이 그 깃 리포지터리를 가리키도록 해야 한다. 이 리포지터리로 깃허브를 사용할 것이다. 이 과정을 위한 단계는 다음과 같다.

1. 깃허브 리포지터리를 만들기 위해 깃허브(https://github.com)를 연다. 깃허브에 계정이 필요하다. 예제를 위해서는 이 리포지터리 이름을 airflow-dags라고 하자. 독자의 새로운 깃 리포지터리의 URL을 메모해두자. https://github.com/your-user-name/airflow-dags.git과 비슷한 형태일 것이다. 깃허브에서 리포지터리를 만드는 것은 이미 알고 있다고 가정한다.

2. kfdef Kubeflow definition 객체를 편집해 ODH의 인스턴스를 수정한다. 다음 명령을 실행하면 된다.

```
kubectl edit kfdef opendatahub-ml-workshop -n ml-workshop
```

그림 7.42와 같이 kfdef 매니페스트 파일을 vim 편집기로 볼 수 있다. 편집을 시작하기 위해 i를 누른다.

그림 7.42 Airflow 인스턴스를 정의한 섹션을 보여주는 vim 편집기

3. **DAG_REPO** 파라미터 값을 1번 단계에서 생성한 깃 리포지터리 URL로 대체한다. 편집을 완료한 화면은 그림 7.43과 같다. **Esc** 버튼을 누르고 :와 wq를 입력하고 **Enter**를 눌러서 kfdef 객체에 편집한 내용을 저장한다.

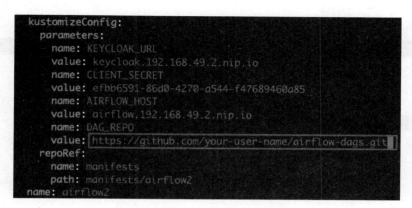

그림 7.43 편집한 DAG_REPO 파라미터 값

위 변경 사항은 **ODH** 오퍼레이터가 가져갈 것이고, 쿠버네티스 배포 객체에 적용되는데, 이 경우에는 Airflow 웹과 Airflow 스케줄러 배포 객체다. 이 과정은 완료할 때까지 몇 분 정도 걸린다.

4. Airflow 배포를 점검해 변경 사항을 확인하자. 다음 명령을 실행하면 배포 객체에 적용된 매니페스트를 볼 수 있다.

```
kubectl get deployment app-aflow-airflow-scheduler -o
yaml -n ml-workshop | grep value:.*airflow-dags.git
```

위 명령은 독자의 깃허브 리포지터리의 URL을 포함하고 있는 결과를 출력할 것이다.

5. 새로운 리포지터리는 비어 있기 때문에 Airflow 웹 화면을 열었을 때 DAG 파일이 없을 것이다. Airflow 웹 애플리케이션을 확인하기 위해 독자의 Airflow URL을 열고 브라우저에서 새로고침을 실행하자. 그림 7.44 화면과 같이 Airflow DAG 목록이 비어 있을 것이다.

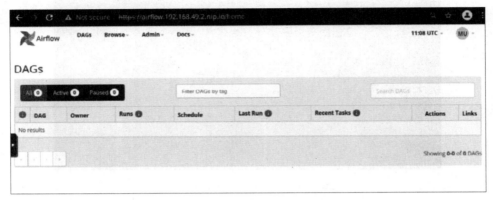

그림 7.44 비어 있는 Airflow DAG 목록

Airflow의 설치와 DAG 리포지터리를 독자의 깃 리포지터리로 변경한 것을 확인했으므로, Airflow를 잘 사용해볼 시간이다.

Airflow 런타임 이미지 설정

Airflow 파이프라인 또는 DAG는 Airflow 라이브러리를 사용한 파이썬 파일들로 프로그램한다. 하지만 엘라이라 노트북에서 더 시각적인 방법으로 DAG를 만들 수도 있다. 이번 절에서는 엘라이라에서 Airflow DAG를 만들어 DAG 리포지터리에 푸시하고, Airflow에서 실행할 것이다.

Airflow 설치와 설정을 더 확인하고 테스트하기 위해서 간단한 `Hello world` 파이프라인을 실행해볼 필요가 있다. 다음 단계를 따라 2개의 작업을 가진 파이프라인을 생성한다. 파이썬 파일과 파이프라인을 만들고, 전체 프로세스에 필요한 런타임 이미지를 설정할 것이다.

1. 실행 중인 노트북 환경이 없다면, 주피터허브를 열어서 노트북 환경을 실행하자.
   Start My Server를 클릭하고, 그림 7.45와 같이 실행할 노트북 이미지를 선택한다.
   이번에는 특별한 라이브러리가 필요 없으므로 **Base Elyra Notebook Image**를 사
   용하자.

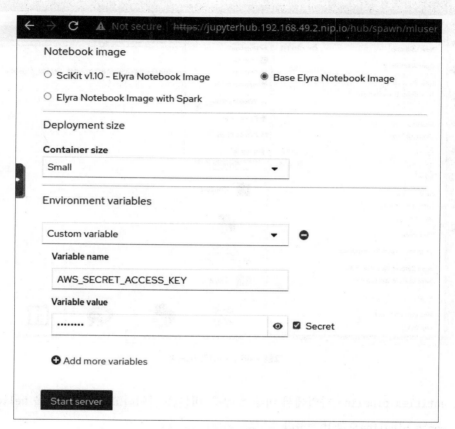

그림 7.45 Base Elyra Notebook Image를 선택한 주피터허브 시작 페이지

2. 엘라이라 브라우저에서 Machine-Learning-on-Kubernetes/chapter7/model_deploy_
   pipeline/ 디렉터리를 연다.

3. 새 파이프라인 편집기를 연다. 그림 7.46과 같이 메뉴에서 **File › New › Pipeline Editor**를 선택하면 된다. 브라우저 좌측에 `untitled.pipeline`이란 이름으로 새로운 파일이 표시될 것이다.

그림 7.46 엘라이라 노트북

4. `untitled.pipeline` 파일에서 마우스 우측 버튼을 클릭하고, 파일 이름을 `hello_world.pipeline`으로 변경한다.

5. 아래의 코드를 포함하는 파이썬 파일 2개를 만든다.

```python
print('Hello airflow!')
```

메뉴에서 **File ＞ New Python**을 선택하면 된다. 그리고 파일명을 hello.py와 world.py로 변경하자. 현재 디렉터리 구조는 그림 7.47과 같은 형태일 것이다.

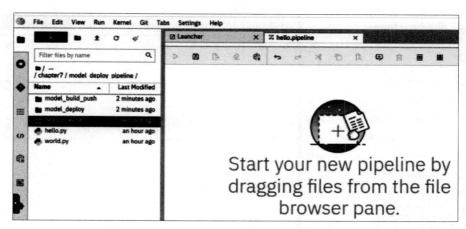

그림 7.47 hello.pipeline을 보여주는 엘라이라 디렉터리 구조

6. hello.py 파일을 파이프라인 편집 윈도우에 드래그해서 2개의 작업을 가진 하나의 파이프라인 만든다. world.py에 대해서도 똑같이 하면 된다. 작업 상자에 오른쪽 끝에 있는 작은 동그라미를 드래그해서 다른 상자와 연결한다. 생성된 파이프라인 모습은 그림 7.48과 비슷할 것이다. 도구 바에 있는 **Save** 아이콘을 클릭해 저장하자.

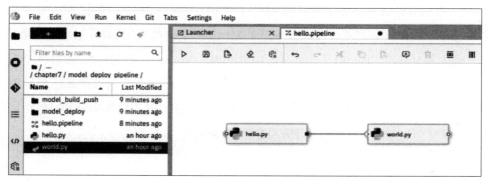

그림 7.48 태스크 토폴로지

7. 파이프라인을 실행하기 전에 각각의 작업을 설정해야 한다. 단위 작업은 쿠버네티스의 컨테이너로 실행되기 때문에 어느 작업이 어느 컨테이너를 사용할 것인지 알려줘야 한다. 화면 좌측의 도구 바에서 **Runtime Images** 아이콘을 선택하고, 그림 7.49와 같이 **+** 버튼을 클릭해 새로운 런타임 이미지를 추가한다.

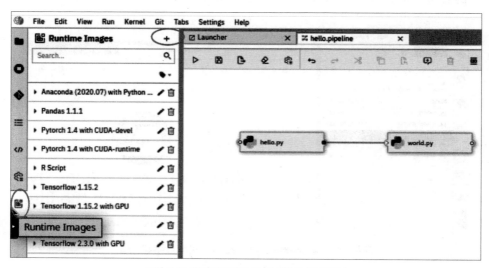

그림 7.49 엘라이라에서 새 런타임 이미지 추가

8. **Add new Runtime Image** 화면에서 그림 7.50과 같이 세부 정보에 **Kaniko Container Builder** 이미지를 입력하고 **SAVE & CLOSE** 버튼을 클릭한다.

이 컨테이너 이미지(https://quay.io/repository/ml-on-k8s/kanikocontainer-builder)는 도커파일을 빌드할 때 필요한 도구를 포함하고 있으며, 쿠버네티스 내의 이미지 레지스트리에 푸시한다. 이 이미지는 또한 머신러닝 모델과 **MLflow** 모델 레지스트리에 있는 메타데이터를 가져올 수 있다. 다음 절에서는 이 이미지로 머신러닝 모델을 호스트하는 컨테이너를 만들기 위해서 사용할 것이다. 이 컨테이너 이미지는 이 책의 목표를 위해 만든 것이다. 쿠버네티스에서 동작할 수만 있다면 파이프라인 작업을 위한 런타임 이미지로서 어느 컨테이너 이미지라도 사용할 수 있다.

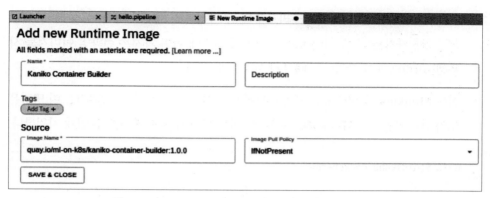

그림 7.50 Kaniko Builder를 위한 새로운 런타임 이미지 추가 화면

9. **Airflow Python Runner**라는 이름의 또 다른 런타임 이미지를 추가한다. 이 컨테이너 이미지는 `https://quay.io/repository/ml-on-k8s/airflowpython-runner`에 있다. 이 이미지는 파이썬 3.8 스크립트를 실행할 수 있고 쿠버네티스, 스파크 오퍼레이터와 상호작용이 가능하다. 다음 절에서는 이 이미지로 컨테이너 이미지들을 쿠버네티스에 배포하기 위해 사용할 것이다. 새로운 런타임 이미지를 추가하기 위해 그림 7.51의 값들을 참조하고, **SAVE & CLOSE** 버튼을 클릭한다.

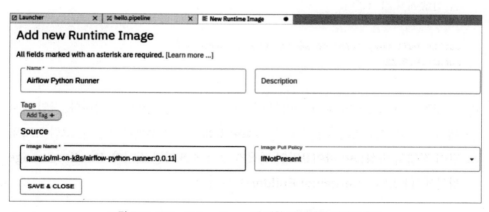

그림 7.51 Airflow Python Runner에 대한 새 런타임 이미지 추가

10. 위 이미지들을 원격 레지스트리로부터 쿠버네티스 클러스터의 로컬 도커 데몬 daemon에 가져온다. 즉 이미 로컬 도커 인스턴스에 이미 가져온 런타임 이미지를 사용해 Airflow에서 작업들을 빠르게 시작할 수 있다.

    이는 Minikube를 실행하고 있는 어디에서나 다음 명령을 실행하면 된다. 이 명령은 도커 클라이언트를 Minikube 가상머신 내의 도커 데몬에 연결할 수 있게 지원한다.

    ```
    eval $(minikube docker-env)
    ```

11. Minikube를 실행하고 있는 같은 머신에서 다음 명령을 실행해서 Kaniko Container Builder 이미지를 가져오자. 이 명령으로 quay.io에 있는 이미지를 Minikube 내의 도커 데몬에게 가져올 것이다.

    ```
    docker pull quay.io/ml-on-k8s/kaniko-container-
    builder:1.0.0
    ```

12. Airflow Python Runner 이미지를 Minikube를 실행하는 같은 머신에서 다음 명령을 실행해서 가져온다.

    ```
    docker pull quay.io/ml-on-k8s/airflow-python-
    runner:0.0.11
    ```

13. Kaniko Container Builder 런타임 이미지를 hello.py 작업에 할당한다. 작업 상자에서 우측 마우스 버튼을 클릭하고, **Properties** 항목을 선택하면 된다. 그림 7.52와 같이 작업의 속성들이 파이프라인 편집기 우측에 표시될 것이다. **Runtime Image** 항목에서 **Kaniko Container Builder**를 선택한다.

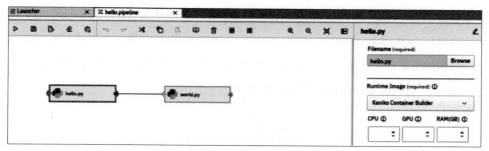

그림 7.52 파이프라인 편집기에서 작업 런타임 이미지 설정

NOTE

위의 드롭 다운 목록에서 새로 추가한 런타임 이미지가 보이지 않으면 파이프라인 편집기를 닫고 나서 다시 열어야 한다. 런타임 이미지 목록을 갱신할 것이다.

14. **Airflow Python Runner** 런타임 이미지를 world.py 작업에 할당한다. 10번 단계와 비슷하지만 world.py에 대한 작업이다. 그림 7.53의 **Runtime Image**를 참고한다.

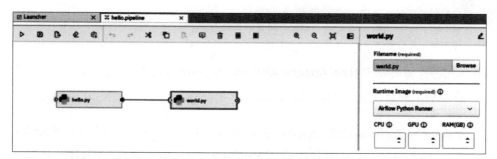

그림 7.53 파이프라인 편집기에서 작업의 런타임 이미지 설정

15. 방금 2개의 작업을 가진 하나의 Airflow 파이프라인을 만들었고, 각 작업은 다른 런타임을 사용한다. 하지만 Airflow에서 이 파이프라인을 실행하기 전에 엘라이라에게 Airflow가 어디에 있는지 알려줘야 한다. 이를 위해 그림 7.54와 같이 화면 좌측의 도구 바에서 **Runtimes** 아이콘을 클릭한다.

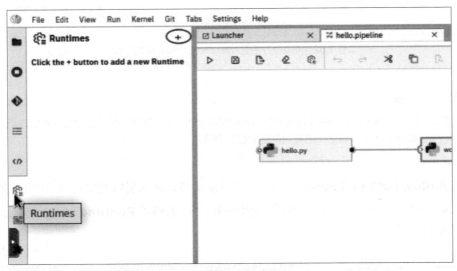

그림 7.54 도구 바의 런타임

16. + 버튼을 클릭하고, **New Apache Airflow runtime** 항목을 선택한다. 아래의 값들과 그림 7.55를 참고해 세부 사항을 입력한다.

A. **Apache Airflow UI Endpoint**는 Airflow 화면을 열 수 있는 위치다. 엘라이라는 Airflow UI와 직접적인 상호작용이 없으므로 중요한 부분은 아니다. 이 값은 독자의 Airflow UI에 대한 URL을 입력한다. `https://airflow.192.168.49.2.nip.io`와 같은 형태이며, IP 주소는 독자의 Minikube IP 주소다.

B. **Apache Airflow User Namespace**는 생성될 작업의 모든 파드에 대한 쿠버네티스 네임스페이스다. 이는 `ml-workshop`으로 설정하자. 우리의 모든 머신러닝 플랫폼 작업에 대한 네임스페이스다.

C. **깃허브 DAG Repository**는 앞의 'Airflow DAG 리포지터리 설정' 절에서 생성한 DAG 리포지터리다. `github-username/airflow-dags`와 같은 형식이다. 여기서 `github-username`을 독자의 깃허브 사용자명으로 대체한다.

D. **깃허브 DAG Repository Branch**는 엘라이라가 DAG 파일들을 푸시할 깃허브 리포지터리다. main으로 설정한다.

E. **깃허브 Personal Access Token**은 DAG 리포지터리에 푸시하기 위한 권한을 가진 깃허브 사용자 토큰이다. 개인의 액세스 토큰에 대해서는 다음 링크(https://docs.github.com/en/authentication/keeping-your-account-and-data-secure/creating-a-personal-access-token)에서 깃허브 문서를 참조할 수 있다.

F. **Cloud Object Storage Endpoint**는 S3 저장소 API의 엔드포인트 URL이다. Airflow가 아티팩트를 게시하고 DAG 실행의 로그를 남기기 위해 사용한다. 이 항목은 Minio 서버를 사용할 것이다. 이 값은 `http://minio-mlworkshop:900`으로 설정한다. Minio 서비스의 URL이다. 이름으로 접근할 수 있는 Minio 서버와 같은 쿠버네티스 네임스페이스 안에서 주피터허브가 실행 중이기 때문에 Minio의 인그레스를 사용하지 않았다.

G. **Cloud Object Storage User name**은 Minio 사용자 이름을 말하며, `minio`이다.

H. **Cloud Object Storage Password**는 Minio 암호이며, `minio123`이다.

모든 항목을 올바로 입력했다면, **SAVE & CLOSE** 버튼을 클릭한다.

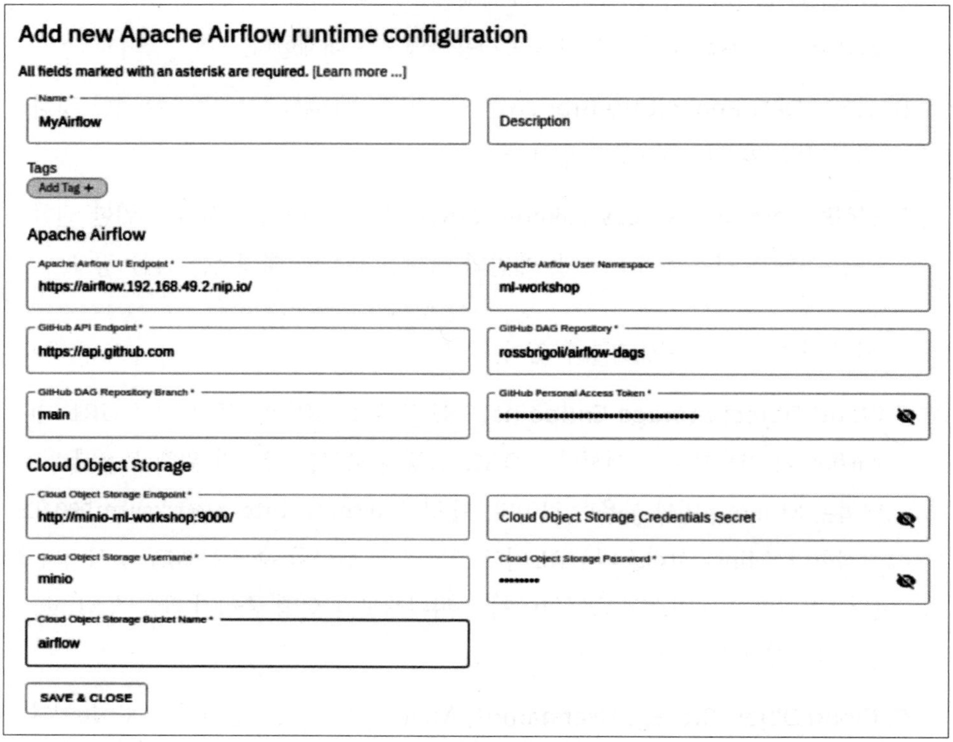

그림 7.55 새로운 아파치 Airflow 런타임 설정 추가

17. 파이프라인 편집기 위에 있는 도구 바의 **Play** 버튼을 클릭해 Airflow의 파이프라인을 실행한다. **Run pipeline** 화면이 보일 것이다. 런타임 플랫폼으로 **Apache Airflow runtime**을 선택하고, 런타임 설정으로 **MyAriflow**를 선택하고, **OK**를 클릭한다. 그림 7.56을 참고하자.

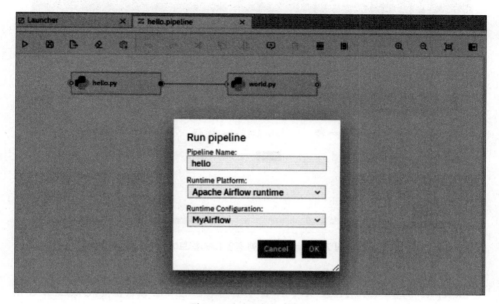

그림 7.56 파이프라인 실행 화면

방금 작업은 Airflow DAG 파일을 생성해서 DAG 리포지터리로 설정한 깃허브 리포지터리에 그 파일을 푸시한다. 깃허브 리포지터리에서 새로 푸시한 파일들을 찾아보면 확인할 수 있다.

18. Airflow 웹 사이트를 연다. 그림 7.57과 같이 새로 생성된 DAG를 볼 수 있다. 만약 없다면 Airflow 페이지를 몇 번 새로고침해보자. 가끔은 화면에 DAG가 나타날 때까지 시간이 걸린다.

그림 7.57 Airflow가 실행 중인 DAG를 보여준다.

몇 분 안에 DAG는 성공할 것이다. 만약 실패하면 올바른 값들을 설정했는지, 놓친 단계가 없는지 진행 과정을 확인해봐야 한다.

방금 엘라이라 그래픽 파이프라인 편집기를 사용해 기본적인 Airflow DAG를 만들어 봤다. 생성된 DAG는 기본값으로 @once 주석이 가리키듯이 한 번만 실행하도록 설정돼 있다. 실제 상황에서는 엘라이라로 직접 DAG를 실행하기를 원하지 않을 수 있다. DAG 파일에 사용자 정의 작업을 추가하고 싶을 것이다. 이런 경우 DAG를 **Play** 버튼을 클릭해서 실행하는 대신에 내보내기export 기능을 사용한다. 일정을 설정하는 등의 파이프라인을 사용자 정의 작업을 위한 DAG 파일에 내보낼 것이다. 이렇게 원하는 대로 설정된 DAG 파일을 Airflow에 등록하기 위해서 DAG 리포지터리에 푸시할 수 있다.

지금 Airflow 구성을 확인했고, Airflow 런타임 설정을 추가했으며, Airflow와 엘라이라를 통합했다. 이제 진짜 배포 파이프라인을 만들어볼 시간이다.

Airflow에서 머신러닝 모델 배포의 자동화

이전 절에서 수동으로 머신러닝 모델을 쿠버네티스에서 실행하는 HTTP 서비스로 패키징하는 방법을 알아봤다. 또한 Airflow에서 기본적인 파이프라인들을 어떻게 만들어서 실행하는지도 살펴봤다. 이번 절에서는 모델 배포 프로세스를 자동화할 수 있는 Airflow DAG를 만드는 지식을 더해보자. 우리는 쿠버네티스의 MLflow 모델 레지스트리에서 머신러닝 모델을 패키징하고 배포하기 위한 간단한 Airflow 파이프라인을 만들 것이다.

파이프라인 편집기로 파이프라인 생성하기

이전 절과 비슷하게 엘라이라 파이프라인 편집기로 모델을 만들고, DAG를 만들어 배포할 것이다.

1. 실행 중인 엘라이라 환경이 없다면, 주피터허브 페이지에서 노트북을 실행하고, **Start My Server**를 클릭한다. 그림 7.45와 같이 실행할 노트북 이미지를 선택한다. 이번에는 특별한 라이브러리가 필요 없으므로 **Base Elyra Notebook Image**를 선택한다.

2. 엘라이라 브라우저에서 Machine-Learning-on-Kubernetes/chapter7/model_deploy_pipeline/ 디렉터리로 이동한다.

3. 새로운 파이프라인 편집기를 연다. 메뉴 항목에서 그림 7.46과 같이 **File › New › Pipeline Editor**를 선택하면 된다. 화면 좌측의 브라우저에서 새로운 파일이 untitled.pipeline으로 보일 것이다.

4. untitled.pipeline을 우클릭하고, model_deploy.pipeline으로 이름을 변경한다. 현재 디렉터리 화면은 그림 7.58처럼 표시될 것이다.

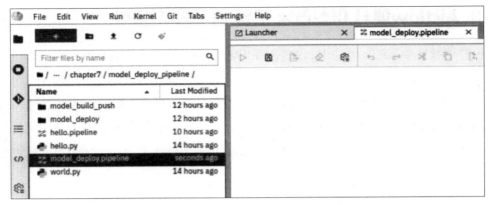

그림 7.58 엘라이라가 비어 있는 파이프라인 편집기를 보여준다.

5. 2개의 작업을 갖고 있는 하나의 파이프라인을 만들 것이다. 먼저 **MLflow** 모델 레지스트리에서 모델 아티팩트를 가져오고, 셀돈 코어를 사용해 컨테이너로 모델을 패키징한 다음 컨테이너 이미지를 이미지 리포지터리에 푸시할 것이다. 첫 작업을 생성하려면 model_build_push 디렉터리에 있는 build_push_image.py 파일을 build_push 디렉터리에서 파이프라인 편집기 화면으로 드래그해서 드롭한다. 그림 7.59와 같이 파이프라인 편집기 화면에서 새로운 작업을 생성할 것이다.

그림 7.59 build_push_image 작업이 있는 엘라이라 파이프라인 편집기

6. 다음 작업은 이미지 리포지터리에서 컨테이너 이미지를 가져와 쿠버네티스에 배포하는 것이다. 이 두 번째 작업은 `deploy_model.py` 파일을 `model_deploy` 디렉터리에서 드래그해서 파이프라인 편집기 화면에 드롭한다. 그림 7.60과 같이 파이프라인 편집기에 두 번째 작업이 생성될 것이다.

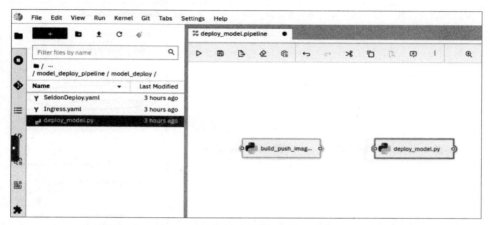

그림 7.60 deploy_mode 작업을 보여주는 엘라이라 파이프라인 편집기

7. `build_push_image.py` 작업 우측에 작은 원을 드래그해서 `deploy_model.py` 작업 상자와 연결한다. 그림 7.61과 같은 작업 토폴로지를 볼 수 있다. 화면에 빨간 상자에 있는 작업 흐름의 화살표 방향을 주의하자.

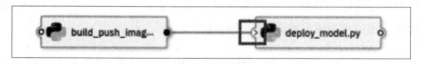

그림 7.61 DAG의 태스크 토폴로지

8. `build_push_image.py` 작업 상자에서 우측 클릭해서 **Properties** 항목을 클릭한다. 그림 7.62와 같이 속성창이 편집기 화면 우측에 표시될 것이다. 이 작업의 런타임 이미지로 **Kaniko Container Builder**를 선택한다.

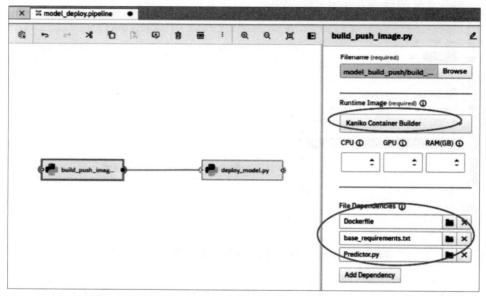

그림 7.62 Kaniko Builder Runtime을 보여주는 파이프라인 편집기 속성창

9. `build_push_image.py`의 종속성을 추가하기 위해 **Add Dependency** 버튼을 클릭해 아래의 파일들을 선택한다. 이 작업의 파일 종속성들은 그림 7.62와 같다. 다음은 각 파일이 무엇인지 설명하기 위한 목록이다.

- `Dockerfile` – 머신러닝 모델과 Predictor 파이썬 파일을 갖고 있는 컨테이너 이미지를 생성하기 위한 도커파일이다.

- `Predictor.py` – 셀돈으로 추론 그래프를 정의하기 위한 파이썬 파일이다. 이전 절에서 본 적이 있다.

- `Base_requirements.txt` – 이 모델을 실행하기 위해 필요한 파이썬 패키지 목록을 갖고 있는 문서 파일이다. 도커파일 내에서 `pip install` 명령이 사용한다.

10. 이 시점에서 전체 파이프라인이 하는 일을 이해하고 있어야 한다. 파이프라인은 컨테이너 이미지를 레지스트리에 푸시해야 하기 때문에, 머신러닝 모델 컨테이너를 보유할 컨테이너 레지스트리가 필요할 것이다. 새로운 리포지터리를 독자가 원하는 컨테이너 레지스트리에 생성한다. 이 책의 예제를 위해서 Docker Hub를 사용할 것이다. 독자가 https://hub.docker.com에서 새로운 리포지터리를 만들 수 있다고 가정한다. 이 새로운 리포지터리를 mlflowdemo라고 부르자.

11. 일단 이미지 리포지터리를 갖고 있다면 build_push_image.py 작업에 대한 환경변수Environment Variables를 그림 7.63과 같이 설정한다. 아래의 6개의 변수들을 설정할 필요가 있다.

- MODEL_NAME은 MLflow에 등록된 머신러닝 모델 이름이다. 이전 절에서 mlflowdemo라는 이름으로 사용했다. 이 변수의 값을 mlflowdemo라고 설정한다.

- MODEL_VERSION은 MLflow에 등록된 머신러닝 모델의 버전이다. 이 값은 1로 설정한다.

- CONTAINER_REGISTRY는 컨테이너 레지스트리 API 엔드포인트다. 도커 허브의 경우 https://index.docker.io/v1에 있다. 이 변수의 값은 https://index.docker.io/v1로 설정한다.

- CONTAINER_REGISTRY_USER는 이미지 레지스트리에 이미지를 푸시할 사용자 이름이다. 이 값은 독자의 도커 허브 사용자명을 설정한다.

- CONTAINER_REGISTRY_PASSWORD는 위 도커 허브 사용자의 암호다. 운영에서는 이 값을 이런 식으로 관리하길 원하지 않을 것이다. 도커 허브 암호를 지원하기 위한 암호 관리 도구를 사용할 수 있다. 하지만 이 예제에서는 간단하게 도커 허브 암호를 환경변수로 설정한다.

- CONTAINER_DETAILS는 이미지를 이미지의 태그와 함께 푸시할 리포지터리 이름이다. 이는 도커 허브 사용자명을 포함하는 your-username/mlflowdemo:latestv와 같은 형식이다.

파이프라인 편집기 상단의 도구 바에서 **Save** 아이콘을 클릭해서 저장한다.

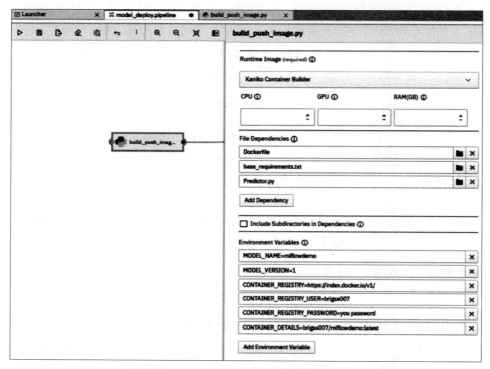

그림 7.63 build_push_image.py 작업의 환경변수 예제

12. 그림 7.64와 같이 런타임 이미지 설정, 파일 종속성, 환경변수 등을 설정해서 `deploy_model.py` 작업을 구성한다. 다음 목록과 같이 설정할 환경변수가 네 개가 있다.

    A. `MODEL_NAME`은 **MLflow**에 등록된 머신러닝 모델 이름이다. 이전 절에서 `mlflow demo` 이름을 사용했다. 이 변숫값은 `mlflowdemo`로 설정한다.

    B. `MODEL_VERSION`은 **MLflow**에 등록된 머신러닝 모델의 버전이다. 이 값은 `1`로 설정한다.

    C. `CONTAINER_DETAILS`는 이미지, 이미지명, 태그 등을 푸시할 리포지터리 이름이다. 이는 도커 허브 사용자명을 포함하는 `your-username/mlflowdemo:latest`와 같은 형식이다.

D. CLUSTER_DOMAIN_NAME은 쿠버네티스 클러스터의 DNS 이름이고, 이 경우 Mini kube의 IP 주소, 즉 <Minikube IP>.nip.io 같은 형태다. 예를 들어 'minikube ip' 명령의 결과가 192.168.49.2라면 클러스터 도메인명은 192.168.49.2.nip.io다. 쿠버네티스 클러스터 외부에서도 접근이 가능하도록 머신러닝 모델 HTTP 서비스의 인그레스를 설정하기 위해 사용된다.

파이프라인 편집기 상단의 도구 바에서 **Save** 아이콘을 클릭해서 저장한다.

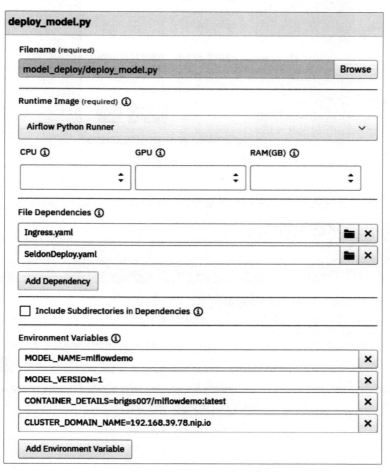

그림 7.64 deploy_model.py 작업의 속성

13. 이제 파이프라인을 실행할 준비가 끝났다. 파이프라인 편집기 상단의 **Play** 버튼을 클릭한다. 화면에 Run pipeline 팝업이 표시된다. **Runtime Platform**으로 **Apache Airflow runtime**을 선택하고, **Runtime Configuration**은 **MyAirflow**를 선택한다. **OK** 버튼을 누른다. 이제 Airflow DAG 파이썬 파일을 생성해 깃 리포지터리에 푸시할 것이다.

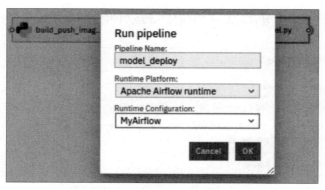

그림 7.65 Run pipeline 화면

14. DAG를 성공적으로 생성해 git 리포지터리에 푸시하면 그림 7.66과 같은 화면을 볼 수 있다. **OK**를 클릭한다.

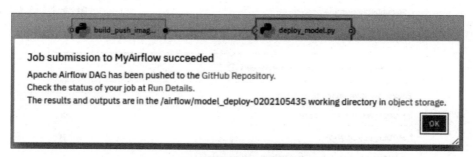

그림 7.66 DAG 등록 확인 화면

270

15. 애어플로 화면을 연다. model_deploy-숫자 형식의 레이블을 가진 새로운 DAG가 테이블에 보일 것이다. 그림 7.67과 같이 금방 실행될 것이다. 민트 녹색의 작업은 현재 실행 중임을 나타낸다. 진한 녹색은 성공했다는 의미다.

> **NOTE**
>
> 새로운 DAG가 보이지 않는다면, 볼 수 있을 때까지 페이지를 새로고침한다. Airflow가 깃 리포지터리와 동기화할 때까지 몇 초 걸릴 수 있다.

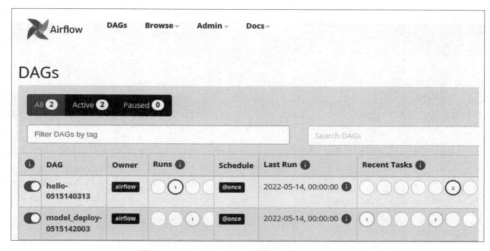

그림 7.67 model_deploy DAG를 보여주는 Airflow 화면

16. 이런 작업 중에도 DAG 이름을 클릭하고, **Graph View** 탭을 선택하면 DAG를 살펴볼 수 있다. 그림 7.68과 같이 엘라이라 파이프라인 편집기에서 설계한 작업 토폴로지를 표시할 것이다. **< > Code** 탭을 선택하면 DAG를 더 알아볼 수 있다. 생성된 DAG 소스 코드를 표시한다.

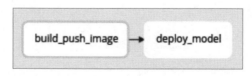

그림 7.68 Airflow의 model_deploy의 Graph View 화면

17. 몇 분 정도 지나면 작업은 성공하고, **Graph View**에서 진한 녹색으로 표시된 모든
    작업들을 볼 수 있다. 또한 쿠버네티스의 파드들을 보면서 작업을 살펴볼 수 있다.
    다음 명령을 실행하면 그림 7.69와 같이 2개의 파드가 Completed 상태인 것을 볼
    수 있다. 이 파드들은 성공적으로 실행을 마친 파이프라인 내의 두 작업들이다.

```
kubectl get pods -n ml-workshop\
```

다음과 같은 결과를 확인한다.

```
[mlops@fedora ~]$ k get pods -n ml-workshop
NAME                                                      READY   STATUS      RESTARTS         AGE
app-aflow-airflow-scheduler-6c79785d7d-kr4gm              2/2     Running     12 (40h ago)     4d1h
app-aflow-airflow-web-58f448f4b6-zngxs                    2/2     Running     12 (16h ago)     4d1h
app-aflow-airflow-worker-0                                2/2     Running     22 (175m ago)    2d21h
app-aflow-postgresql-0                                    1/1     Running     5 (5d3h ago)     25d
app-aflow-redis-master-0                                  1/1     Running     8 (5d3h ago)     26d
build-push-image.5144cadff01742d78370ef177d6733c6         0/1     Completed   0                18m
deploy-model.a4d75a4d859046bd89566983e2ac49b3             0/1     Completed   0                12m
grafana-5dc6cf89d-mb68x                                   1/1     Running     8 (5d3h ago)     26d
jupyterhub-7848ccd4b7-f9wbw                               1/1     Running     5 (5d3h ago)     25d
jupyterhub-db-0                                           1/1     Running     2 (5d3h ago)     5d8h
jupyterhub-nb-mluser                                      1/1     Running     0                3d20h
logger-848dd74654-hfx9g                                   1/1     Running     0                3d21h
minio-ml-workshop-6b84fdc7c4-2n9zl                        1/1     Running     0                2d2h
mlflow-d65ccb65d-65ts6                                     2/2     Running     39 (5d3h ago)    26d
mlflow-db-0                                               1/1     Running     7 (5d3h ago)     26d
model-1-mlflowdemo-predictor-0-predictor-7fb4f86bcc-cw42b  1/1     Running     0                42h
model-test-predictor-0-model-test-predictor-7dc869bcb8-qs8w2  2/2  Running     0                3d21h
prometheus-operator-58cccbff56-7pklc                      1/1     Running     9 (5d3h ago)     26d
seldon-controller-manager-7f67f4985b-8dn42                1/1     Running     21 (2d3h ago)    26d
spark-operator-77fdf56dbc-9mk9f                           1/1     Running     5 (5d3h ago)     25d
```

그림 7.69 완료 상태의 쿠버네티스 파드

우리는 방금 전체 머신러닝 모델 빌드와 배포 파이프라인을 셀돈 코어, 엘라이라 파이
프라인 편집기로 만들어냈고, Airflow를 사용해 제어하고, 쿠버네티스상에 배포했다.

셀돈 코어와 Airflow는 이 책에서 다루지 않았고 앞으로도 다루지 않을 어마어마하게
많은 기능을 가진 도구다. 이 도구들을 머신러닝 플랫폼의 일부로서 살펴보면서 기초
지식과 기술을 학습했다.

:⫶ 요약

축하한다! 먼 길을 왔다.

지금 시점에서 주피터허브, 엘라이라, 아파치 스파크, **MLflow**, 아파치 **Airflow**, 셀돈 코어, 쿠버네티스를 살펴보고 사용했다. **MLOps**가 해결하고자 하는 문제들을 위 도구들로 어떻게 해결하는지 배웠다. 그리고 위의 모든 도구를 쿠버네티스상에서 실행하는 것을 알아봤다.

이 플랫폼 위에서 독자에게 보여주고 싶은 것들이 아직 많다. 하지만 우리가 지금까지 살펴본 도구들과 그 기능들로 이 책을 충분히 채울 만큼 기술했다.

8장에서는 한 걸음 뒤로 물러서서 지금까지 만든 것들의 큰 그림을 살펴볼 것이다. 다음으로 예제를 사용해 플랫폼을 처음부터 끝까지 사용해볼 것이다. 8장부터 데이터 과학자, 머신러닝 엔지니어, 데이터 엔지니어, **DevOps** 담당자 등의 다양한 역할을 수행해볼 것이다.

3부

MLOps와 새로운 플랫폼을 사용한 전체 프로젝트 빌드

3부에서는 전체 머신러닝 프로젝트를 이전 부에서 만든 플랫폼을 사용해 빌드하는 방법을 보여줄 것이다. 3부의 여러 장에 걸쳐 플랫폼을 테스트 환경에 올릴 것이다. 3부는 전체 머신러닝 라이프사이클을 정의하고, 데이터를 처리하고, 플랫폼을 사용해 모델을 빌드하고, 배포할 것이다.

3부는 다음의 장으로 구성돼 있다.

- 8장, 우리의 플랫폼을 사용한 전체 머신러닝 프로젝트 만들기

- 9장, 데이터 파이프라인 만들기

- 10장, 모델의 빌드, 배포, 모니터링

- 11장, 쿠버네티스 기반의 머신러닝

08

우리의 플랫폼을 사용한
전체 머신러닝 프로젝트 만들기

지금까지 플랫폼의 몇 가지 구성 요소와 동작 방법을 살펴봤다. 8장은 거시적인 관점에서 플랫폼을 이해해보려고 한다. 전체적으로 살펴보면 우리의 머신러닝에 필요한 전체 솔루션을 여러 구성 요소들이 어떻게 완성시켜 나가는지 알아보는 데 도움이 된다.

8장 후반부에서는 간단한 예제를 통해 머신러닝 프로젝트를 시작하는 방법과 원하는 목표를 이루기 위해 팀과 플랫폼이 어떻게 지원할 수 있는지 살펴본다.

8장에서 다룰 주제는 다음과 같다.

- 머신러닝 플랫폼의 전체 그림 보기

- 사업적 과제의 이해

- 데이터 수집, 처리, 정제

- 예비 데이터 분석 수행

- 피처 엔지니어링의 이해

- 머신러닝 모델의 빌드와 평가

- 재현 가능성

⁑ 머신러닝 플랫폼의 전체 그림 보기

7장에서 쿠버네티스 위에 전체 머신러닝 플랫폼을 만들었다. 플랫폼의 다양한 구성 요소를 설치하고, 설정하고, 탐험해봤다. 이 플랫폼을 사용해보기 전에 한 걸음 뒤로 물러나 우리가 만든 플랫폼의 모습을 살펴보자. 그림 8.1은 플랫폼의 논리적인 구조를 보여주고 있다.

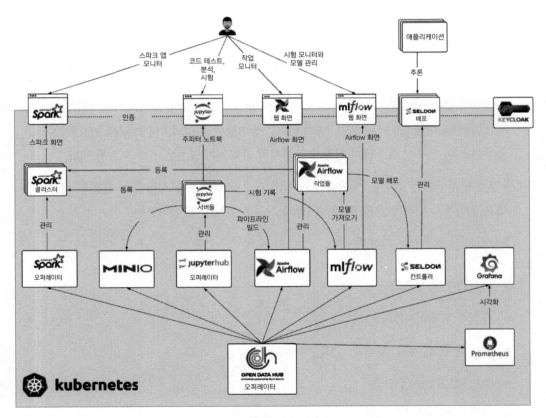

그림 8.1 플랫폼의 논리적 구조

그림 8.1은 또한 플랫폼에서 개별 구성 요소들의 상호작용을 보여준다. 전체 플랫폼은 쿠버네티스 안에서 동작하고 ODH 오퍼레이터가 모두 관리한다. MinIO는 공식적인 ODH 프로젝트의 일부가 아니지만, 우리가 만든 플랫폼에 ODH 오퍼레이터로 추가 했다. 실제 환경에서는 이미 S3 저장소 서버가 있을 것이며, kfdef 파일에 MinIO를 포함할 필요가 없다. 또한 ODH 오퍼레이터가 여러 도구들을 추가, 제거 또는 대체하는 것을 지원한다는 점을 알아두자. 예를 들어 Airflow 대신에 Argo CD를 사용할 수도 있다. Keycloak도 역시 ODH 프로젝트의 일부가 아니다. 하지만 구성 요소들을 싱글 사인-온 방식을 통해 안전하게 만들기 위해서는 Keycloak이 플랫폼에 이러한 기능을 제공해줄 수 있는 최고의 오픈소스 도구 중 하나다.

그림의 맨 위에서부터 시작해보면 사용자가 주피터 노트북과 스파크, Airflow, ML flow 화면을 통해 소통하는 것을 볼 수 있다. 이러한 상호작용은 7장에서 우리가 보고 경험했다. 배포한 머신러닝 모델은 REST API를 통해 앱들이 추론을 위해 사용했다.

그림의 중간을 보면 구성 요소 간에 수행하는 상호작용을 볼 수 있다. 주피터 서버와 Airflow 작업들은 스파크 앱을 관리 중인 스파크 클러스터에 등록할 수 있다. Airflow 는 MLflow 모델 레지스트리와 상호작용하고, 주피터 노트북은 시험 실행을 기록하기 위해 MLflow와 상호작용할 수 있다. Airflow는 또한 셀돈 배포 객체를 만들어서 실행 중인 파드들을 REST 서비스가 노출된 머신러닝 모델로 셀돈 컨트롤러가 변환한다. 어떤 구성 요소가 다른 플랫폼 구성 요소와 상호작용하는 데 제한은 없다.

그림의 아래를 보면 ODH 오퍼레이터가 플랫폼 구성 요소를 관리하고, 조정한다. ODH 오퍼레이터는 위 구성 요소들을 설치하고 업데이트한다. 스파크, 주피터허브, 셀돈 컨트롤러는 또한 스파크 클러스터, 주피터 노트북 서버, 셀돈 배포의 인스턴스를 관리하는 쿠버네티스 오퍼레이터다.

마지막으로 ODH 프로젝트는 또한 프로메테우스와 그라파나 인스턴스를 관리한다. 프로메테우스는 셀돈 배포 자료를 포함한 각 구성 요소로부터 지표를 수집하는 데 사용한다. 그라파나는 위의 지표들을 시각화하고 알림이 뜨도록 설정할 수 있다.

ODH 프로젝트는 여전히 진화하고 있다. 미래에 어떤 구성 요소가 프로젝트에 포함되거나 빠질 것인지 변화가 생길 수 있다. 공식적으로 지원하는 구성 요소의 일부는 시간이 지나면 다른 것으로 대체될 수도 있다. 그러므로 위 구조를 이해하고 이를 유지하기 위해 ODH 오퍼레이터가 어떻게 동작하는지 이해하는 것이 중요하다.

다음 절에서는 머신러닝 프로젝트에서 한 걸음 물러서서 이해하려는 노력을 조금 더 해보고, 머신러닝 솔루션이 만족시킬 수 있는 기회들을 알아보기 시작할 것이다. 또한 머신러닝 프로젝트 전체를 만들어볼 수 있는 시나리오로 진행할 것이다.

⠿ 사업적 과제의 이해

어떤 소프트웨어 프로젝트에서도 처음으로 할 일은 해결하고자 하는 사업적 과제를 잘 협의하는 것이다. 이 책에서는 단순화된 프로세스에 집중하기 위해서 가상의 시나리오를 선택했다. 이와 같은 방법을 더 복잡한 프로젝트에 적용할 수 있다.

여러분이 항공 예약 회사에서 수석 데이터 분석가로 일하고 있다고 가정해 보겠다. 회사의 업무 팀에서 항공편 지연에 대해 불만을 제기하는 고객이 많다는 보고를 받았다. 이로 인해 회사의 고객 경험이 나빠지고 전화 상담원이 고객에게 세부 사항을 설명하는 데 많은 시간을 소비하고 있다. 업무팀은 지연 가능성이 낮은 항공사와 항공편 및 시간을 식별해 웹 사이트가 해당 항공사의 우선순위를 지정, 고객이 지연을 덜 겪을 수 있도록 하는 해결책을 제공하고자 한다.

이제 여기서 크게 숨을 한 번 쉬고 이 문제를 어떻게 해결할 수 있는지 분석해보자. 머신러닝이 필요할까? 만약 그동안의 경과 데이터로 항공사를 지연과 정시의 2개의 그룹으로 나눈다면 각 그룹은 항공사들을 갖게 만들고, 이 속성은 고객이 항공사를 검색할 때보다 더 정시에 운항하는 항공사를 찾도록 활용할 수 있을 것이다. 데이터 분석 팀은 데이터를 분석하고, 순위를 할당할 것이다. 잘 마무리했다!

위 조건을 고민하는 동안 업무 팀에서 항공사당 하나의 그룹은 솔루션에 필요한 충분한 단위가 될 수 없다고 말한다. 그들은 항공사가 아니라 여러 가지 다른 요소 즉 출발지,

목적지, 공항, 시간 등을 사용해 평가하고 싶어 한다. 그래서 항공사 A와 시드니에서 멜버른을 향하는 항공편 등으로 정시 그룹에 넣어야 하고, 같은 항공사지만 도쿄에서 오사카로 향하는 항공편은 지연 그룹에 넣고자 한다. 갑자기 문제의 범위가 확장된 것이다. 이렇게 높아진 데이터 수준에 대해 분석하려면 데이터를 처리하고 올바른 범주에 할당하는 데 많은 시간이 필요하고, 이 데이터를 더 자주 분석할 필요가 있다.

이 과정을 어떻게 자동화할 수 있을지 고민을 시작해본다면 어떨까? 업무 팀에서 또한 이 문제에 날씨가 중요한 영향을 준다고 언급한다. 기상청의 일기예보 데이터를 가져와 사전 처리를 해서 데이터 분석을 수행하기 위해 사용해야 한다고 말한다. 이제 독자는 사람이 이러한 작업을 수행하기엔 느리고, 복잡하고, 그들에게 필요한 해결책을 줄 수 없다는 것을 깨달을 것이다. 이제 독자가 업무 팀에게 특정 항공편에 대한 올바른 범주를 예측하기 위해 사용할 수 있는 기존 데이터를 조사할 필요가 있다고 말한다. 독자와 업무 팀은 고객의 만족스런 경험을 위해 최소 75%의 정확도로 예정일 10일 전에 항공편 지연을 예측하는 것을 목표로 협의한다. 또한 모델에 대한 응답 시간 요구 사항과 모델을 어떻게 전반적인 업무 프로세스에 활용할지 논의할 것이다.

방금 우리는 이 프로젝트의 성공 기준을 정의했다. 또한 업무 팀에 우리가 프로젝트에 적합성을 평가하기 위해 가용한 데이터를 분석할 것이고, 다음 단계에 대한 계획을 전했다. 데이터를 조사하는 단계에서 도움을 줄 수 있는 업무 전문가도 함께할 것을 요청했다.

요약해보면 업무적 목표와 프로젝트의 범위에 대한 틀을 잡았다. 또한 프로젝트의 성공을 측정할 평가 기준을 정의했다. 각 머신러닝 라이프사이클의 단계에서 업무적 가치를 계속 메모해두는 것은 매우 중요하다.

일단 기준을 정의했다면 다음 단계는 가용한 데이터를 살펴보는 것이다. 이번 사례의 경우에는 다음 링크(https://www.kaggle.com/usdot/flight-delays?select=flights.csv)에 데이터가 준비돼 있다.

⠿ 데이터 수집, 처리, 정제

이번 단계에서는 알고 있는 소스로부터 원시 데이터의 수집을 시작할 것이다. 또한 분석을 위한 원시 데이터를 준비해 정제하는 데이터 파이프라인을 작성할 것이다.

데이터 소스, 경로, 형식의 이해

항공편 데이터에 속하는 데이터셋을 접근하기 위해 업무 전문가, 다시 말해 SME와 함께 작업을 시작한다. 데이터 형식과 이 데이터에 접근하기 위한 통합 프로세스를 이해할 것이다. 데이터는 CSV 형식일 수도 있고, 관계형 데이터베이스 관리 시스템^{RDBMS,} Relational Database Management System일 수도 있다. 이 데이터를 어떻게 프로젝트를 위해 사용할지와 종국에는 어떻게 유지할 수 있는지 이해하는 것은 매우 중요하다.

어떤 데이터를 쉽게 활용해볼 수 있는지 확인하는 것으로 이 프로세스를 시작해보자. SME는 항공편 기록 데이터는 항공편 정보, 출발 예정 시간과 실제 출발 시간, 예정 도착 시간과 실제 도착 시간을 갖고 있다고 말한다. 이 정보는 독자의 팀에 객체 저장소에 있다. 이는 좋은 출발점이다.

데이터 처리와 정제의 이해

원시 데이터 소스로부터 수집한 데이터는 많은 문제가 있을 수 있다. 수집한 데이터가 중복되거나, 어떤 값이 없거나, 유효하지 않은 레코드 등이 있을 수 있다. 예를 들어 string 타입의 칼럼에 숫자 데이터를 포함하는 경우다. 그렇다면 SME와 함께 비정상적인 값들을 찾을 방법을 알아내야 한다.

잃어버린 데이터는 어떻게 처리할 것인가? 이미 존재하는 데이터셋에서 잃어버린 데이터 값을 추측하자. 아니면 잃어버린 값이 많고, 그 값들을 대체할 방법이 없다면 해당 칼럼은 제외하기로 결정할 수도 있다.

데이터 유효성을 검증하는 것은 일관성을 가진 정제된 데이터셋을 만드는 것이고, 앞에 언급한 데이터 품질 문제들을 알맞게 처리하는 것이다. 나이 항목에 250이라는 값이 있다고 생각해보자. 우리가 아무리 오래 살아도 이 데이터는 분명 유효한 값이 아니다. 이 단계에서 이런 데이터의 불일치를 찾고, 처리할 방법을 동원할 것이다.

아마도 항공편 도착과 출발 시간이 현지 시간인 것을 알게 될 것이다. 더 쉬운 비교를 위해 표준시 시간을 나타내는 칼럼을 추가하는 선택을 할 수도 있다.

데이터 정제는 데이터 엔지니어링과 모델 개발 단계 모두에서 발생한다. 해당 분야나 업무 로직과 관련이 있는 비정상 데이터는 데이터 엔지니어링 단계에서 발견해서 처리하고, 데이터 증강augmentation이나 인코딩encoding은 모델 개발 단계에서 완료한다. 데이터 엔지니어는 업무 분야 전문가와 더 가깝게 일하는 반면에, 모델 학습에 필요한 데이터 형식을 가장 잘 아는 사람은 데이터 과학자나 머신러닝 엔지니어이기 때문이다.

데이터 엔지니어링 단계에서 위와 같은 데이터 검증을 실행하는 방법 중 하나는 아파치 스파크를 활용하는 것이다. 스파크는 데이터 정제를 위해 사용할 수 있는 내장된 함수들 세트를 가지고 있다. 다음의 코드는 데이터 소스에서 읽어올 때, 유효하지 않은 행들 또는 잘못된 형식의 데이터를 걸러내는 예제를 보여준다.

```
dataframe = spark.read.option("header", True).option("mode",
'DROPMALFORMED').csv('flights.csv')
```

또 다른 예제는 fillna() 함수다. 이것은 null 값들을 다른 값으로 대체할 때 사용한다. 아래의 예제는 모든 null 값을 영으로 어떻게 대체하는지 보여준다.

```
dataframe = dataframe.fillna(value=0)
```

모델 개발 측면에서는 데이터프레임을 조작하기 위한 Pandas를 사용해 동일한 동작들을 수행하는 몇 가지 기술이 있다. 9장에서 실제로 동작하는 것을 볼 수 있다.

일단 데이터 정제 파이프라인을 실행하고, 다음 단계에서 활용할 중간 데이터셋을 만들었다면, 다음은 준비한 데이터가 업무 목표를 달성하는 데 도움이 될 것인지 알아보는 것이다.

⠸ 예비 데이터 분석 수행

이번 단계에서는 주어진 문제에 대한 적합성을 평가하기 위해 데이터를 분석한다. 데이터 분석은 머신러닝 모델을 만드는 데 필수적이다. 머신러닝 모델을 생성하기 전에 데이터 내용을 이해할 필요가 있다. 기업의 엄청난 양의 데이터 분석과 그것을 쓸 만한 결과로 전환하는 것은 극단적으로 어려운 일이고 이 방법에 대해서 답은 하나만 존재하지 않는다. 어떤 데이터가 의미가 있고, 어떤 데이터가 업무에 핵심적인지 찾아내는 것이 머신러닝 모델의 기반이다.

이것이 예비 분석이며, 모델이 기대한 결과를 가져올 것이라고 보장하지 못한다. 하지만 데이터를 더 높은 수준에서 이해하고, 필요하다면 전환해볼 좋은 기회다.

데이터 샘플 이해

데이터셋이 있으면 단순하게 일단 보는 것으로 이해하려고 노력해보자. 그다음으로 업무적 문제를 파악하고, 주어진 상황에 어떠한 데이터 유형이 도움이 될지 정해보자. 많은 시간 동안 관련 분야의 지식을 가진 SME와 협업할 필요가 있다.

이 단계에서 아마도 데이터를 테이블 형식으로 변환하는 것이 이해하기에 더 좋을 수 있다. 데이터 값에 따라 칼럼을 분류해본다. 데이터셋의 각 변수를 이해하고, 그 값이 연속적인지, 또는 어떤 범주를 나타내는지 찾아본다. 다음으로 칼럼이 가진 값들을 이해하기 위해 서술적인 통계를 사용해 요약할 것이다. 이 통계는 평균 또는 중간값, 또는 데이터를 이해하기 좋은 어떤 값이 될 수도 있다.

데이터의 분산^{variance}을 이해하자. 예를 들어 오직 5%의 레코드만이 지연된 항공편이고 나머지는 모두 정시라고 해보자. 이 데이터셋이 원하는 결과를 내기 위해 좋은 데이터 셋일까? 우리는 더 균형 있는 분산이 표현되는 더 나은 데이터셋을 구해야 한다. 만약 심하게 균형을 잃었다면, 다수의 데이터 영역에서 샘플을 줄이도록 조정^{downsample}할 수 도 있다.

인간은 데이터 시각화를 잘해서, 데이터를 더 잘 이해하기 위해 차트를 사용해 칼럼들을 시각화할 필요가 있다. 우리의 데이터의 시각화를 돕는 다양한 차트가 있다. 우리가 가진 플랫폼은 코드를 작성해 Matplotlib이나 Seaborn과 같이 인기 있는 라이브러리를 사용해 데이터를 시각화하도록 지원한다. 데이터를 차트를 사용해 시각화하기 전에 차트에서 어떤 종류의 정보를 얻고 싶은지와 어떻게 데이터 이해를 도울 수 있는지 고민해보자.

예제로 다음 절에 있는 기본 차트와 특징을 정의해보자.

상자 그림

상자 그림^{box plot}(https://www.khanacademy.org/math/statisticsprobability/summarizing-quantitative-data/box-whisker-plots/a/box-plot-review)은 데이터의 분산을 시각화하고 이해하기에 훌륭한 방법이다. 상자 그림은 데이터셋 값들의 25%를 포함하고 있는 사분위수로 결과를 보여준다. 값들은 어떻게 데이터가 분산돼 있는지 그림으로 보여준다. 그림 8.2는 상자 그림의 예다. 참고로 검은 점은 이상치다.

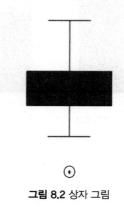

그림 8.2 상자 그림

상자 그림의 첫 구성 요소는 데이터셋의 최솟값이다. 다음으로 아래의 사분위 또는 최소에서 25% 값이 있다. 그 다음 데이터셋의 50%에 중간값이 있다. 다음으로 위쪽의 사분위는 최대에서 25% 값이다. 가장 위에는 데이터셋의 범위에서 최댓값이 있다. 마지막으로 이상치도 있다. 이상치는 높거나 낮은 극단적인 데이터 지점들이며, 잠재적으로 분석에 영향을 줄 수 있다.

히스토그램

히스토그램histogram은 숫자 데이터 분포를 나타낸다. 히스토그램을 만들려면 먼저 일정 간격bins으로 값들의 범위를 나눈다. 일단 간격의 수를 정했으면, 데이터는 이제 정의된 범위에 맞게 위치하게 된다. 히스토그램 차트는 정의된 간격에 따라서 데이터의 분산된 모습을 보여준다. 그림 8.3은 히스토그램의 예시다. 여기서 간격은 그림의 x축에 있다. 아래의 그림은 단지 2개의 간격으로 분산을 보여준다. 분산이 첫 번째 구간에 더 몰려 있는 것을 볼 수 있다.

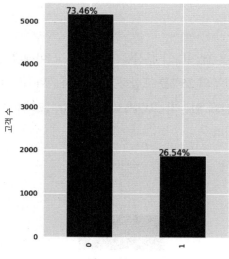

그림 8.3 히스토그램

밀도 그림

히스토그램의 단점 중 하나는 간격의 크기와 간격의 수에 민감하다는 것이다. 분포도는 어떻게 간격을 정의할지에 따라 영향을 받게 된다. 히스토그램은 성이나 우편번호와 같이 별개의 데이터에 더 적합하다. 그렇지 않다면 밀도 그림density plot이 대안이 될 수 있고, 히스토그램의 매끄러운 버전이다. 그림 8.4는 밀도 그림의 사례다.

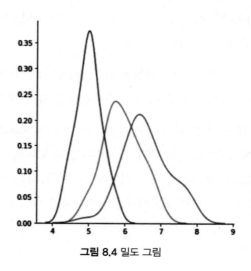

그림 8.4 밀도 그림

일단 예비 데이터 분석을 끝냈다면 돌아가서 더 많은 데이터를 기존 소스에서 수집하거나, 새로운 데이터 소스를 찾을 것이다. 우리가 가진 데이터가 업무 목표를 달성에 도움이 된다고 확신한다면 다음 단계인 피처 엔지니어링으로 진행하자.

:: 피처 엔지니어링의 이해

데이터는 머신러닝의 전부다. 아무리 훌륭한 알고리듬이라도 데이터가 틀리거나 충분하지 않으면 모델은 결코 원하는 방향으로 동작하지 않을 것이다. 피처 엔지니어링은 입력 데이터를 모델의 목표에 맞게 피처로 변신시키고, 모델 학습에 맞게 데이터 형식을 변환한다.

가끔 주어진 학습 문제에 대해 데이터가 유용하지 않을 때가 있다. 알고리듬이 오직 올바른 정보만 사용한다고 어떻게 확신할 수 있을까? 개별 항목들은 쓸모 없지만 여러 항목들에 대해 어떤 함수를 적용했을 때 데이터가 유용해진다면 어떨까?

알고리듬에 대해 데이터를 유용하게 만드는 행위를 피처 엔지니어링이라고 한다. 대부분의 시간 동안에 데이터 과학자의 역할은 주어진 문제에 대한 올바른 데이터셋을 찾는 것이다. 피처 엔지니어링은 특정 분야 기술에 대한 지식이 필요하고, 업무 전문가들과 데이터에 대한 더 나은 이해를 위해 협업해야 한다.

피처 엔지니어링은 기존 데이터에서 적합한 피처를 찾는 것만이 아니라, 기존 데이터에서 새로운 피처를 만들 필요도 있다. 이러한 피처를 가공 피처^{engineered feature}라고 한다.

항공편 데이터셋에 출발 예정 시간과 출발 시간을 위한 `scheduled_departure_time`, `departure_time` 항목이 있다고 가정해보자. 이 두 항목 모두 항공편이 지연 여부를 말해준다. 하지만 우리가 할 일은 항공편이 지연에 대해 분류하는 것이다. 독자와 업무 팀이 지연에 대해 다음의 세 가지로 분류하기로 협의했다고 해보자.

- 정시

- 짧은 지연

- 긴 지연

짧은 지연은 최대 30분까지 지연된 출발 항공편을 수집한다. 나머지는 모두 긴 지연으로 지연 칼럼에서 분류한다. 이 칼럼 또는 피처를 데이터셋에 추가할 필요가 있다.

어떤 칼럼은 결국 주어진 문제에 도움이 안 돼 버리게 되는 경우도 있다. 취소 사유라는 칼럼이 있다면 항공편 지연 예측에 도움이 될까? 아마도 이 칼럼은 버리게 될 것이다.

머신러닝 알고리듬이 쉽게 소화할 수 있는 데이터를 활용하고 싶을 것이다. 많은 알고리듬이 수치를 가지고 동작한다. 하지만 모든 데이터가 숫자 형식일 수는 없다. 원-핫 인코딩^{one-hot encoding}과 같은 기술로 칼럼을 숫자 형식으로 변환할 수도 있다.

가끔 머신러닝 알고리듬은 학습 시간에서 더 잘 수렴하는 빠른 결과 때문에 -1부터 1까지의 범위에서 잘 동작한다. 심지어 수치 데이터를 갖고 있더라도, 그 범위 안으로 변환하면 얻을 수 있는 장점이 있는데, 이를 스케일링scaling이라고 한다. 이 단계에서 데이터셋을 스케일링하기 위한 코드를 작성하기도 한다.

데이터 증강

어떤 경우에는 몇 가지 이유로 데이터셋에 추가로 레코드를 생성하길 원할 수도 있다. 그 이유 중 하나는 모델에 대해 의미 있는 학습을 하기에 데이터가 충분하지 않은 경우다. 오버피팅overfitting을 바로잡는 경우와 같이 일부러 모델의 동작에 대해 영향을 줘서 상대적으로 원하는 답을 위해 필요한 경우도 있다. 이러한 인위적인 데이터를 생성하는 프로세스를 데이터 증강data augmentation이라고 한다.

데이터 수집, 처리, 정제, 분석, 피처 엔지니어링, 데이터 증강과 같은 작업들이 주피터 노트북과 잠재적으로 아파치 스파크를 사용하는 플랫폼에서 처리될 수 있다.

일단 데이터셋이 정제, 분석, 변환이 끝나면 다음 단계는 머신러닝 모델을 만들고 학습하는 것이다.

⁘ 머신러닝 모델의 빌드와 평가

축하한다! 이제 모델을 학습시킬 준비가 됐다. 먼저 주어진 문제에 적합한 알고리듬 세트를 평가할 것이다. 이 문제는 회귀 또는 분류로 풀 문제인가? 업무 팀과 협의한 75%의 예상 정확도는 어떻게 평가할 것인가?

데이터 평가 기준

모델 평가 기준에 대한 정확성부터 시작해보자. 몇 개의 예상 값이 테스트 데이터셋에 있는 것과 같은가 기록하는 것이다. 하지만 데이터셋이 올바른 분산이 없다면 모델은 각 예시에 다수 클래스로 추측하므로, 소수 클래스에 대해서는 효과적으로 학습하지 못한다.

이제 각 클래스의 정확도를 보기 위해 혼동 행렬confusion matrix을 사용하기로 결정했다. 가령 데이터가 1,000개의 레코드를 갖고 있는데 50개는 지연으로 표시되고, 950개는 정시로 표시돼 있다. 이제 모델이 950개 중에서 920개를 정시, 50개 중에서 12개를 지연이라고 올바르게 예측한다면, 행렬은 그림 8.5와 같이 보일 것이다.

그림 8.5 혼동 행렬

균형을 잃은 데이터셋의 경우 전체 그림을 얻기 위한 재현율recall, 정밀도precision, F-score와 같은 지표를 선택해볼 것을 권한다. 이 경우 정밀도는 31%(12/38), 재현율은 24%(12/50), 정확도를 비교해보면 93.2%(932/1000)다. 즉 현재 시나리오는 잘못된 방향으로 갈 수 있다.

모델 빌드

데이터를 학습, 유효성 검증, 테스트 세트로 나누는 것부터 시작할 것이다. 데이터를 이러한 세트들로 나누고, 모델이 학습하는 시나리오를 고민해보자. 이를 시험 1이라고 부르자. 이제 다양한 하이퍼파라미터를 사용해 모델을 재학습하고, 데이터를 추가 반복iteration을 위해 데이터를 다시 나누고, 모델을 학습하고자 한다. 이를 시험 2라고 부르자. 만약 2개의 시험에 나뉜 데이터가 일관성이 없다면, 두 시험의 결과를 비교할 수 있을까? 여러 학습 실행의 결과를 비교하기 위해 데이터를 여러 번 나눌 수 있어야 한다는 것은 중요하다.

다양한 알고리듬이나 데이터 검증 성능을 평가하는 총체적인 알고리듬을 시도해보고, 예측의 품질을 검토해볼 것이다. 이 단계에서는 하이퍼파라미터, 알고리듬 등의 모델에 대한 새로운 변경을 시도할 때마다 사업적 과제를 이해하는 단계에서 SME와 함께 설정했던 평가 지표를 측정하고 기록할 것이다.

대부분의 모델링 과정은 반복적이다. 시험 결과에 따라서 모델 성능이 기대와 다르다는 것을 발견할 수 있다. 이런 경우 피처 엔지니어링 등의 이전 단계로 돌아가고 싶을 수 있다. 또는 데이터 분석을 다시해서 데이터를 정확하게 이해하고 싶을 수도 있다. 학습을 진행하는 동안에 업무적 목표와 데이터를 다시 찾아보고 올바른 균형점을 찾을 것이다. 학습 데이터를 향상시키기 위해 새로운 소스에서 추가 데이터가 필요하다고 판단할 수도 있다. 이 단계에서 업무적으로 관련이 있는 사람들에게 결과를 보여줄 것을 강하게 권장한다. 이러한 소통이 초기 단계에서 업무 팀에서 모들의 가치를 공유할 것이고, 피드백을 일찍 수집하고, 필요하다면 경로를 수정할 기회를 팀에게 주는 것이다.

다음 단계는 추론을 위한 모델을 배포하는 것이다.

모델 배포

모델이 학습했다면, 다음 단계는 MLflow에서 모델의 버전을 설정하고, 들어오는 요청에 대한 예측에 활용할 수 있도록 모델을 어떤 환경에 배포하는 것이다. 모델의 버전은 모델의 경과를 추적할 수 있게 해주고, 필요하다면 이전 버전으로 돌아갈 수도 있다.

이 책에서는 온라인 모델 추론 방법을 사용할 것이다. 모델은 플랫폼의 셀돈 구성 요소를 사용해 컨테이너로 만들고, REST API로 공개할 것이다. 각 REST API의 호출은 하나의 예측 결과를 가져온다. 쿠버네티스상의 상태를 저장하지 않는stateless 컨테이너들은 컨테이너의 확장성을 활용할 수 있기 때문에 수십만 개의 요청에 대해서도 대처할 수 있을 것이다.

들어오는 요청incoming request을 지원하는 또 다른 방법은 배치batch다. 수십만 개의 레이블한 데이터를 갖고 있는데, 이 모든 데이터에 대한 모델의 동작을 테스트한다고 생각해보자. 이 경우 각각에 대한 **REST API** 호출은 올바른 접근 방식이 아닐 것이다. 대신에 배치 추론으로 수백만 개의 레코드에 대해서 예측치를 만드는 비동기 방식이 가능하다. 셀돈은 데이터의 추론의 배치를 지원하지만 이 책에서 다루는 범위가 아니다.

항공편 지연 예측을 위해 공개한 **REST API**는 앞으로 더 나은 사용자 경험을 위해 웹 애플리케이션으로 활용될 수 있다.

⸫ 재현 가능성

이제 머신러닝 라이프사이클이 어떤 모습인지, 플랫폼이 이 여정을 각 단계마다 어떻게 지원할 수 있는지 알아봤다. 개인적으로 데이터 파이프라인, 모델 학습, 노트북 조정 등의 모든 과정을 코드로 작성할 수도 있을 것이다. 하지만 다양한 사람들이 다른 라이프사이클 부분에서 작업하고 있기 때문에 팀에서는 문제가 될 수도 있다. 만약 누군가가 모델 학습을 실행하고 싶은데 전체 프로세스가 서로 엮여 있다고 상상해보자. 팀은 이런 방식에 대해 유연하게 대처하지 못할 것이다.

더 좋은 확장성이 있는 방법은 프로젝트 라이프사이클에 있는 데이터 처리, 모델 학습과 같은 여러 단계에 대한 다른 노트북들을 만들고, 워크플로 엔진을 사용해 그들을 구성하는 것이다. 쿠버네티스 플랫폼을 사용한다면, 모든 과정에서 컨테이너를 사용해 실행하고, 여러 실행 간에도 프로젝트 환경에 일관성을 제공할 것이다. 플랫폼은 워크플로를 생성하고 실행할 수 있는 **Airflow**를 지원한다.

⸫ 요약

짧은 내용의 8장을 통해 한 걸음 물러서서 플랫폼과 모델 라이프사이클의 큰 그림을 보고자 했다. 세부적인 논의에 대해서는 전형적인 머신러닝 파이프사이클을 보여줬던 2장,

'MLOps 이해하기'를 참조하길 권한다. 여러 팀에 걸친 협업의 중요성과 기대한 업무적 가치를 얻기 위한 모델을 만들어내는 가용 데이터를 이해하기 위해 시간을 투자해야 한다는 점을 상기하자.

이제 프로젝트의 여러 과정이 어떻게 생겼는지 알게 됐다. 이후 9장과 10장에 걸쳐 이 책에서 제공하는 머신러닝 플랫폼을 사용해 항공편 지연 예측 서비스를 구현하고 8장에서 기술한 단계들을 수행해볼 것이다. 즉, 플랫폼이 프로젝트의 모든 과정을 어떻게 지원하고 독자의 조직에서 어떻게 이 플랫폼을 구현할 수 있는지 알아보고자 한다.

09

데이터 파이프라인 만들기

8장에서 정시에 운항할 확률이 더 높은 항공편을 추천해서 사용자의 만족스러운 경험을 돕는 업무 목표를 가진 예제에 대해서 이해했다. 우리는 가용한 데이터를 이해하기 위해서 업무 분야의 전문가와 함께 일했다. 9장에서는 다양한 소스의 데이터를 수집과 처리를 플랫폼이 어떻게 지원하는지 살펴볼 것이다. 온디맨드 스파크 클러스터를 어떻게 생성하고 작업 부하를 플랫폼이 어떻게 공유 환경에서 격리할 수 있는지 살펴볼 것이다. 새로운 항공편 데이터가 자주 등장할 수 있는데, 플랫폼이 어떻게 데이터 파이프라인의 실행의 자동화를 지원하는지도 알아볼 것이다.

9장에서 다룰 주제는 다음과 같다.

- 개발을 위한 스파크 클러스터 자동 제공

- 스파크 데이터 파이프라인 작성

- 작업을 모니터하는 스파크 화면 사용

- Airflow를 사용한 데이터 파이프라인 제작과 실행

기술 요구 사항

9장은 몇 가지 설치 실습과 예제를 포함한다. OLM을 사용해 설정한 쿠버네티스 클러스터를 실행해야 한다. 이러한 쿠버네티스 환경은 3장, '쿠버네티스 탐험'에서 다뤘다. 9장의 실습을 해보기 전에 쿠버네티스 클러스터가 동작하는지, ODH를 쿠버네티스 클러스터에 설치했는지 확인하자. ODH의 설치는 4장, '머신러닝 플랫폼의 구조'에서 다뤘다.

개발을 위한 스파크 클러스터 자동 제공

이번 절에서 플랫폼이 어떻게 아파치 스파크 클러스터를 요청할 때마다 제공하는지 배울 것이다. 새로운 아파치 스파크 클러스터를 요청할 때 제공하기 위한 기능은 공유된 쿠버네티스 클러스터에서 서로 겹치지 않게 여러 팀이 다수의 격리된 프로젝트를 실행할 수 있게 된다.

이 구성 요소의 핵심은 플랫폼 안에 있는 스파크 오퍼레이터다. 스파크 쿠버네티스 오퍼레이터는 선언적으로 스파크 클러스터를 시작하도록 지원한다. 필요한 설정 파일은 이 책의 깃 리포지터리의 manifests/radanalyticsio 폴더에서 찾을 수 있다. 오퍼레이터의 세부 설정은 이 책에서 다루는 범위가 아니며, 어떻게 동작하는지는 곧 볼 수 있을 것이다.

스파크 오퍼레이터는 쿠버네티스 CRD를 정의하고, 이는 스파크 오퍼레이터에 대한 요청의 스키마를 제공한다. 이 스키마에서 클러스터의 작업자 노드의 수, 마스터와 작업자 노드에 할당할 자원 등 많은 것들을 정의한다.

이 파일을 통해 다음의 옵션들을 설정한다. 이는 완전한 목록이 아니라는 점을 유의한다. 전체 목록에 대해서는 오픈소스 프로젝트 문서를 여기(https://github.com/radanalyticsio/spark-operator)에서 살펴볼 수 있다.

- `customImage` 섹션은 스파크 소프트웨어를 제공하는 컨테이너 이름을 정의한다.

- `master` 섹션은 스파크 마스터 인스턴스의 수와 마스터 파드에 할당할 자원을 정의한다.

- worker 섹션은 스파크 작업자 인스턴스의 수와 작업자 파드에 할당할 자원을 정의한다.

- sparkConfiguration 섹션은 브로드캐스트 조인 임곗값broadcast join threshold과 같은 특정 스파크 설정을 추가할 수 있다.

- env 섹션은 SPARK_WORKER_CORES와 같은 스파크에 필요한 변수들을 추가할 수 있다.

- sparkWebUI 섹션은 스파크 사용자 인터페이스에 대한 쿠버네티스 인그레스를 오퍼레이터가 생성하기 위한 플래그와 명령을 지원한다. 다음 절에서 스파크 코드를 찾아보기 위해 이 화면을 사용할 것이다.

위와 같은 기능의 파일은 다음 화면과 같이 manifests/radanalyticsio/spark/cluster/base/simple-cluster.yaml에서 찾을 수 있다. 그림 9.1은 simple-cluster.yaml 파일의 한 섹션을 보여준다.

```
manifests > radanalyticsio > spark > cluster > base > ! simple-cluster.yaml > {} spec > [ ] sparkConfigurat
1    apiVersion: radanalytics.io/v1
2    kind: SparkCluster
3    metadata:
4      name: spark-cluster-sample
5      namespace: ml-workshop
6    spec:
7      customImage: 'quay.io/ml-on-k8s/spark:3.0.0'
8
9      master:
10       instances: '1'
11       cpu: '1'
12       memory: 2Gi
13     metrics: true
14     sparkWebUI: false
15     worker:
16       instances: '1'
17       cpu: '1'
18       memory: 2Gi
19     env:
20     - name: SPARK_WORKER_CORES
21       value: "1"
22     sparkConfiguration:
23     - name: spark.sql.conf.autoBroadcastJoinThreshold
24       value: "20971520"
```

그림 9.1 스파크 오퍼레이터가 사용하는 간단한 스파크 커스텀 리소스

이제 플랫폼의 스파크 클러스터를 제공하는 기본 과정을 알아봤다. 하지만 다음 절에서 Elyra Notebook Image with Spark라는 노트북 이미지를 선택하면 스파크 클러스터가 제공되는 것을 볼 수 있을 것이다. 이는 특정 노트북을 선택할 때, 플랫폼의 주피터허브가 스파크 클러스터 커스텀 리소스^{CR}를 등록하도록 설정돼 있기 때문이다. 이 설정은 2개의 파일에 있다.

```yaml
- name: Spark Notebook
  images:
  - quay.io/ml-aml-workshop/elyra-spark:0.0.4
  env: -


  services:
    spark:
      resources:
      - name: spark-cluster-template
        path: notebookPodServiceTemplate
      - name: spark-cluster-template
        path: sparkClusterTemplate
      configuration:
        worker_nodes: '2'
        master_nodes: '1'
        master_memory_limit: '2Gi'
        master_cpu_limit: '750m'
        master_memory_request: '2Gi'
        master_cpu_request: '100m'
        worker_memory_limit: '2Gi'
        worker_cpu_limit: '2'
        worker_memory_request: '2Gi'
        worker_cpu_request: '1'
        spark_image: 'quay.io/ml-on-k8s/spark:3.0.0'
      return:
        SPARK_CLUSTER: 'metadata.name'
```

그림 9.2 jupyterhub-singleusers-profi les-confi gmap.yaml 파일의 섹션

첫 번째 파일은 스파크 노트북에 대한 프로필을 정의한 manifests/jupyterhub/jupyterhub/overlays/spark3/jupyterhub-singleusers-profiles-configmap.yaml이다. 이번 절에서 플랫폼은 images 키에 컨테이너 이미지 이름을 설정하므로, 주피터허브가 이 이미지의 새로운 이미지를 생성할 때마다 위 설정을 적용할 것이다. Elyra Notebook

Image with Spark 노트북은 하나의 이미지를 가리키고, 위 설정의 일부에 정의된 것과 같은 이미지다. 이 파일은 설정 파라미터가 configuration 이하에 있고, resources 섹션은 이미지 인스턴스와 함께 생성될 자원을 가리킨다. 그림 9.2는 jupyterhub-single users-profiles-configmap.yaml에 있는 한 섹션을 보여준다.

우리가 알아볼 두 번째 파일을 가리키는 sparkClusterTemplate 값이 resources의 속성에 있다는 것을 참고한다.

두 번째 파일인 manifests/jupyterhub/jupyterhub/base/jupyterhubspark-operator-configmap.yaml는 스파크 CR을 정의한 sparkClusterTemplate을 포함하고 있다. jupy terhubsingleusers-profiles-configmap.yaml 파일에 있는 파라미터들은 여기서 활용할 것이다. 그림 9.3은 jupyterhub-spark-operator-configmap.yaml 파일의 한 섹션을 보여준다.

```yaml
sparkClusterTemplate: |
  kind: SparkCluster
  apiVersion: radanalytics.io/v1
  metadata:
    name: "spark-cluster-{{ user }}"
  spec:
    worker:
      instances: "{{ worker_nodes }}"
      memoryLimit: "{{ worker_memory_limit }}"
      cpuLimit: "{{ worker_cpu_limit }}"
      memoryRequest: "{{ worker_memory_request }}"
      cpuRequest: "{{ worker_cpu_request }}"
    master:
      instances: "{{ master_nodes }}"
      memoryLimit: "{{ master_memory_limit }}"
      cpuLimit: "{{ master_cpu_limit }}"
      memoryRequest: "{{ master_memory_request }}"
      cpuRequest: "{{ master_cpu_request }}"
    customImage: "{{ spark_image }}"
    metrics: true
    sparkWebUI: true
    env:
    - name: SPARK_METRICS_ON
      value: prometheus
```

그림 9.3 jupyterhub-spark-operator-confi gmap.yaml 파일의 한 섹션

이번 절에서 플랫폼이 어떻게 여러 구성 요소를 엮어서 우리의 삶을 편리하게 하는지 살펴봤다. 필요에 따라 이 구성 요소들을 변경하고, 설정할 수 있으므로 오픈소스 소프트웨어의 진정한 힘을 안겨줄 것이다.

이제 항공편 데이터를 처리하는 데이터 파이프라인을 작성해보자.

⁘ 스파크 데이터 파이프라인 작성

이번 절에서 실제 데이터 파이프라인을 만들어 데이터셋을 수집하고 처리할 것이다. 목적은 데이터 형식, 정제, 변환 등으로 모델 학습에 사용할 수 있는 상태로 만드는 것이다. 데이터 파이프라인을 작성하기 전에 먼저 데이터를 이해해보자.

실행 환경 준비

다음 예제를 진행하려면 먼저 몇 가지 설정해야 한다. PostgreSQL을 설정해 항공편 경과 데이터를 보관해야 한다. 또한 MinIO의 S3 버킷에 파일을 업로드해야 한다. 관계형 데이터베이스와 S3 버킷 모두 사용해, 별개의 데이터 소스로부터 데이터를 수집하는 방법을 더 잘 시연해볼 것이다.

우리가 쿠버네티스 클러스터에서 실행해볼 수 있도록 Postgre 데이터베이스 컨테이너 이미지가 준비돼 있다. 컨테이너 이미지는 다음 링크(https://quay.io/repository/ml-on-k8s/flights-data)에 있다. 이 이미지는 flights라는 테이블에 미리 올려둔 항공편 데이터를 포함한 PostgreSQL 데이터베이스를 실행한다.

다음 과정을 통해 이 컨테이너를 실행하고, 데이터베이스 테이블을 확인하고, CSV 파일을 MinIO에 업로드하자.

1. 아래 명령을 minikube를 실행 중인 머신에서 실행해서 Postgres 데이터베이스 컨테이너를 실행한다.

```
kubectl create -f chapter9/deployment-pg-flights-data.
yaml -n ml-workshop
```

deployment 객체가 생성됐다는 메시지를 확인한다.

2. 아래 명령을 실행해서 이 배포의 파드를 서비스로 노출시킨다.

```
kubectl create -f chapter9/service-pg-flights-data.yaml
-n ml-workshop
```

서비스 객체가 생성됐다는 메시지를 확인한다.

3. 데이터베이스 내용을 살펴보자. 파드 내부로 들어가 Postgres 클라이언트 CLI[Command-Line Interface], psql, SQL 스크립트를 실행하면 된다. 다음 명령을 실행해서 Postgres 파드를 연결하고, Postgres 클라이언트 인터페이스를 실행한다.

```
POD_NAME=$(kubectl get pods -n ml-workshop -l app=pg-
flights-data)
```

4. 파드에 연결한다. 다음 명령을 실행하면 된다.

```
kubectl exec -it $POD_NAME -n ml-workshop -- bash
```

5. Postgres 클라이언트 CLI, psql을 실행하고, 테이블을 확인한다. 다음 명령을 실행해 명령창에서 Postgres 데이터베이스에 로그인한다.

```
psql -U postgres
```

위 명령은 클라이언트 CLI를 실행하고 기본 데이터베이스에 연결할 것이다.

6. 테이블이 존재하는지 확인한다. flights라는 이름이 테이블이 있어야 한다. 다음 명령을 psql shell에서 실행해 테이블이 있는지 확인하자.

```
select count(1) from flights;
```

위 명령으로 flights 테이블의 레코드 수를 알 수 있다. 그림 9.4와 같이 5,800,000개가 넘는다.

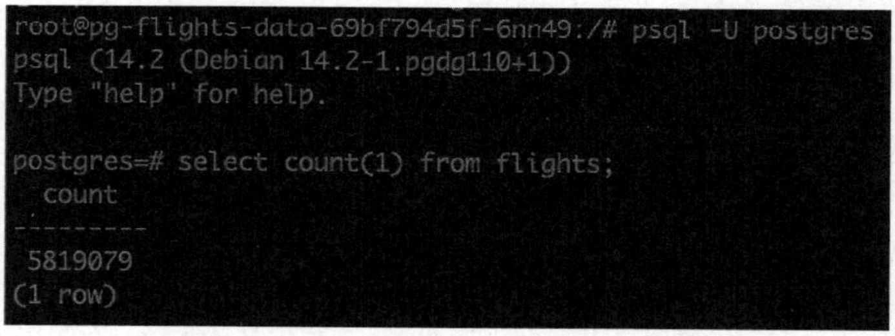

그림 9.4 flights 테이블의 레코드 수

7. 나머지 데이터를 MinIO에 S3 버킷으로 업로드한다. minikube를 실행 중인 머신에서 브라우저 창을 열고, https://minio.<minikube_ip>.nip.io를 연다. 사용자 이름은 minio이고, 암호는 minio123이다. <minikube_ip> 항목은 독자의 minikube IP 주소로 대체한다.

8. Buckets를 열고, **Create Bucket +** 버튼을 클릭한다. 버킷 이름을 airport-data로 설정하고, 그림 9.5와 같이 **Create Bucket** 버튼을 클릭한다.

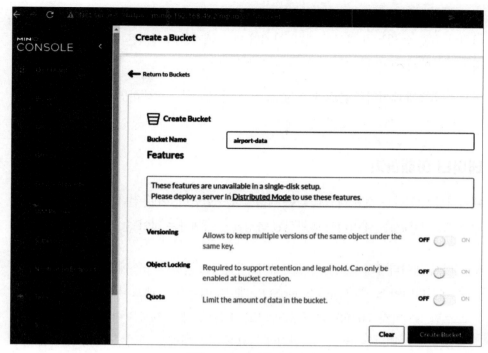

그림 9.5 MinIO에서의 버킷 화면

9. 그림 9.6과 같이 버킷 안에서 2개의 CSV 파일을 chapter9/data/ 폴더에서 airport
   -data 버킷으로 업로드한다.

그림 9.6 공항과 항공사 데이터 파일

실제 환경에서는 앞의 과정을 밟을 필요가 없다. 데이터 소스는 이미 존재할 것이고, 어디에서 구할 수 있는지 알아야 한다. 하지만 다음 예제들의 목적은 다음 단계를 위해 우리의 환경에서 데이터를 쓸 수 있도록 올려두는 것이다.

이제 플랫폼에 데이터를 올렸다. 이제 조금 더 이 데이터를 탐색하면서 이해해보자.

데이터 이해하기

데이터를 이해하는 것은 다음과 같은 작업들을 포함한다. 어떤 전략과 파이프라인 설계 등을 짜기 위해서는 데이터셋에 관련된 특징들을 이해하는 것이 중요하다.

- 어디서 데이터가 수집되는지 알아보자. 데이터는 다양한 소스에서 올 수 있다. 관계형 데이터베이스, 객체 저장소, NoSQL 데이터베이스, 그래프 데이터베이스, 데이터 스트림, S3 버킷, HDFS, 파일시스템 또는 FTP 등에서 가져올 수 있다. 이러한 정보를 갖고 있으면, 데이터 파이프라인에 필요한 연결 방법을 준비할 수 있다. 이번 경우에는 PostgreSQL과 S3 버킷에서 수집해야 한다.

- 데이터 형식을 이해하자. 데이터는 다양한 모양과 형식을 가진다. CSV 파일, SQL 테이블, 카프카 스트림, MQ 스트림, 파케이^{Parquet} 파일, 아브로^{Avro} 파일 또는 심지어 엑셀 파일과 같이 다양한 형식을 읽을 수 있는 적합한 도구가 필요하다. 형식을 이해하면 이러한 데이터셋을 읽을 때 사용할 도구나 라이브러리를 준비하는 데 도움이 된다.

- 중요하지 않거나 무관한 데이터를 제거한다. 어느 데이터가 중요하고 무관한지 이해하는 것은 파이프라인을 더 효율적인 방법으로 설계하는 데 좋다. 예를 들어 airline_name, airline_id 항목을 가진 데이터셋이 있을 때 최종 결과에서 airline_name은 버리고, airline_id만 사용하고자 할 수 있다. 즉 숫자로 인코딩할 항목이 하나 줄어들 것이고, 모델 학습의 성능을 향상시킬 수 있다.

- 여러 데이터셋의 관계를 이해하자. 식별자^{identifier} 또는 기본 키^{primary key}를 확인하고, 조인^{join}할 키와 집계 수준^{aggregation level}을 이해하자. 그래서 데이터 구조를 잘 다듬고, 데이터 과학자가 데이터셋을 활용하기 쉽게 만들 수 있다.

- 처리한 데이터를 어디에 저장할지 알아보자. 연결에 필요한 준비를 하고 인터페이스를 이해할 수 있기 때문에 처리한 데이터를 어디에 저장할지 알아야 한다.

위 작업들을 고려하면 데이터 소스에 접근해 탐험할 방법이 필요하다. 다음 절은 주피터 노트북에서 어떻게 데이터베이스 테이블을 읽는지 보여줄 것이다.

데이터베이스에서 데이터 읽기

주피터 노트북으로 데이터를 살펴보자. 다음 과정을 통해 데이터 탐험을 시작하고 PostgresQL 데이터베이스에서 데이터를 읽기 시작한다.

전체 데이터 탐험 노트북은 이 책의 깃 리포지터리 chapter9/explore_data.ipynb에서 찾을 수 있다. 추가로 데이터 탐색을 위해 이 노트북을 사용할 것을 권한다. 단순히 항목들을 나열할 수도 있고, 어떤 칼럼에서 반복되는 값의 수를 세거나 데이터 소스의 관계를 찾는 것도 좋다.

1. 주피터 노트북을 `https://jupyterhub.<minikube_ip>.nip.io`에서 찾아 시작한다. 로그인을 요구하면 앞에서 만든 Keycloak 사용자 정보로 로그인해야 한다. 사용자명은 `mluser`이며, 암호는 `mluser`다. 그림 9.7과 같이 **Elyra Notebook Image with Spark notebook**을 시작한다. 5,800,000개의 레코드를 가진 큰 데이터셋을 읽기 때문에 컨테이너 크기는 **Large**를 사용하자. 우리의 환경에서 큰 컨테이너를 실행할 만한 용량이 충분한지 확인해야 한다. 충분한 용량이 아니라면 중간 크기의 컨테이너로 시도해본다.

그림 9.7 주피터허브 시작 페이지

2. 파이썬 3 노트북을 생성한다. 이 노트북으로 데이터를 탐색할 것이다. 이는 **File ›**
New › Notebook 메뉴를 선택하면 된다. 그림 9.8과 같이 **Python 3**를 커널^kernel로
선택한다.

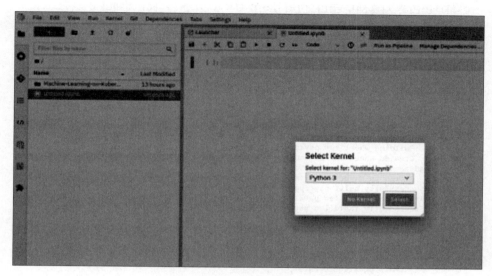

그림 9.8 엘라이라 노트북의 커널 선택 화면

3. 데이터베이스에서 flights 테이블을 보는 것부터 시작하자. 가장 기본적인 데이터베이스 접근 방법은 PostgreSQL 파이썬 클라이언트 라이브러리를 사용하는 것이다. 예제에서는 psycopg2를 사용한다. PostgreSQL 데이터베이스에 연결하기 위해 다른 라이브러리를 사용해도 좋다. 그림 9.9의 코드는 가장 간단한 예제다.

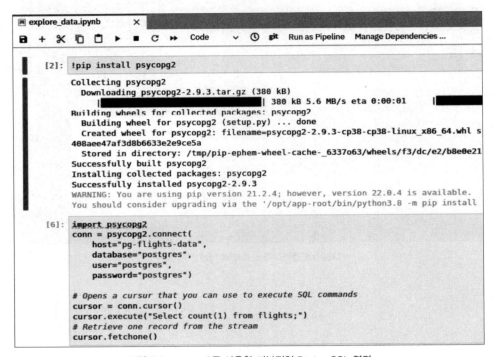

그림 9.9 psycopg2를 사용한 기본적인 PostgreSQL 연결

4. 또 다른 방법이자 조금 더 세련된 방법은 데이터 접근을 Pandas나 PySpark를 사용하는 것이다. Pandas와 PySpark 모두 데이터 접근이 가능하고, 프로시저procedure 보다는 3단계와 같은 함수 프로그램 접근 방식을 지원한다. Pandas나 다른 스파크의 차이점은 스파크 쿼리는 쿼리 실행을 위한 여러 머신이나 파드를 사용해 분산형으로 실행 가능하다는 것이다. 방대한 데이터셋에 이상적이다. 하지만 Pandas는 스파크보다 더 아름다운 매력을 가진 시각화를 제공해 비교적 작은 데이터셋을 탐색하기에 더 좋다. 그림 9.10은 Pandas를 사용한 데이터베이스 접근 방법을 보여주는 코드다.

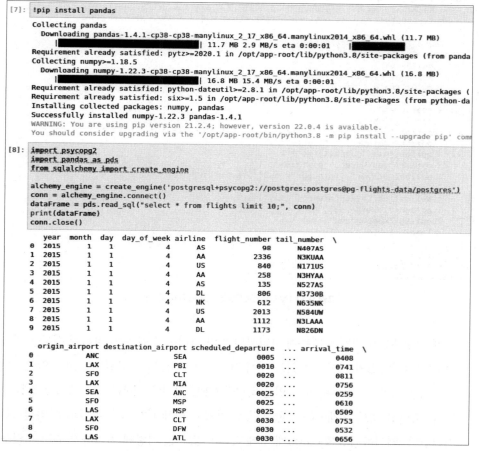

그림 9.10 Pandas를 사용한 기본적인 PostgreSQL 연결

5. 만약 거대한 데이터셋을 변환해야 한다면 PySpark가 바로 이상적인 선택이다. 100,000,000개의 레코드를 가진 테이블을 변환해서 집계해야 한다고 생각해보자. 더 빠른 결과를 얻기 위해 이 작업을 여러 머신에 분산해야 할 수도 있다. 이 경우 스파크가 중요한 역할을 한다. 그림 9.11의 코드는 PySpark를 통해 어떻게 PostgreSQL 테이블을 읽는지 보여준다.

```python
import os
from pyspark.sql import SparkSession

os.environ['PYSPARK_SUBMIT_ARGS'] = "\
--packages org.apache.hadoop:hadoop-aws:3.2.0,org.postgresql:postgresql:42.3.3 \
--master spark://" + os.environ['SPARK_CLUSTER'] + ":7077 pyspark-shell "

# Create the spark application
spark = SparkSession \
    .builder \
    .appName("Python Spark SQL basic example") \
    .getOrCreate()

df = spark.read \
    .format("jdbc") \
    .option("url", "jdbc:postgresql://pg-flights-data:5432/postgres") \
    .option("dbtable", "flights") \
    .option("user", "postgres") \
    .option("password", "postgres") \
    .option("driver", "org.postgresql.Driver") \
    .option("numPartitions", 31) \
    .option("partitionColumn", "day") \
    .option("lowerBound", 0) \
    .option("upperBound", 32) \
    .load()

df.show(5)
df.printSchema()
spark.stop()
```

그림 9.11 PySpark로 PostgreSQL 테이블 읽기

스파크의 분산 아키텍처 때문에 파티션의 수와 파티션 칼럼 등의 파티션 정보를 관계형 데이터베이스의 테이블을 읽을 때에 전달해야 한다. 각 파티션은 스파크 안에서는 하나의 작업이 될 것이며, 각 작업은 하나의 CPU 코어에 의해 독립적으로 실행될 수 있다. 파티션 정보를 제공하지 않으면, 스파크는 전체 테이블을 하나의 파티션으로 처리한다. 테이블이 5,800,000개의 레코드가 있는데, 이렇게 처리하길 원하지 않을 것이며, 하나의 스파크 작업자 노드의 메모리도 적합하지 않다.

또한 마스터 URL, 스파크 앱을 실행하기 위해 필요한 패키지 등 스파크 클러스터에 대한 정보도 제공해야 한다. 이 예제에서는 그림 9.12와 같이 `org.postgresql:postgresql:42.3.3` 패키지를 포함했다. 스파크가 데이터베이스를 연결할 때 필요한 PostgreSQL JDBC 드라이버다. 스파크는 앱을 실행할 때 자동으로 메이븐^{Maven}에서 이 패키지를 다운로드할 것이다.

S3 버킷에서 데이터 읽기

이제 주피터 노트북에서 PostgreSQL 데이터베이스에 접근하는 다양한 방법을 배웠으니 나머지 데이터도 알아보자. 데이터베이스 내의 `flights` 테이블은 항공편 정보를 포함하고 있고, MinIO 안의 S3 버킷에 공항과 항공사 정보도 CSV 파일로 갖고 있다.

스파크는 S3 서버와 `Hadoop-aws` 라이브러리로 통신할 수 있다. 그림 9.12는 스파크를 사용해 노트북에서 S3 버킷에 있는 CSV 파일을 접근하는 방법을 보여준다.

참고로 스파크에 몇 가지 인수들을 추가했다. 스파크 엔진이 S3 서버가 어디에 있고, 어떤 드라이버 라이브러리를 사용할지 알려주는 것이다.

데이터셋을 탐색하고 나면, 데이터에 관한 다음과 같은 사실들을 찾았을 것이다.

- `flights` 테이블은 5,819,079개의 레코드를 갖고 있다.

- `airport.csv` 파일에는 322개의 공항이 있다.

- `airlines.csv` 파일에는 22개의 항공사가 있다.

- 공항과 항공사는 직접적인 관계가 없다.

- `flights` 테이블은 `airport.csv` 파일에서 `IATA_CODE` `airport`를 특정 항공편의 출발과 도착지 공항으로 사용한다.

- `flights` 테이블은 `airlines.csv` 파일에서 `IATA_CODE` `airline`을 특정 항공편에 대한 항공사로 사용한다.

- 모든 공항은 미국에 있다. 이는 country 칼럼이 머신러닝의 학습에 무의미하다는 뜻이다.

- flights 테이블은 항공편이 지연된 것을 알 수 있는 SCHEDULED_DEPARTURE, DEPARTURE_TIME, DEPARTURE_DELAY 항목이 있고, 머신러닝 학습을 위한 칼럼인 label 칼럼을 채우기 위해 사용할 수 있다.

위와 같은 사실로 볼 때, 추가로 공항과 항공사 정보를 원래의 flights 데이터에 추가하기 위해 두가지 모두 사용할 수 있다. 이 과정을 보통 데이터 보강enrichment이라고 하며, 프레임 조인을 통해 수행한다. 또한 스파크 코드를 최적화하기 위해 행row의 수를 사용할 수도 있다.

```python
import os
from pyspark.sql import SparkSession

os.environ['PYSPARK_SUBMIT_ARGS'] = f"\
--conf spark.hadoop.fs.s3a.endpoint=http://minio-ml-workshop:9000 \
--conf spark.hadoop.fs.s3a.access.key=minio \
--conf spark.hadoop.fs.s3a.secret.key=minio123 \
--conf spark.hadoop.fs.s3a.path.style.access=true \
--conf spark.hadoop.fs.s3a.impl=org.apache.hadoop.fs.s3a.S3AFileSystem \
--conf spark.hadoop.fs.s3a.multipart.size=104857600 \
--packages org.apache.hadoop:hadoop-aws:3.2.0,org.postgresql:postgresql:42.3.3 \
--master spark://{os.environ['SPARK_CLUSTER']}:7077 pyspark-shell "

# Create the spark application
spark = SparkSession \
    .builder \
    .appName("Python Spark S3 example") \
    .getOrCreate()

dfAirlines = spark.read\
                .options(delimeter=',', inferSchema='True', header='True') \
                .csv("s3a://airport-data/airlines.csv")
dfAirlines.printSchema()

dfAirports = spark.read\
                .options(delimiter=',', inferSchema='True', header='True') \
                .csv("s3a://airport-data/airports.csv")
dfAirports.printSchema()

dfAirports.show(truncate=False)
dfAirlines.show(truncate=False)

print(dfAirports.count())
print(dfAirlines.count())

spark.stop()
```

그림 9.12 노트북에서 S3 버킷을 읽는 스파크 코드

이제 데이터를 이해했으니, 파이프라인을 설계하고 제작해보자.

파이프라인 설계와 제작

데이터를 이해하는 것도 중요하지만, 파이프라인 설계도 마찬가지다. 앞의 절에서 탐색한 데이터에서 몇 가지 사실을 배울 수 있었다. 이러한 사실들을 데이터 파이프라인을 어떻게 만들지 정하기 위해서 사용할 것이다.

머신러닝 학습에 유용한 중요한 정보를 모두 포함하는 하나의, 평범한 데이터셋을 생성하는 것이 목표다. 모든 중요한 정보라고 언급한 이유는 어느 항목이나 피처가 중요한지 실제 머신러닝 학습 이전에는 모르기 때문이다. 데이터 엔지니어로서 데이터에 대한 이해와 업무 분야 전문가의 도움으로 어떤 항목이 중요하거나 중요하지 않은 것인지 지적인 추측을 시도해볼 수 있다. 머신러닝 라이프사이클에서 데이터 과학자가 독자에게 더 많은 데이터 항목을 요구하거나 어떤 항목은 버리고 데이터에 대한 약간의 변환을 요청할 수도 있다.

하나의 데이터셋을 생성하는 것이 목표라는 점을 마음에 새기고 공항과 항공사 데이터로 항공편 데이터를 보강해야 한다. 원래의 항공편 데이터를 공항과 항공사 데이터로 보강하기 위해서는 데이터프레임의 조인 작업이 필요하다. 또한 공항과 항공사는 50개 미만이지만 항공편 데이터는 수백만 개라는 점도 유의해야 한다. 위와 같은 정보를 스파크의 조인 알고리듬의 최적화를 위해 사용할 수 있다.

데이터프레임 조인을 위한 노트북 준비

시작을 위해 조인을 수행할 새로운 노트북을 생성하고, 이 노트북을 파이프라인에 한 단계로 추가한다. 방법은 다음 과정을 따라 진행한다.

1. 새로운 노트북을 생성한다. 여기서는 `merge_data.ipynb`다.

2. Postgres와 S3 버킷에서 데이터를 가져오기 위해 스파크를 사용한다. 이전 절에서 배운 지식을 활용하자. 그림 9.13은 노트북에서 데이터를 읽고 있는 부분을 보여준다. chapter9/spark_util.py에 유틸리티 파이썬 파일도 제공했다. 노트북의 가독성을 높이기 위해 스파크 내용을 잘 표현해준다. 그림 9.13의 코드는 이 유틸리티를 사용하는 방법을 보여준다.

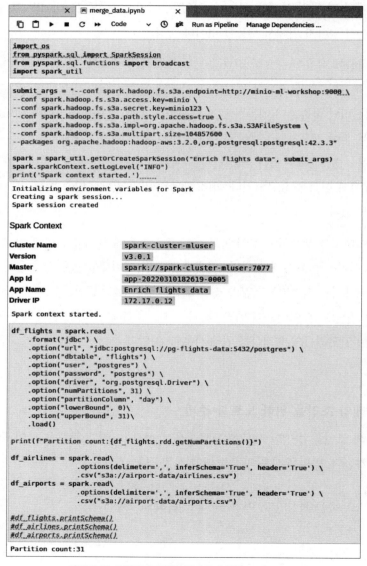

그림 9.13 데이터프레임을 준비하기 위한 스파크 코드

여기서 새로운 import문은 broadcast()다. 이 함수는 다음 단계에서 최적화를 위해 사용한다.

3. 그림 9.14와 같이 데이터프레임 조인을 해보자. 2번 단계에서 준비한 3개의 모든 데이터프레임을 조인해야 한다. 이전 절에서 이해한 내용에 의하면 공항과 항공사 데이터는 IATA_CODE를 기본키로 사용해 합칠 수 있다. 하지만 우선 항공사 데이터부터 조인해보자. 조인 이후의 결과 스키마를 주목한다. 원래 스키마와 비교해서 2개의 추가된 칼럼이 그림 맨 아래에 있다. 이 새로운 칼럼들은 airlines.csv 파일에서 온 것이다.

그림 9.14 기본 데이터프레임 조인을 위한 스파크 코드

4. 공항 데이터를 조인하는 것은 2회 조인하는 것이기에 약간 까다롭다. 하나는 `origin_airport`, 다음은 `destination_airport`다. 3번 단계와 동일한 방식으로 하면 조인은 성공할 것이고, 칼럼들이 추가된다. 문제는 어느 공항 항목이 도착지 공항을 나타내고, 어느 것이 출발지를 말하는지 알기 어렵다는 것이다. 그림 9.15는 항목 이름이 중복되는 것을 보여준다.

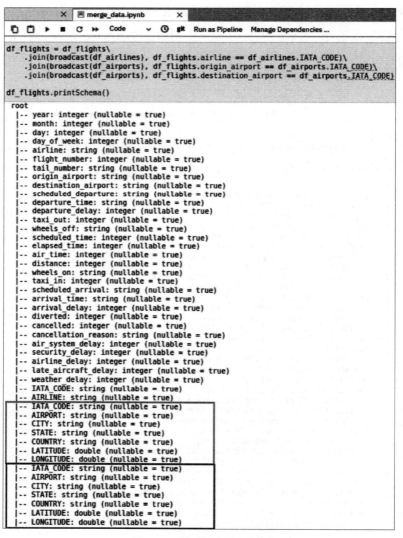

그림 9.15 조인 이후의 중복된 칼럼

5. 이 문제를 푸는 가장 간단한 방법은 접두어를 쓴 항목 이름으로 새로운 데이터프레임을 만드는 것이다. (ORIG_는 출발지, DEST_는 목적지 공항) 또한 항공사에 대해서도 같은 방법을 사용한다. 그림 9.16은 이 방법을 보여준다.

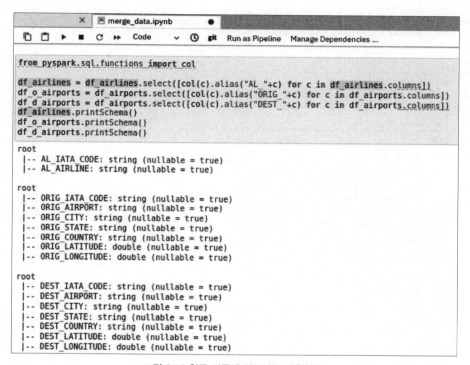

그림 9.16 항목 이름에 접두어를 사용한다.

6. df_airports 데이터프레임을 join문에 있는 **df_o_airports**와 **df_d_airports**로 그림 9.17과 같이 대체한다. 이제 조금 더 읽기 편한 데이터프레임이 됐다.

```python
from pyspark.sql.functions import col

df_airlines = df_airlines.select([col(c).alias("AL_"+c) for c in df_airlines.columns])
df_o_airports = df_airports.select([col(c).alias("ORIG_"+c) for c in df_airports.columns])
df_d_airports = df_airports.select([col(c).alias("DEST_"+c) for c in df_airports.columns])
#df_airlines.printSchema()
#df_o_airports.printSchema()
#df_d_airports.printSchema()

df_flights = df_flights\
    .join(broadcast(df_airlines), df_flights.airline == df_airlines.AL_IATA_CODE)\
    .join(broadcast(df_o_airports), df_flights.origin_airport == df_o_airports.ORIG_IATA_CODE)\
    .join(broadcast(df_d_airports), df_flights.destination_airport == df_d_airports.DEST_IATA_CODE)

df_flights.printSchema()
```

```
root
 |-- year: integer (nullable = true)
 |-- month: integer (nullable = true)
 |-- day: integer (nullable = true)
 |-- day_of_week: integer (nullable = true)
 |-- airline: string (nullable = true)
 |-- flight_number: integer (nullable = true)
 |-- tail_number: string (nullable = true)
 |-- origin_airport: string (nullable = true)
 |-- destination_airport: string (nullable = true)
 |-- scheduled_departure: string (nullable = true)
 |-- departure_time: string (nullable = true)
 |-- departure_delay: integer (nullable = true)
 |-- taxi_out: integer (nullable = true)
 |-- wheels_off: string (nullable = true)
 |-- scheduled_time: integer (nullable = true)
 |-- elapsed_time: integer (nullable = true)
 |-- air_time: integer (nullable = true)
 |-- distance: integer (nullable = true)
 |-- wheels_on: string (nullable = true)
 |-- taxi_in: integer (nullable = true)
 |-- scheduled_arrival: string (nullable = true)
 |-- arrival_time: string (nullable = true)
 |-- arrival_delay: integer (nullable = true)
 |-- diverted: integer (nullable = true)
 |-- cancelled: integer (nullable = true)
 |-- cancellation_reason: string (nullable = true)
 |-- air_system_delay: integer (nullable = true)
 |-- security_delay: integer (nullable = true)
 |-- airline_delay: integer (nullable = true)
 |-- late_aircraft_delay: integer (nullable = true)
 |-- weather_delay: integer (nullable = true)
 |-- AL_IATA_CODE: string (nullable = true)
 |-- AL_AIRLINE: string (nullable = true)
 |-- ORIG_IATA_CODE: string (nullable = true)
 |-- ORIG_AIRPORT: string (nullable = true)
 |-- ORIG_CITY: string (nullable = true)
 |-- ORIG_STATE: string (nullable = true)
 |-- ORIG_COUNTRY: string (nullable = true)
 |-- ORIG_LATITUDE: double (nullable = true)
 |-- ORIG_LONGITUDE: double (nullable = true)
 |-- DEST_IATA_CODE: string (nullable = true)
 |-- DEST_AIRPORT: string (nullable = true)
 |-- DEST_CITY: string (nullable = true)
 |-- DEST_STATE: string (nullable = true)
 |-- DEST_COUNTRY: string (nullable = true)
 |-- DEST_LATITUDE: double (nullable = true)
 |-- DEST_LONGITUDE: double (nullable = true)
```

그림 9.17 접두어를 쓴 데이터프레임으로 수정한 join문

join문에서 한 가지 주목할 것은 broadcast() 함수다. 이전 절에서 데이터셋의 크기를 알아야 한다고 강조했고, 이는 코드를 최적화할 수 있기 때문이다. broadcast() 함수는 스파크 엔진에게 데이터프레임이 분산돼야 하는지, join 동작이 분산 조인 broadcast join 알고리듬을 사용해야 하는지 실마리를 줄 수 있다. 즉 실행 이전에 df_airlines, df_o_airports, df_d_airports 데이터프레임의 복사본을 각 스파크 작업자에 분배하고, 각 파티션의 레코드들을 조인한다. 분산 조인을 효과적으로 하기 위해서는 더 작은 데이터프레임이 분산되도록 선택할 필요가 있다. 이 주제에 대해 더 자세히 알고 싶다면, 다음 링크(https://spark.apache.org/docs/latest/sql-performance-tuning.html)에 있는 스파크 성능 조정 문서를 참조할 수 있다.

방금 데이터프레임을 PySpark로 어떻게 조인하는지 배웠다. PySpark 구문은 느리다고 알려져 있어서 실제 조인 동작의 실행은 아직 일어나지도 않았다. 그래서 print schema() 실행이 빠르다. 스파크는 오직 실제로 데이터가 필요할 때만 처리한다. 이러한 경우 중 하나는 독자가 실제 데이터를 저장소에 보관할 때다.

데이터프레임 보존

조인의 결과를 얻으려면 데이터프레임을 실제 물리적 데이터로 전환해야 한다. 데이터프레임을 S3 저장소에 기록해 다음 단계에서의 데이터 파이프라인이 읽을 수 있도록 할 것이다. 그림 9.18은 조인한 항공편 데이터프레임을 MinIO의 CSV 파일로 저장하는 코드의 일부다.

```
output_location = "s3a://flights-data/flights"

df_flights.write.mode("overwrite")\
    .option("header","true")\
    .format("parquet").save(output_location)
```

그림 9.18 S3 버킷에 데이터프레임 저장

실제로 5,800,000개 레코드를 처리하기 때문에 실행에 시간이 걸릴 것이다. 이를 실행하는 동안에 스파크 클러스터에서 어떤 일들이 일어나고 있는지 살펴볼 수도 있다. 노트북을 시작했을 때 쿠버네티스에 지정된 `mluser`로 스파크 클러스터를 생성했다. 스파크의 GUI는 `https://spark-cluster-mluser.<minikube_ip>.nip.io`에서 접근할 수 있다. 스파크 앱을 모니터하기 위해 위 URL을 열고 앱의 작업 상태를 확인해보자. 이름이 **Enrich flights data**인 실행 중인 앱 하나를 볼 수 있을 것이다. 이 이름을 클릭하고 그림 9.19와 같이 처리 중인 작업의 상세 보기로 가보자.

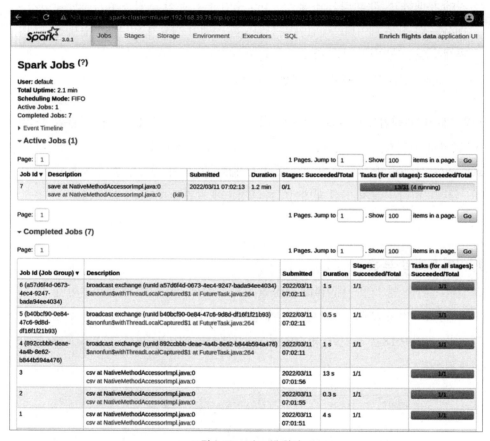

그림 9.19 스파크 앱 화면

그림 9.19는 **Enrich flights data** 앱의 상세를 보여준다. 각각의 앱은 여러 동작을 가진 작업들로 이뤄져 있다. 화면의 맨 아래에서 분산된 작업들을 포함하는 **Completed Jobs** 섹션을 볼 수 있다. 이 분산 작업은 대략 1초 정도 걸린 것으로 볼 수 있다. **Active**

Jobs 섹션에서는 현재 실행 중인 동작들을 볼 수 있다. 이 경우 실제 처리 작업인 `flights` 데이터를 데이터베이스에서 읽고, 칼럼 이름을 변경하고, 데이터프레임을 조인하고, 결과를 S3 버킷에 저장하는 것이다. 이는 데이터프레임의 각 파티션이 수행하고 있으며, 스파크에서 `tasks`라고 표시하고 있다. 가장 우측에 있는 칼럼인 Active Jobs는 작업과 진행 상태를 볼 수 있다. 우리가 `flights` 데이터프레임을 하루 단위, 여기서 day of month로 파티션을 설정했기 때문에 31개의 파티션이 있다. 스파크도 31개의 병렬 처리 작업을 생성했다. 이 작업들은 여러 스파크 실행자executor에 대해서 스케줄된다. 그림 9.19의 세부 사항을 보면 1.2분간 처리를 진행했고, 31개 중에서 13개 작업을 완료했으며, 4개가 현재 실행 중이다.

경우에 따라 실패한 작업도 찾을 수 있다. 실패한 작업은 자동으로 스파크가 다른 실행 자에게 다시 스케줄한다. 기본적으로 동일한 작업이 4번 실패하면, 전체 앱이 종료되고, 실패로 표시한다. 작업의 실패 이유는 몇 가지가 있다. 그중 일부는 네트워크 끊김, 메모리 부족 예외 오류out-of-memory exception 등의 자원 부족, 또는 시간 초과 등을 포함한다. 그래서 파티션 규칙을 잘 조정할 수 있도록 데이터를 이해하는 것이 중요하다. 우리가 유념해야 할 기본적인 규칙이 있다. 파티션 수가 많을수록 파티션 크기는 작다. 더 작은 파티션은 메모리 부족 예외 오류 발생 가능성이 작지만, 스케줄해야 할 CPU의 부담이 늘어난다. 스파크의 동작 방식은 위 내용보다 더 복잡하지만, 좋은 시작점은 파티션, Task, Job, 실행자의 관계를 이해하는 것이다.

데이터 엔지니어 업무의 대략 절반은 실제로 데이터 파이프라인을 최적화하는 것이다. 코드 최적화, 파티션 설정, 실행자 조정과 같이 스파크 앱을 최적화하기 위한 몇 가지 기술이 있다. 이 책에서는 더 자세한 내용은 다루지 않는다. 하지만 이 주제에 대해 더 알고 싶다면 스파크의 성능 조정 문서를 언제나 참고할 수 있다.

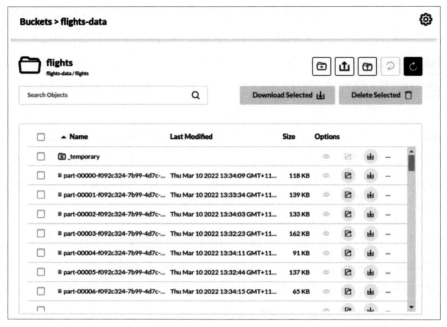

그림 9.20 S3 버킷

스파크 앱의 실행이 완료되면 파일들이 S3에 저장되고, 그림 9.20과 같이 파케이 형식으로 각각 하나의 파티션을 나타내는 하나의 파일이 있다. 파케이 파일 형식은 세로 방향의 데이터 형식으로 CSV 파일과 같이 행 단위보다는 칼럼 단위로 데이터가 배치돼 있다. 파케이의 장점은 전체 데이터셋을 탐색하지 않고 칼럼을 선별적으로 볼 수 있는 것이다. 이 장점 때문에 다음에 진행할 분석, 리포트, 데이터 정제 등에 유리하다.

이 책의 9장 이하에 있는 깃 리포지터리에서 `merge_data.ipynb` 노트북을 찾을 수 있다. 하지만 우리가 배운 경험을 최대로 끌어올리기 위해 독자만의 노트북을 만들어 보기를 권한다.

데이터셋 정제

우리는 지금 다듬어서 보강한 버전의 `flights` 데이터셋을 갖고 있다. 다음 단계는 데이터를 정제하는 것이다. 원하지 않는 항목과 행들은 제거하고, 값들을 균일하게 만들고,

새로운 항목을 이끌어내고, 아마도 일부 항목은 변환까지 해야 한다.

새로운 노트북을 생성하고, 이 노트북으로 우리가 생성한 파케이 파일을 읽고, 정제된 데이터셋을 저장하는 것으로 시작한다. 이 프로세스는 다음 단계들로 진행한다.

1. 새로운 노트북을 clean_data.ipynb 이름으로 생성한다.

2. 그림 9.21과 같이 flights-data/flights S3 버킷에서 flights 데이터 파케이 파일을 읽어온다. 스키마와 행의 수를 확인한다. 행의 수는 원래 데이터셋보다 약간 작아야 한다. 이는 앞에서 수행한 조인 동작이 INNER JOIN이기 때문이고, 공항 또는 항공사를 참조할 수 없는 데이터가 원래의 flights 데이터에 있었다.

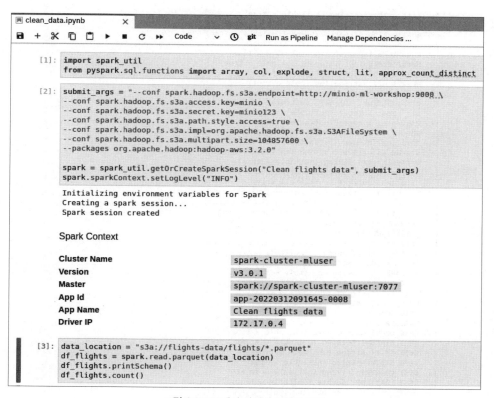

그림 9.21 S3에서 파케이 데이터 읽기

3. 불필요하거나 중복된 항목을 제거하고, 전체 데이터셋에서 같은 값을 가진 항목은 버리고, DELAYED라는 이름의 1⁽ᵛⁱⁱᵃ⁾, 0⁽ᵛⁱⁱᵃ⁾ 값을 가진 이진 항목을 새로 도출하자. 15분 이상 지연된 항공편만 지연으로 간주하자. 이는 요구 사항에 따라 언제라도 수정할 수 있다. 이 작업은 천천히 진행하자. 그림 9.22와 같이 우선 불필요한 칼럼부터 버린다.

```
df_clean = df_flights.drop("AL_IATA_CODE", "ORIG_IATA_CODE", "DEST_IATA_CODE")
df_clean.printSchema()

root
 |-- year: integer (nullable = true)
 |-- month: integer (nullable = true)
 |-- day: integer (nullable = true)
 |-- day_of_week: integer (nullable = true)
 |-- airline: string (nullable = true)
 |-- flight_number: integer (nullable = true)
 |-- tail_number: string (nullable = true)
 |-- origin_airport: string (nullable = true)
 |-- destination_airport: string (nullable = true)
 |-- scheduled_departure: string (nullable = true)
 |-- departure_time: string (nullable = true)
 |-- departure_delay: integer (nullable = true)
 |-- taxi_out: integer (nullable = true)
 |-- wheels_off: string (nullable = true)
 |-- scheduled_time: integer (nullable = true)
 |-- elapsed_time: integer (nullable = true)
 |-- air_time: integer (nullable = true)
 |-- distance: integer (nullable = true)
 |-- wheels_on: string (nullable = true)
 |-- taxi_in: integer (nullable = true)
 |-- scheduled_arrival: string (nullable = true)
 |-- arrival_time: string (nullable = true)
 |-- arrival_delay: integer (nullable = true)
 |-- diverted: integer (nullable = true)
 |-- cancelled: integer (nullable = true)
 |-- cancellation_reason: string (nullable = true)
 |-- air_system_delay: integer (nullable = true)
 |-- security_delay: integer (nullable = true)
 |-- airline_delay: integer (nullable = true)
 |-- late_aircraft_delay: integer (nullable = true)
 |-- weather_delay: integer (nullable = true)
 |-- AL_IATA_CODE: string (nullable = true)
 |-- AL_AIRLINE: string (nullable = true)
 |-- ORIG_AIRPORT: string (nullable = true)
 |-- ORIG_CITY: string (nullable = true)
 |-- ORIG_STATE: string (nullable = true)
 |-- ORIG_COUNTRY: string (nullable = true)
 |-- ORIG_LATITUDE: double (nullable = true)
 |-- ORIG_LONGITUDE: double (nullable = true)
 |-- DEST_AIRPORT: string (nullable = true)
 |-- DEST_CITY: string (nullable = true)
 |-- DEST_STATE: string (nullable = true)
 |-- DEST_COUNTRY: string (nullable = true)
 |-- DEST_LATITUDE: double (nullable = true)
 |-- DEST_LONGITUDE: double (nullable = true)
```

그림 9.22 불필요한 칼럼 버리기

필요 없는 AI_IATA_CODE, ORIG_IATA_CODE, DEST_IATA_CODE을 버린다. airline, origin _airport, destination_airport 칼럼과 동일하기 때문이다.

4. 데이터셋에서 같은 값들의 칼럼을 찾는 것은 부하가 큰 작업이다. 각 5,000,000이나 되는 레코드의 각 칼럼에서 구분되는 값들을 세봐야 한다. 다행히도 스파크는 매우 빠른 approx_count_distinct() 함수를 제공한다. 그림 9.23의 코드 일부는 단일 값들의 칼럼을 찾는 방법을 보여준다.

```
df_distinct = df_clean.agg(*(approx_count_distinct(col(c)).alias(c) for c in df_clean.columns))

cols, dtypes = zip(*((c, t) for (c, t) in df_distinct.dtypes))

kvs = explode(array([
    struct(lit(c).alias("column_name"), col(c).alias("distinct_count")) for c in cols
])).alias("kvs")

distinct_count = df_distinct\
    .select([kvs]).select(["kvs.column_name", "kvs.distinct_count"])

uni_value_fields = distinct_count.filter(distinct_count.distinct_count == 1)

uni_value_fields.show(50)

+------------+--------------+
| column_name|distinct_count|
+------------+--------------+
|        year|             1|
|ORIG_COUNTRY|             1|
|DEST_COUNTRY|             1|
+------------+--------------+

col_names = [str(row.column_name) for row in uni_value_fields.select("column_name").collect()]

df_clean = df_clean.drop(*col_names)
df_clean.printSchema()
```

그림 9.23 모든 행에서 단일값을 가진 칼럼 버리기

5. 마지막으로 label 항목을 생성해 항공편이 지연인지 아닌지를 결정한다. 데이터 과학자는 이 항목으로 학습을 위한 레이블로 사용할 수 있다. 하지만 데이터 과학자는 알고리듬에 따라서 departure_delay와 같이 시간 범위를 사용할 수도 있다. 그럼 departure_delay도 15분의 임곗값을 사용하는 새로운 이진 항목과 함께 저장해두자. 새 항목의 이름은 DELAYED다.

```python
delay_threshold = 15

@udf("integer")
def is_delayed(departure_delay, cancelled):
    if(cancelled == 1):
        return 0
    if(departure_delay >= delay_threshold):
        return 1
    return 0

df_clean = df_clean.withColumn("DELAYED", is_delayed(df_clean.departure_delay, df_clean.cancelled))
df_clean.select("month", "day", "flight_number", "departure_delay", "cancelled", "DELAYED").show(50)
```

```
+-----+---+-------------+---------------+---------+-------+
|month|day|flight_number|departure_delay|cancelled|DELAYED|
+-----+---+-------------+---------------+---------+-------+
|    5| 31|         4414|           null|        1|      0|
|    5| 31|         5215|           null|        1|      0|
|    5| 30|          298|             -1|        0|      0|
|    5| 30|         1230|            -11|        0|      0|
|    5| 30|         2044|             17|        0|      1|
|    5| 30|          448|             -6|        0|      0|
|    5| 30|         1126|             -2|        0|      0|
|    5| 30|          612|             31|        0|      1|
|    5| 30|         1747|             -5|        0|      0|
|    5| 30|         2354|             -3|        0|      0|
|    5| 30|         1910|             -5|        0|      0|
|    5| 30|         1279|             -5|        0|      0|
|    5| 30|         1198|             -7|        0|      0|
|    5| 30|          260|              0|        0|      0|
|    5| 30|         2216|             -6|        0|      0|
|    5| 30|          122|             -1|        0|      0|
|    5| 30|          998|             -5|        0|      0|
|    5| 30|          546|             -2|        0|      0|
|    5| 30|          806|             -1|        0|      0|
|    5| 30|         2196|             -3|        0|      0|
|    5| 30|          736|            -10|        0|      0|
|    5| 30|         1254|             -3|        0|      0|
|    5| 30|           20|             54|        0|      1|
|    5| 30|         1965|            -14|        0|      0|
|    5| 30|         2440|             -2|        0|      0|
```

그림 9.24 DELAYED 칼럼 생성

그림 9.24는 도출해서 만들 새 칼럼의 코드 일부다. 간단한 쿼리는 show() 함수를 사용해 칼럼 생성 구문을 테스트해보자.

6. 이제 `flights-clean` 경로 아래에 같은 S3 버킷에 실제 데이터를 저장하자. 그림 9.25
   와 같이 파케이로 출력하려고 한다.

```
output_location = "s3a://flights-data/flights-clean"
df_clean.cache() #this is to make sure the DAG is not recalculated when we call the .count() later
df_clean.write.mode("overwrite")\
    .option("header","true")\
    .format("parquet").save(output_location)

df_clean.count()
```
```
5332914
```

그림 9.25 최종 데이터프레임을 S3에 저장

데이터 엔지니어로서 데이터 과학자와 출력 형식에 대해서 동의할 필요가 있다. 어떤
데이터 과학자는 다수의 파케이 파일 대신에 거대한 하나의 CSV 파일 데이터셋을
요구할 수 있다. 우리는 데이터 과학자가 여러 파케이 파일을 읽는 것을 선호한다고
가정한다.

7. 6번 단계에서 시간이 다소 걸릴 수 있다. 스파크 화면을 열고 앱의 실행을 모니터해
   보자.

이 책의 깃 리포지터리의 9장 폴더에서 clean_data.ipynb 노트북 파일을 찾을 수 있다.
하지만 배움을 위해 자신만의 노트북을 처음부터 만들어볼 것을 권한다.

데이터 파이프라인을 모니터하는 스파크 화면 사용

스파크 앱을 실행하는 동안 우리의 파이프라인을 최적화하기 위해 스파크가 실제로 하
는 일이 무엇인지 더 깊게 살펴보고자 한다. 스파크 화면은 매우 유용한 정보를 제공
한다. 마스터에 있는 시작 페이지는 작업자 노드와 앱의 목록을 그림 9.26과 같이 표시
한다.

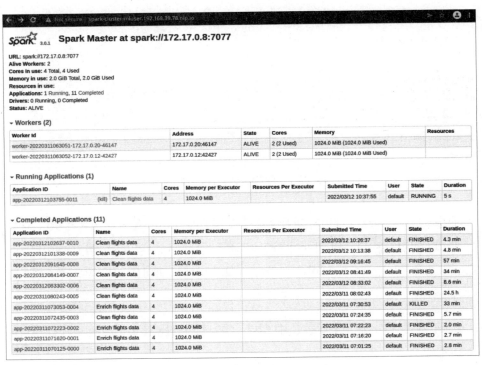

그림 9.26 스파크 클러스터 시작 페이지

이 시작 페이지는 또한 앱 실행 경과를 표시한다. 실행을 완료한 앱의 아이디를 클릭하면 완료된 앱의 상세 정보를 볼 수 있다. 하지만 앱을 모니터링할 때에는 실행 중인 앱에 더 관심이 있다. 화면에서 조금 더 위와 같은 정보를 이해해보자.

작업자 페이지 탐색

작업자worker는 스파크 클러스터의 일부 머신이다. 이들의 역할은 실행자executor를 구동하는 것이다. 우리의 경우 작업자 JVM^Java Virtual Machine을 사용하는 쿠버네티스 파드들이 작업자 노드들이다. 각각의 작업자는 하나 이상의 실행자를 소유할 수 있다. 하지만 쿠버네티스에서 여러 스파크 작업자를 실행하는 것은 좋은 생각이 아니므로, 하나의 실행자가 하나의 작업자에서 실행되도록 설정하는 것이 좋다.

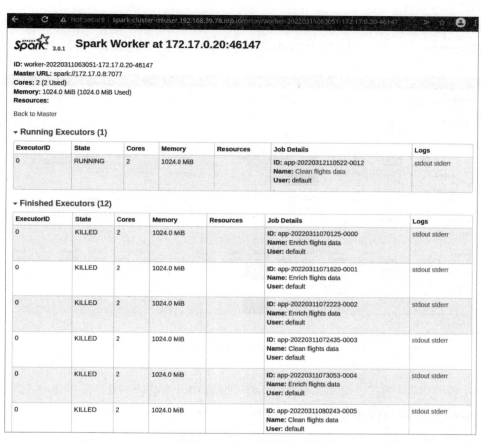

그림 9.27 스파크 작업자 보기

화면에서 작업자 중 하나를 클릭하면 작업자 화면이 뜨는데, 이 작업자가 실행했거나 실행 중인 모든 실행자들을 볼 수 있다. 또한 어느 앱이 실행자를 소유하는지도 볼 수 있다. 어느 정도의 CPU나 메모리를 할당했는지, 심지어 각 실행자의 로그도 볼 수 있다.

실행자 페이지 탐색

실행자는 작업자 노드 안에서 실행되는 프로세스다. 작업의 실행을 주로 담당한다. 실행자는 그저 작업자 노드에서 구동 중인 자바 또는 JVM 프로세스일 뿐이다. 작업자 JVM 프로세스는 동일한 호스트 안에서 실행자들의 인스턴스를 관리한다. `http://spark-`

cluster-mluser.<minikube_ip>.nip.io/proxy/<application_id>/executors/에 있는
Executors 페이지를 열면 그림 9.28과 같이 현재 앱에 속하는 모든 실행자를 볼 수 있다.

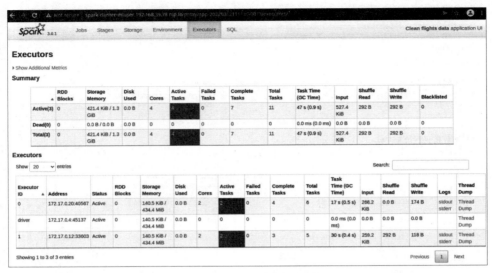

그림 9.28 스파크 실행자 페이지

이 페이지에서 앱을 조정하고 최적화할 때 중요한 여러 유용한 지표들을 찾을 수 있다.
예를 들어 자원 사용량, 가비지 컬렉션$^{garbage\ collection}$ 시간, 셔플^{shuffle} 등을 볼 수 있다.
셔플은 여러 실행자의 데이터를 교환하는 것이며, 예를 들면 집계 함수를 수행할 때 발
생한다. 이런 일들은 최대한 작은 규모로 발생하도록 만들고자 할 것이다.

앱 페이지 탐색

스파크의 앱은 스파크 컨텍스트를 보유한 프로세스다. 스파크 세션이나 스파크 컨텍스
트에서 생성되고, 스파크 마스터 URL에 등록한 자바, 스칼라, 파이썬 앱 등을 실행하게
된다. 이 앱들은 스파크 클러스터에서만 실행할 필요는 없다. 스파크 마스터에 연결할
수만 있다면 네트워크상의 어디에 있어도 좋다. 하지만 드라이버 응용프로그램과 같이
앱의 모드가 있는데, 스파크 실행자 중 하나에서 실행된다. 이 경우에는 스파크 클러스
터 외부에서 실행하는 주피터 노트북이 드라이버 앱이다. 그림 9.28을 보면 드라이버로

부르는 하나의 실행자가 있으며 실제 실행자 아이디가 아니다.

시작 페이지에서 실행 중인 앱의 이름을 클릭하면 앱 페이지 화면이 뜬다. 이 페이지는 현재 앱에 속하는 모든 작업을 보여준다. 하나의 작업은 데이터프레임을 바꾸는 동작이다. 각각의 작업은 하나 이상의 태스크로 이뤄진다. 태스크는 어떤 동작과 데이터프레임 파티션의 쌍이다. 이것이 실행자에게 분배되는 작업의 단위다. 이는 컴퓨터 사이언스 분야에서 클로저closure와 같은 것이다. 실행할 실행자에 대한 작업자 노드에게 이진 파일을 네트워크를 통해 전달한다. 그림 9.29는 앱 화면을 보여주는 페이지다.

그림 9.29 스파크 앱 화면

그림 9.29의 예에서 활성화된 작업은 5개의 태스크를 갖고 있으며, 4개의 태스크가 실행 중이다. 병렬 태스크 수준은 앱에 할당된 CPU 코어의 수에 달려 있다. 또한 특정 작업에 대해서는 더 자세한 정보를 얻을 수도 있다. 작업 단계와 각 단계의 DAG를 보려면 http://spark-cluster-mluser.<minikube_ip>.nip.io/proxy/<application_id>/jobs/job/?id=<job_id>를 연다.

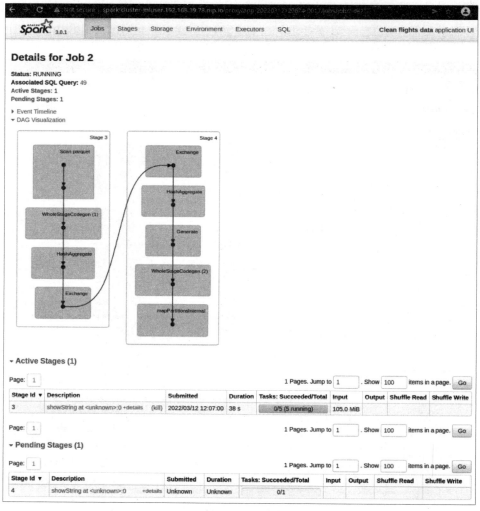

그림 9.30 스파크 작업 상세 페이지

스파크 GUI는 복잡한 데이터 처리 앱을 진단하고 조정할 때 매우 유용하다. 스파크는 또한 문서화가 잘 돼 있으므로, 다음 링크(https://spark.apache.org/docs/3.0.0)에서 스파크 문서를 참조하길 권한다.

이제 flights 데이터를 보강할 노트북과 머신러닝 프로젝트 라이프사이클에서 다음 단계에 필요한 데이터셋을 준비하기 위해 정제를 수행할 노트북도 생성했다. 이 노트북들의 실행을 어떻게 자동화할 수 있는지 살펴보자.

Airflow를 사용한 데이터 파이프라인 제작과 실행

앞 절에서 우리는 데이터를 가져오고 처리하기 위해 데이터 파이프라인을 만들었다. 이제 새로운 flights 데이터가 일주일에 한 번 생기고, 이 새로운 데이터를 반복해서 처리한다고 생각해보자. 데이터 파이프라인을 수동으로 실행하는 것도 하나의 방법이다. 하지만 데이터 파이프라인 수가 많아질수록 감당하기 어려운 일이다. 데이터 엔지니어가 반복해서 기존의 것들을 실행하는 대신에 새로운 파이프라인을 만드는 것이 효율적일 것이다. 두 번째 문제는 보안이다. 우리는 샘플 데이터로 파이프라인을 만들었고, 독자의 팀은 데이터 파이프라인을 실행할 운영 데이터에 접근하지 못할 것이다.

자동화는 위 두 가지 문제의 해결책을 갖고 있다. 데이터 엔지니어가 더 흥미로운 작업을 하는 동안에 데이터 파이프라인은 필요한 때 실행하도록 스케줄할 수 있다. 자동화된 파이프라인은 개발 팀의 도움 없이도 운영 데이터에 연결할 수 있고, 이는 보안 측면에서도 더 좋은 결과다.

머신러닝 플랫폼은 데이터 파이프라인의 실행과 스케줄을 자동화할 수 있는 Airflow를 포함하고 있다. 7장, '모델 배포와 자동화'에서 Airflow의 소개와 데이터 엔지니어가 데이터 파이프라인을 만들기 위해 사용할 통합 개발 환경을 지원하는 편집기 사용법을 참고할 수 있다. 통합된 환경은 데이터 엔지니어링 팀이 더 효율적으로 셀프서비스 및 독립적인 방식으로 작업할 수 있는 기능을 제공한다.

다음 절에서는 앞 절에서 제작한 프로젝트의 데이터 파이프라인을 자동화해볼 것이다.

데이터 파이프라인 DAG 이해

우리가 만든 데이터 파이프라인을 실행하는데 관련된 것들부터 이해해보자. 올바른 정보를 갖고 있다면, 프로세스를 자동화하기가 쉬울 것이다.

주피터허브에서 데이터 파이프라인을 만들기 시작할 때, 주피터허브 시작 페이지에서 Elyra Notebook Image with Spark 노트북으로 시작했다. 이 노트북은 아파치 스파크 클러스터에 연결하고 데이터 파이프라인 만들기를 시작했다. 머신러닝 플랫폼은 Elyra Notebook Image with Spark가 새로운 스파크 클러스터의 시작이 필요한 것을 알고 있고, 그 노트북에서 사용할 것이다. 일단 작업을 마치면 주피터 환경을 종료하는데, 머신러닝 플랫폼에 의해 아파치 스파크 클러스터도 종료된다.

다음은 flights 데이터에 대한 데이터 파이프라인 실행에 수반되는 세 가지 주요 단계다.

1. 스파크 클러스터 시작

2. 데이터 파이프라인 노트북 시작

3. 스파크 클러스터 중지

그림 9.31은 DAG의 단계들을 보여준다.

그림 9.31 flights 프로젝트의 Airflow DAG

위에서 각 단계는 Airflow가 구분해서 실행한다. Airflow는 쿠버네티스 파드를 구동해서 각 단계를 실행하고, 우리는 각 단계의 실행에 필요한 파드 이미지를 제공한다. 파드는 해당 단계의 Airflow 파이프라인에 정의한 코드를 실행한다.

각각의 단계에서의 DAG의 역할을 살펴보자.

스파크 클러스터 시작

이 단계에서 새로운 스파크 클러스터를 준비할 것이다. 이 클러스터는 하나의 Airflow DAG만을 위해 지정된 것이다. 자동화의 역할은 새로운 스파크 클러스터에 대한 요청을 쿠버네티스에 CR로서 등록하는 것이다. 다음으로 스파크 오퍼레이터는 DAG에서 다음 단계를 위해 사용할 클러스터를 제공할 것이다.

Airflow 엔진이 스파크 클러스터 생성 요청을 등록하면 두 번째 단계로 진행한다.

데이터 파이프라인 실행

이 단계에서 8장에서 만든 노트북들(merge_data, clean_data)이 Airflow DAG에 의해 실행된다. 7장, '모델 배포와 자동화'를 상기해보면 Airflow는 다양한 오퍼레이터(쿠버네티스 오퍼레이터와 Airflow 오퍼레이터는 다르다는 점을 주의한다)를 사용해 자동화 파이프라인 단계들을 실행한다. Airflow는 주피터 노트북을 실행할 노트북 오퍼레이터를 제공한다.

여기서 자동화할 일은 노트북 오퍼레이터를 사용해 데이터 파이프라인 노트북을 실행하는 것이다. 데이터 파이프라인이 코드를 실행하고 나면, Airflow 엔진은 다음 단계로 진행할 것이다.

스파크 클러스터 중지

이 단계에서 스파크 클러스터는 소멸된다. 자동화할 기능은 해당 DAG의 첫 단계에서 생성한 스파크 클러스터 CR을 삭제하는 것이다. 다음으로 스파크 오퍼레이터는 이전 단계에서 데이터 파이프라인을 실행할 때 사용한 클러스터를 제거한다.

다음은 Airflow가 각각의 단계를 실행할 때 사용할 컨테이너 이미지를 정의하는 것이다.

DAG 실행을 위한 컨테이너 이미지 등록

데이터 파이프라인을 실행할 자동화 DAG를 만들었고, 이 DAG의 각각의 단계에 해당하는 구별된 파드가 실행할 것이다.

1. 먼저 컨테이너 이미지를 등록하려면 주피터허브 IDE를 열고 좌측 메뉴의 **Runtime Image** 옵션을 클릭한다. 다음과 같은 화면을 볼 수 있을 것이다.

그림 9.32 주피터허브 IDE에서 컨테이너 런타임 이미지 등록

2. 우측 상단의 + 아이콘을 클릭해 새 컨테이너를 등록한다. 화면은 다음과 같다.

그림 9.33 주피터허브 IDE에서 컨테이너 런타임 이미지 등록 상세

flights 데이터 파이프라인 DAG는 다음과 같이 2개의 컨테이너가 필요하다.

I. 첫 번째 컨테이너 이미지는 Airflow가 파이썬 코드를 실행할 것이다. 그림 9.33과 같이 다음의 세부 사항을 입력하고 **SAVE & CLOSE** 버튼을 클릭한다.

- **Name**: AirFlow Python Runner
- **Description**: A container with Python runtime
- **Source**: quay.io/ml-on-k8s/airflow-python-runner:0.0.11
- **Image Pull Policy**: IfNotPresent

II. 두 번째 컨테이너 이미지는 Airflow가 데이터 파이프라인 노트북을 실행할 것이다. 그림 9.33과 같이 세부 사항을 입력하고 **SAVE & CLOSE** 버튼을 클릭한다.

- **Name**: AirFlow PySpark Runner
- **Description**: A container with notebook and pyspark to enable execution of PySpark code
- **Source**: quay.io/ml-on-k8s/elyra-spark:0.0.4
- **Image Pull Policy**: IfNotPresent

다음 절에서는 Airflow를 사용해 위의 세 단계를 만들어서 실행할 것이다.

DAG 제작과 실행

이번 절은 머신러닝 플랫폼을 사용해 DAG를 만들어 배포한다. 먼저 드래그-앤-드롭 편집기로 DAG를 만들고, 생성된 코드를 수정해 DAG를 우리가 원하는 대로 만들 것이다.

비주얼 에디터로 Airflow DAG 제작

이번 절에서는 데이터 처리 과정에 대한 DAG를 만든다. 드래그-앤-드롭 기능으로 주 피터허브가 어떻게 DAG를 만드는지 살펴볼 것이다.

1. 시작은 플랫폼의 주피터허브에 로그인하는 것이다.

2. 메뉴에서 **File › New › PipelineEditor**를 선택해서 새로운 파이프라인을 생성한다.

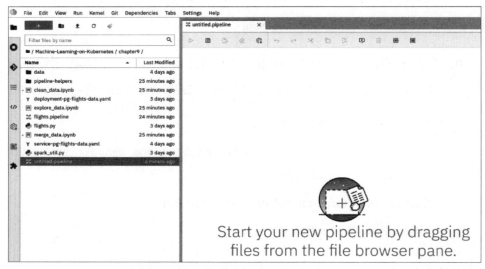

그림 9.34 비어 있는 Airflow DAG

3. 앞의 그림과 같이 편집기 좌측에서 파일 브라우저로부터 파이프라인에 필요한 파일들을 드래그한다. 우리의 `flights DAG`를 위해서는 첫 단계로 새로운 스파크 클러스터를 생성하는 것이다. 브라우저에서 `pipeline-helpers/start-spark-cluster` 파일을 볼 수 있다. 이 파일을 끌어서 파이프라인 화면 위에 놓는다.

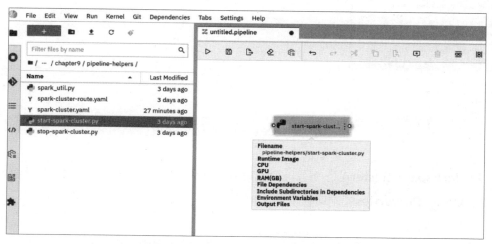

그림 9.35 드래그–앤–드롭으로 DAG 작업 단계 만들기

4. 필요한 파일을 추가해 파이프라인을 완성한다. `flights`에 대한 전체 DAG는 다음 단계에서 볼 수 있다.

5. 독자를 위해 미리 만들어둔 파일이 있다. Chapter 9/ 폴더에서 flights.pipeline 파일을 열자. flights 데이터를 처리하기 위한 세 단계를 볼 수 있다.

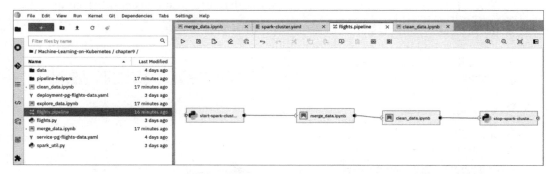

그림 9.36 주피터허브 IDE에서 DAG 보기

6. **start-spark-cluster**라는 이름의 DAG에서 첫 번째 요소를 클릭한다. 여기서 우클릭하고, **Properties**를 선택한다.

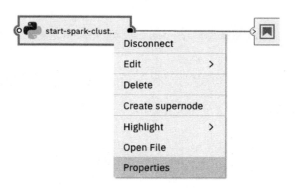

그림 9.37 DAG에서 첫 단계의 속성 선택

7. 화면 우측에서 이 단계의 속성들을 볼 수 있다.

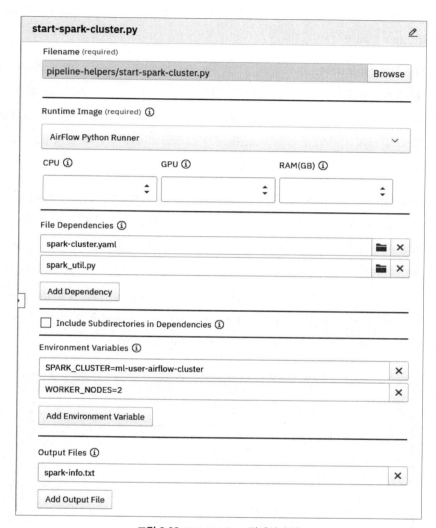

그림 9.38 start–spark.py 단계의 속성

다음 목록은 각 속성을 설명한다.

- **Filename** 항목은 이 단계에서 Airflow가 실행할 파일(start-spark-cluster.py)을 정의한다.

- **Runtime Image** 항목은 앞에서 언급한 파일을 실행할 이미지를 정의한다. 이전 절에서 정의한 컨테이너 이미지를 말한다. 파이썬 단계에서는 Airflow Python Runner 컨테이너 이미지다.

- **File Dependencies** 항목은 이 단계에서 필요한 파일들을 정의한다. spark-cluster.yaml 파일은 스파크 클러스터의 설정을 정의한다. spark_util.py 파일은 스파크 클러스터에게 전달할 헬퍼 유틸리티^{helper utility} 용도로 생성한 것이다. DAG 의 이 단계에 관련된 파일들은 Airflow가 실행할 때 DAG 안에서 패키징된다. 이 파일들은 모두 리포지터리에 있다.

- **Environment Variables** 항목은 환경변수를 정의한다. 이 경우는 start-spark-cluster.py에서 환경변수에 접근할 것이다. 이 변수들이 파일 동작을 관리하기 위해 사용할 설정이라고 볼 수 있다. 예를 들어 SPARK_CLUSTER 변수는 생성할 스파크 클러스터의 이름으로 사용된다. WORKER_NODES는 스파크 작업자로 생성할 작업자 파드의 수를 정의한다. 더 많은 작업들을 위해서는 더 많은 노드를 갖도록 이 파라미터를 변경할 수 있다. start-spark-cluster.py 파일을 열면 위의 두 환경 변수를 볼 수 있다. 그림 9.39는 이 파일을 보여주고 있다.

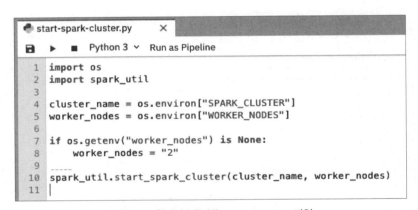

그림 9.39 환경변수를 읽는 start-spark.py 파일

Output Files 섹션은 현재 단계의 DAG가 생성하는 파일을 정의한다. Airflow는 이 파일을 DAG의 이후 단계들을 위해 복사할 것이다. 이러한 방법으로 DAG의 여러

단계들이 정보를 공유할 수 있다. 이 예제에서는 spark_util.py 파일이 스파크 클러스터 위치를 출력한다. 클러스터가 수신 대기하고 있는 일종의 네트워크 이름이라고 생각하면 된다. 이 이름은 데이터 파이프라인 노트북과 같이 다른 단계들이 스파크 클러스터에 연결하려고 사용할 수 있다. 여러 단계 사이에 Airflow에서 데이터를 공유할 수 있는 방법은 독자의 상황에 따라 더 적합할 수 있는 다른 방법도 있다.

8. DAG에서 이름이 **merge_data.ipynb**인 두 번째 항목을 클릭한다. 여기서 우클릭하고, **Properties**를 선택한다. 이 단계에는 **Runtime Image**가 **Airflow PySpark Runner**로 변경된 것을 볼 수 있다. 이 단계에 관련된 파일은 주피터 노트북 파일임을 알 수 있을 것이다. 우리가 데이터 파이프라인을 만들 때 사용한 파일과 같다. 독자의 코드가 어느 환경에서나 실행이 가능하도록 해주는 통합 환경의 진정한 유연함을 보여주고 있다.

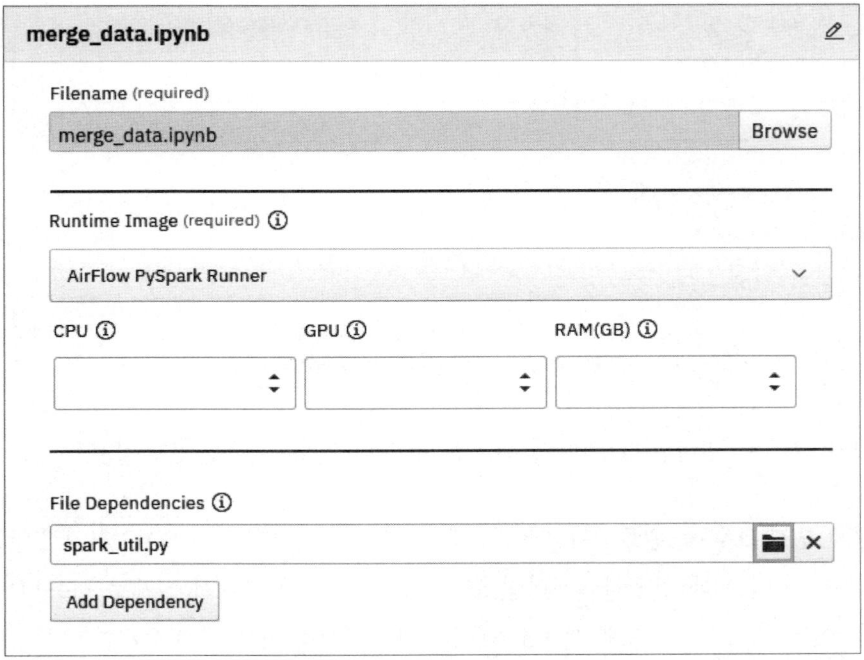

그림 9.40 DAG의 스파크 노트북 단계

merge_data.ipynb 설정과 비슷한 방법으로 DAG의 다음 단계로 두 번째 노트북인 clean_data.ipynb을 추가한다. 더 쉬운 시스템과 코드 관리를 위해 여러 노트북으로 데이터 파이프라인을 구분했다.

9. 이 DAG의 마지막 단계는 스파크 클러스터를 중지하는 것이다. 이 단계의 **Runtime Image**는 우리의 코드가 파이썬이므로 다시 **AirFlow Python Runner**다.

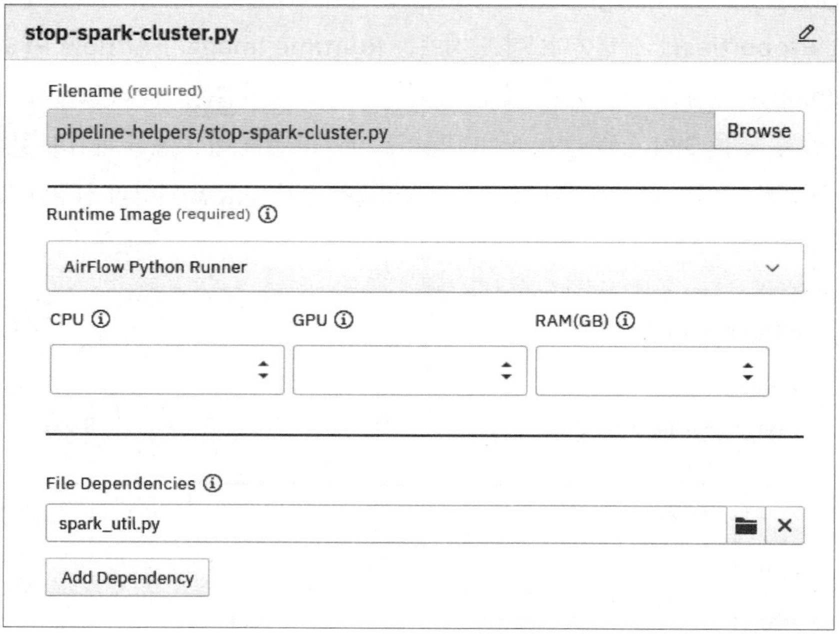

그림 9.41 stop–spark–cluster.py 단계의 속성

10. 변경 사항이 있다면 flights.pipeline 파일을 저장하는 것을 잊지 말자.

이제 첫 번째 DAG를 완료했다. 데이터 엔지니어로서 중요한 것은 DAG를 직접 만들었고, 우리가 만든 데이터 파이프라인 코드가 파이프라인 안에서 실제로 사용되는 것이다. 이는 프로젝트 속도를 높이고 데이터 엔지니어링 팀은 더 자율적이고 독립적일 수 있다.

다음 단계는 위 DAG를 플랫폼에서 실행하는 것이다.

DAG를 실행하고 확인하기

이번 절에서는 이전 절에서 우리가 만든 DAG를 실행할 것이다. 여기서는 7장, '모델 배포와 자동화'의 'Airflow 소개' 절을 완료했다고 가정한다.

1. 주피터허브 IDE에서 `flights.pipeline` 파일을 열고, **Run pipeline =** 아이콘을 클릭한다. 이 아이콘은 아이콘 막대에 있는 작은 플레이 버튼이다. 다음과 같이 **Run pipeline** 화면이 뜰 것이다.

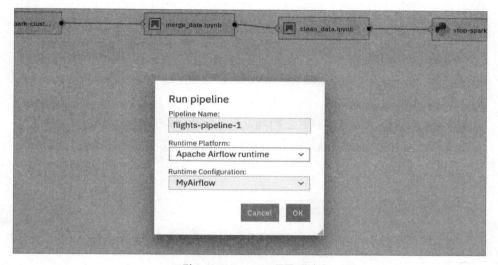

그림 9.42 Airflow DAG 등록 페이지

파이프라인 이름을 확인하고, **Runtime Platform** 옵션으로 **Apache Airflow runtime**을 선택한다. **Runtime Configuration** 옵션은 독자의 설정에 따른다. 만약 7장, '모델 배포와 자동화'에서 그대로 따라 작업했다면 이 값은 `MyAirflow`다.

2. 위 정보를 입력하고 **OK** 버튼을 클릭한다.

3. 파이프라인이 플랫폼의 **Airflow** 엔진에 등록됐다는 내용의 다음과 같은 화면이 뜰 것이다.

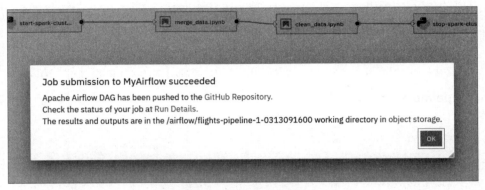

그림 9.43 Airflow DAG 등록 확인

4. Airflow 화면을 연다. 이 화면은 `https://airflow.<IPAddress>.nip.io`로 열 수 있다. 여기서 IP 주소는 독자의 `minikube` 주소다. Airflow 화면에서 파이프라인을 보여준다.

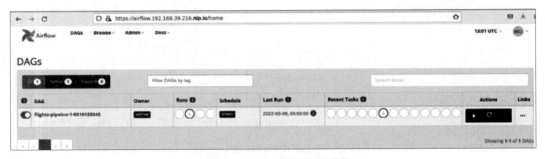

그림 9.44 Airflow 화면의 DAG 목록

5. DAG를 클릭하고, **Graph View** 링크를 클릭한다. 실행한 DAG의 상세를 볼 수 있다. 이전 절에서 만든 동일한 그래프이고, 그 안에는 세 단계가 있다.

DAG의 실행 단계에 따라 독자의 화면은 위와 다를 수도 있다.

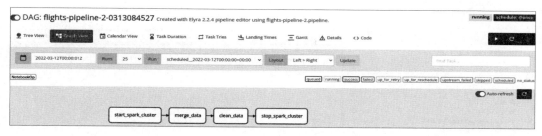

그림 9.45 DAG 실행 상태

이번 절에서 데이터 엔지니어가 어떻게 데이터 파이프라인(merge_data 노트북)을 만들고, 주피터허브 IDE에서 어떻게 Airflow(flights.pipeline)를 사용해 패키징하고 배포하는지 살펴봤다. 우리의 플랫폼은 데이터 파이프라인을 필요한 만큼 빌드, 테스트, 실행할 수 있도록 통합 솔루션을 제공하고 있다.

IDE는 Airflow DAG를 만들기 위한 기본적인 것들을 제공한다. Airflow 엔진의 고급 기능을 사용하도록 DAG를 수정하려면 어떨까? 다음 절에서는 더 고급 설정이 필요한 경우에, IDE가 생성한 코드를 변경하는 방법을 알아볼 것이다.

DAG 향상을 위한 코드 편집

아마도 우리가 만든 DAG를 겨우 한 번 실행했다는 사실을 알 것이다. 반복해서 실행하려면 어떻게 할까? 이번 절에서는 하루 주기로 실행하도록 DAG를 향상시켜 볼 것이다.

1. 주피터허브 IDE에서 flights.pipeline을 연다. 다음과 같이 익숙한 화면을 볼 것이다.

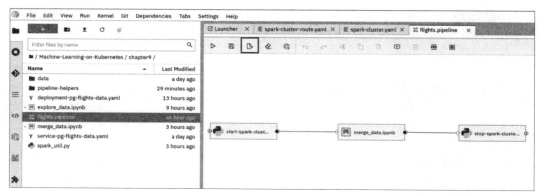

그림 9.46 flights.pipeline 파일

2. 화면 상단 막대에서 **Export pipeline** 아이콘을 클릭한다. 파이프라인을 내보내기 위한 화면이 뜰 것이다. **OK** 버튼을 클릭한다.

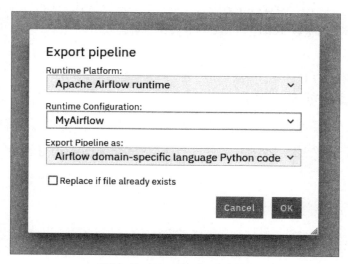

그림 9.47 파이프라인 내보내기 화면

3. 파이프라인 내보내기가 성공했다는 메시지가 뜨고, 새로운 파일이 `flights.py`라는 이름으로 생성된다. 화면 좌측 영역에서 이 파일을 선택해서 연다. 생성된 DAG 전체 코드를 볼 수 있다.

그림 9.48 내보내기 실행 이후의 DAG 코드

4. DAG 코드는 파이썬이다. 여기서 필요한 코드를 수정할 수 있다. 이 예제에서는 DAG 실행 주기를 변경하려고 한다. 코드의 DAG 객체를 찾자. 11번째 줄일 것이다.

```
dag = DAG(
    "flights-0310132300",
    default_args=args,
    schedule_interval="@once",
    start_date=days_ago(1),
    description="Created with Elyra 2.2.4 pipeline editor
using flights.pipeline.",
    is_paused_upon_creation=False,
)
```

5. DAG 객체의 일정을 변경한다. schedule_interval="@once"에서 schedule_interval ="@daily"로 변경한다.

6. 변경 이후의 DAG 코드는 다음과 같다.

```
dag = DAG(
    "flights-0310132300",
    default_args=args,
    schedule_interval="@daily",
    start_date=days_ago(1),
    description="Created with Elyra 2.2.4 pipeline editor
using flights.pipeline.",
    is_paused_upon_creation=False,
)
```

7. IDE에서 파일을 저장하고, DAG가 있는 깃 리포지터리에 푸시한다. 7장, '모델 배포 와 자동화'에서 Airflow를 설정할 때 사용했던 리포지터리다.

8. 이제 Airflow 화면을 열면, 새로운 DAG에 **Schedule** 칼럼에서 **@daily** 태그를 볼 수 있다. 이 작업은 매일 실행될 것이다.

그림 9.49 Airflow DAG 목록에서 하루 단위 일정을 볼 수 있다.

축하한다! 데이터 파이프라인을 성공적으로 제작하고 DAG를 사용해 파이프라인 실행 을 자동화했다. 이 개요에서 큰 부분을 차지하는 것은 플랫폼이 관리하는 아파치 스파 크 클러스터의 라이프사이클이다. 팀은 플랫폼이 관리하는 IDE와 자동화(Airflow), 데이터 처리 엔진(아파치 스파크) 덕분에 더 빠르게 작업할 수 있다.

요약

9장은 항공편들의 일정 준수 성능을 예측하기 위한 데이터 처리 파이프라인을 만든 아주 긴 마라톤이었다. 스파크 클러스터 준비와 관리에 대한 걱정 없이도 우리가 만든 플랫폼이 어떻게 아파치 스파크로 복잡한 데이터 파이프라인 제작을 지원하는지 살펴봤다. 사실 독자는 IT 팀의 도움 없이 모든 예제들을 완수했다. 플랫폼이 제공하는 기술을 사용해 데이터 파이프라인 실행을 자동화했고, 스파크 데이터 파이프라인에 사용한 것과 똑같은 IDE로 Airflow 파이프라인들을 통합하는 것을 봤다.

이 책의 주 목적은 데이터, 머신러닝 팀들이 자율적이고 독립적으로 일할 수 있도록 지원하는 플랫폼을 제공하는 것인데, 독자가 방금 해냈다. 독자와 독자의 팀은 데이터 엔지니어링, 파이프라인 실행 등의 전체 라이프사이클을 갖고 있다.

10장에서는 위와 같은 원칙들을 어떻게 데이터 과학의 라이프사이클에도 적용하고 이 프로젝트의 데이터 과학에 대한 구성 요소들을 만들며 자동화하기 위해 팀들이 어떻게 플랫폼을 사용할 수 있는지 살펴볼 것이다.

10

모델의 제작, 배포와 모니터링

10장에서 우리는 데이터 파이프라인을 만들고 데이터 과학 팀이 사용할 수 있도록 기본적인 항공편 데이터셋을 생성했다. 10장에서는 데이터 과학 팀이 항공편 데이터셋을 활용해 머신러닝 모델을 만들 것이다. 이 모델은 항공편의 정시 운항 성공률을 예측하는 데 사용할 것이다.

10장에서는 올바른 모델을 만들기 위한 데이터의 시각화와 시험의 실행을 어떻게 플랫폼이 지원하는지 살펴볼 것이다. 하이퍼파라미터를 조정하고 모델 학습의 여러 실행 결과를 비교하는 방법도 알아볼 것이다. 플랫폼이 제공하는 구성 요소를 사용해 모델을 등록하고, 버전을 관리하는 방법도 알아본다. 모델을 REST 서비스 형태로 배포하고, 배포한 모델을 플랫폼의 구성 요소로 모니터해볼 것이다.

이 책은 데이터 과학에 관한 책은 아니며, 우리가 중점적으로 다루는 것은 팀이 자율적이고, 효율적으로 일할 수 있도록 지원하는 것이다. 아마도 9장에서 다룬 개념과 단계를 다시 만날 것이다. 이는 9장에서 다룬 개념으로 라이프사이클 전체를 어떻게 만드는지 보여주기 위한 의도다.

위와 같은 목표를 가지고, 다음과 같은 주제를 다룬다.

- 주피터허브를 사용한 데이터 시각화와 탐색

- 주피터허브로 모델을 만들고 조정하기

- 모델 시험 추적과 MLflow를 사용한 버전 관리

- 셀돈과 Airflow를 사용해 모델을 서비스로 배포하기

- 프로메테우스와 그라파나를 사용한 모델 모니터링

기술 요구 사항

10장은 몇 가지 설치 실습과 예제를 포함한다. OLM을 사용해 설정한 쿠버네티스 클러스터를 실행해야 한다. 이러한 쿠버네티스 환경은 3장, '쿠버네티스 탐험'에서 다뤘다. 10장의 실습을 해보기 전에 쿠버네티스 클러스터가 동작하는지, ODH를 쿠버네티스 클러스터에 설치했는지 확인하자. ODH의 설치는 4장, '머신러닝 플랫폼의 구조'에서 다뤘다.

주피터허브를 사용한 데이터 시각화와 탐색

9장, '데이터 파이프라인 만들기'를 상기해보면 데이터 엔지니어는 업무 전문가와 협업해서 항공편의 정시 운항 예측에 사용할 항공편 데이터를 준비했다.

이번 절에서는 데이터 엔지니어 팀에서 생산한 데이터를 이해해보자. 이는 모델을 만들 책임이 있는 데이터 과학자의 역할이다. 플랫폼이 데이터 과학과 엔지니어 팀이 협업할 수 있도록 어떻게 지원하는지, 데이터 과학자가 주어진 문제에 대한 모델을 만들기 위해 플랫폼을 어떻게 활용할 수 있는지 살펴볼 것이다.

플랫폼을 사용해 약간의 기본 데이터를 탐색해보자. 이 책에서는 팀이 효율적으로 일할 수 있도록 돕는 데 중점을 둔다는 점을 유의한다. 데이터 과학이나 엔지니어링이 아니라 플랫폼을 사용해 만들고 활용하는 것에 중점을 둔다.

1. 주피터허브를 연다. 이번에는 데이터 과학의 라이프사이클에 관련된 이미지를 선택할 것이다. 플랫폼에 있는 사이킷^{SciKit}이 위와 같은 이미지다. 아직은 **Start Server**는 클릭하지 않는다.

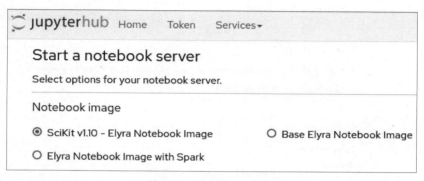

그림 10.1 주피터허브 시작 페이지

2. 주피터허브 시작 페이지를 열고 AWS_SECRET_ACCESS_KEY 변수를 추가하고 독자의 S3 환경의 암호를 사용해 등록한다. 이 예제에서의 키 값은 minio123이다. 데이터셋을 포함시키기 위해 크기는 **Medium** 컨테이너로 설정했다. 이제 주피터허브 IDE를 시작하기 위해 **Start server** 버튼을 클릭한다.

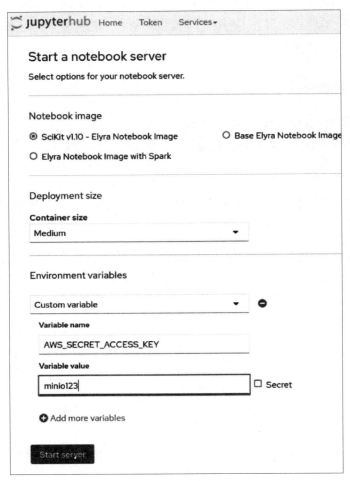

그림 10.2 주피터허브 시작 페이지

3. 주피터허브 IDE에서 chapter10/visualize.ipynb 노트북 파일을 연다.

4. 첫 단계는 데이터 엔지니어링 팀이 제공한 데이터를 읽는 것이다. 동일한 플랫폼에 있는 데이터로 팀 작업 속도를 높이는 것이다. 노트북의 2번 코드 상자는 PyArrow 라이브러리를 사용해 데이터를 Pandas 데이터프레임 형태로 읽는다. 데이터는 데이터 팀에서 준비한 flights-data 버킷에서 읽을 것이다. 데이터를 읽는 코드는 다음과 같다.

```
fs = s3fs.S3FileSystem(anon=True,
                       key='minio',
                       secret='minio123',
                       client_kwargs=dict(endpoint_url="http://minio-ml-workshop:9000"))
df = pq.ParquetDataset('s3://flights-data/flights-clean',
                       filesystem = fs).read_pandas().to_pandas()
```

그림 10.3 chapter10/visualize 노트북 2번 상자

5. 다음으로 데이터를 살펴보자. 어떠한 데이터가 있으며 쓸 만한지 익숙해지도록 한다. DataFrame의 head 함수를 사용해 처음 몇 줄을 읽는 3번 상자를 보자. 우리는 항목 이름과 그 안의 데이터를 알아볼 것이고, 레코드 하나를 이해할 수 있는지도 알아보자. 어떤 항목은 NaN이고, 일부는 None으로 보일 것이다. 이는 데이터셋이 아직 모델을 만들 준비가 되지 않았음을 암시한다. 다음 그림은 화면의 일부이며, 전체 그림을 보기 위해서는 이 코드를 독자의 환경에서 실행해야 한다.

```
pd.set_option('display.max_columns', None)
df.head(5)
```

cancelled	cancellation_reason	air_system_delay	security_delay	airline_delay	late_aircraft_delay	weather_delay	AL_AIRLINE	ORIG_AIRPORT	ORIG_CITY
0	None	NaN	NaN	NaN	NaN	NaN	Southwest Airlines Co.	LaGuardia Airport (Marine Air Terminal)	New York
0	None	NaN	NaN	NaN	NaN	NaN	Southwest Airlines Co.	Kansas City International Airport	Kansas City
0	None	NaN	NaN	NaN	NaN	NaN	Southwest Airlines Co.	Orlando International Airport	Orlando
0	None	NaN	NaN	NaN	NaN	NaN	Southwest Airlines Co.	Oakland International Airport	Oakland
0	None	NaN	NaN	NaN	NaN	NaN	Southwest Airlines Co.	Will Rogers World Airport	Oklahoma City

그림 10.4 chapter10/visualize 노트북 3번 상자

6. 다음 단계는 모든 데이터를 읽는다고 가정할 때, 가용한 데이터가 얼마나 되는지 간단하게 확인해보는 것이다. 4번 상자에서 DataFrame의 count 함수를 사용한 것을 볼 수 있다. 다음 그림은 화면의 일부이며, 전체 그림을 보기 위해서는 이 코드를 독자의 환경에서 실행해야 한다.

```
df.count()

month                   5332914
day                     5332914
day_of_week             5332914
airline                 5332914
flight_number           5332914
tail_number             5318547
origin_airport          5332914
destination_airport     5332914
scheduled_departure     5332914
```

그림 10.5 chapter10/visualize 노트북 4번 상자

7. 여기서 5, 6번 상자는 DataFrame의 shape와 칼럼 함수들을 사용하는 방법을 설명하고 있다.

8. 7번 상자는 DataFrame의 describe 함수를 사용해 데이터셋의 일부 기본적인 통계를 생성한다. 이 함수는 어떤 데이터가 말이 되는지 검증할 때 사용할 수 있다. 예를 들어 taxi_in에 최댓값으로 지나치게 높은 값이 있는 경우다. 이러한 경우 SME와 협업해서 필요한 만큼 레코드들을 확인하고, 바로잡는다. 다음 그림은 화면의 일부이며, 전체 그림을 보기 위해서는 이 코드를 독자의 환경에서 실행해야 한다.

```
df.describe().T
```

	count	mean	std	min	25%	50%	75%	max
month	5332914.0	6.207210	3.383807	1.00000	3.00000	6.00000	9.00000	12.00000
day	5332914.0	15.688744	8.774687	1.00000	8.00000	16.00000	23.00000	31.00000
day_of_week	5332914.0	3.919179	1.993635	1.00000	2.00000	4.00000	6.00000	7.00000
flight_number	5332914.0	2178.418536	1760.521385	1.00000	731.00000	1690.00000	3252.00000	9855.00000
departure_delay	5249100.0	9.774568	37.592331	-82.00000	-5.00000	-1.00000	8.00000	1988.00000
taxi_out	5246302.0	16.102897	8.991109	1.00000	11.00000	14.00000	19.00000	225.00000
scheduled_time	5332908.0	141.783158	75.251707	18.00000	85.00000	123.00000	174.00000	718.00000

그림 10.6 chapter10/visualize 노트북 7번 상자

9. 다음으로 데이터가 null 값이 있는지 알고 싶을 것이다. 3번에서 봤듯이 일부 NaN과 None 값들이 데이터에 있다. 일부 데이터가 없는 문제가 생긴 여러 칼럼이 있다는 것을 찾았다. 다음 그림은 화면의 일부이며, 전체 그림을 보기 위해서는 이 코드를 독자의 환경에서 실행해야 한다.

```
df.isnull().any()

month                   False
day                     False
day_of_week             False
airline                 False
flight_number           False
tail_number              True
origin_airport          False
destination_airport     False
scheduled_departure     False
departure_time           True
departure_delay          True
taxi_out                 True
wheels_off               True
```

그림 10.7 chapter10/visualize 노트북 8번 상자

10. 다음은 DataFrame의 isnull 함수를 사용해 데이터가 없는 레코드가 몇 개인지 찾아볼 것이다. df.isnull().sum().sort_values(ascending = False) 코드의 출력을 보면, 2개의 다른 그룹이 있다. 출력의 처음 6개의 행은 매우 많은 양의 데이터가 없는 칼럼명을 보여주고 있고, 데이터 엔지니어링 팀과 SME와 의논해 데이터를 가져오기 위한 자료를 찾을 수도 있다. 여기서는 이 칼럼들을 버릴 것이다.

```
df.isnull().sum().sort_values(ascending = False)

cancellation_reason     5245484
late_aircraft_delay     4329554
weather_delay           4329554
airline_delay           4329554
security_delay          4329554
air_system_delay        4329554
```

그림 10.8 chapter10/visualize 노트북 9번 상자

11. 두 번째 그룹은 `wheels_on` 칼럼으로 시작하고, 아마도 데이터가 없는 행들은 버리거나 적당한 통계 함수로 데이터를 채우도록 하는 선택을 하게 된다. 예를 들어 `taxi_in` 칼럼에 없는 값들은 같은 공항과 같은 시간의 평균값이 될 수도 있다. 이러한 전략은 팀에서 논의해야 한다. 이 예제에서는 해당 행들을 버릴 것이다.

```
wheels_on          89942
arrival_time       89942
taxi_in            89942
wheels_off         86612
taxi_out           86612
departure_time     83814
departure_delay    83814
tail_number        14367
DEST_LATITUDE       4610
DEST_LONGITUDE      4610
ORIG_LATITUDE       4605
ORIG_LONGITUDE      4605
scheduled_time         6
DEST_CITY              0
DEST_AIRPORT           0
ORIG_STATE             0
```

그림 10.9 chapter10/visualize 노트북 9번 상자

12. 가끔은 데이터가 없는 특정 칼럼의 행들을 샘플로 조사해보는 것도 좋은 생각이다. 이후의 데이터를 이해하기에 매우 유용한 유형을 데이터에서 찾기도 한다. 값이 없는 `tail_number` 항목의 행들을 살펴보고, 어떤 유형이 있는지 찾아보자. 다음 그림은 화면의 일부이며, 전체 그림을 보기 위해서는 이 코드를 독자의 환경에서 실행해야 한다.

```
df[df["tail_number"].isna()].head(5)
```

	month	day	day_of_week	airline	flight_number	tail_number	origin_airport	destination_airport	scheduled_departure	departure_time	departure_delay
349	11	30	1	AA	791	None	BOS	PHL	0530	None	NaN
949	11	30	1	UA	600	None	ORD	DCA	0600	None	NaN
1552	11	30	1	UA	263	None	DEN	ORD	1300	None	NaN

그림 10.10 chapter10/visualize 노트북 10번 상자

13. 이제 데이터프레임의 info 함수를 사용해 칼럼의 데이터 타입을 알아낼 것이다. 칼럼의 데이터 타입이 우리가 기대한 것과 다른 경우는 매우 많다. 이런 경우 SME, 데이터 팀과 의논해서 데이터 품질을 높일 것이다. 다음 그림은 화면의 일부이며, 전체 그림을 보기 위해서는 이 코드를 독자의 환경에서 실행해야 한다.

```
df.info()
<class 'pandas.core.frame.DataFrame'>
RangeIndex: 5332914 entries, 0 to 5332913
Data columns (total 42 columns):
 #   Column                Dtype
---  ------                -----
 0   month                 int32
 1   day                   int32
 2   day_of_week           int32
 3   airline               object
 4   flight_number         int32
 5   tail_number           object
 6   origin_airport        object
 7   destination_airport   object
```

그림 10.11 chapter10/visualize 노트북 11번 상자

14. 시각화는 데이터를 이해하는 데 특히 중요한 도구다. 어느 것이든 편하다고 생각되는 라이브러리를 사용하면 된다. 예를 들어 이 노트북의 마지막 상자에 있는 DELAYED 칼럼에 대한 데이터 분산을 알아내는 그래프를 만들어본다. 레코드의 99%가 DELAYED 칼럼이 0이라고 상상해보자. 이 경우에 항공편의 정시 운항 여부에 대한 예측에 필요한 데이터가 충분하지 않을 수 있다. SME와 데이터 팀과 함께 데이터를 더 가져와야 할 것이다. 이 예제에서는 현재의 데이터 그대도 분산을 사용한다.

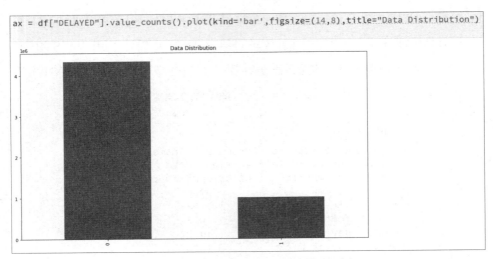

```
ax = df["DELAYED"].value_counts().plot(kind='bar',figsize=(14,8),title="Data_Distribution")
```

그림 10.12 chapter10/visualize 노트북 12번 상자

이제 항공편 데이터를 더욱 잘 이해했으므로 모델을 만들기 시작해보자. 실제 상황에서는 데이터를 이해하는 데 더 많은 시간을 투자해야 할 것이다. 이 책에서 중점을 두는 것은 모델 개발 라이프사이클을 구현하는 방법이므로, 예제는 최대한 간단하게 유지한다.

주피터허브로 모델을 만들고 조정하기

데이터 과학자로서 적합한 조합을 찾기 위해 다양한 파라미터를 사용해 여러 모델을 시험해보고자 할 것이다. 모델을 만들기 전에 8장, '우리의 플랫폼을 사용한 전체 머신러닝 프로젝트 만들기'를 상기해, 많은 사례와 같이 정확도에 의해 잘못된 방향으로 흐르지 않도록 평가 기준을 정의해야 한다.

항공편 예제의 경우 독자의 팀과 SME가 정확도 지표에 동의했다고 가정한다. 정확도는 측정은 제공된 데이터셋에서 긍정적 식별자 부분을 측정하는 것이다.

모델을 만들기를 시작하고 데이터 과학자가 이 작업을 효율적으로 수행할 수 있도록 플랫폼이 어떻게 지원하는지 살펴보자.

1. 주피터허브 환경에서 chapter10/experiments.ipynb 파일 노트북을 연다.

2. 2번 상자에서 **MLflow**에 연결 정보를 추가한다. **MLflow**는 모델 시험을 기록하고 모델 레지스트리 역할을 하는 플랫폼의 구성 요소임을 상기해보자. 코드에서 시험 실행의 이름을 제공하는 EXPERIMENT_NAME 항목을 설정할 것이다. 이 상자의 마지막 줄에는 **MLflow**가 시험 실행을 어떻게 기록하는지 언급하고 있다. autolog 기능의 경우, **MLflow**가 나중에 사용할 파라미터를 기록하기 위해 학습하는 동안 자동 콜백 callback의 등록이 가능하다.

   MLflow가 아티팩트를 저장할 때 사용할 S3 버킷에 대한 설정도 해야 한다.

```python
import mlflow

HOST = "http://mlflow:5500"
EXPERIMENT_NAME = "FlightsDelay-mluser"

os.environ['MLFLOW_S3_ENDPOINT_URL']='http://minio-ml-workshop:9000'
os.environ['AWS_ACCESS_KEY_ID']='minio'
os.environ['AWS_REGION']='us-east-1'
os.environ['AWS_BUCKET_NAME']='mlflow'

# Connect to local MLflow tracking server
mlflow.set_tracking_uri(HOST)

# Set the experiment name...
mlflow.set_experiment(EXPERIMENT_NAME)

mlflow.sklearn.autolog(log_input_examples=True)
```

그림 10.13 chapter10/experiments 노트북 2번 상자

3. 3번 상자는 데이터 엔지니어링 팀이 가용한 데이터를 읽는 부분이고, 4번은 다시 데이터가 존재하지 않는 몇 개의 칼럼에 대해 정보를 제공하는 것이다. 이 노트북에서는 이 정보를 사용해 유용하지 않은 칼럼들을 버릴 것이다. 다음 그림은 화면의 일부이며, 전체 그림을 보기 위해서는 이 코드를 독자의 환경에서 실행해야 한다.

```
import pyarrow.parquet as pq
import s3fs

fs = s3fs.S3FileSystem(anon=True,
                       key='minio',
                       secret='minio123',
                       client_kwargs=dict(endpoint_url="http://minio-ml-workshop:9000"))
fs.ls("flights-data/flights-clean")
#..
df = pq.ParquetDataset('s3://flights-data/flights-clean', filesystem = fs).read_pandas().to_pandas()

df.isnull().sum().sort_values(ascending = False)

cancellation_reason    5245484
late_aircraft_delay    4329554
weather_delay          4329554
airline_delay          4329554
security_delay         4329554
air_system_delay       4329554
air_time                101784
arrival_delay           101784
elapsed time            101784
```

그림 10.14 chapter10/experiments 노트북 3번 상자

4. 5번 상자는 2개의 칼럼을 버리고 있다. 첫 세트는 대부분의 행에 데이터가 없는 칼럼을 버린다. 앞 단계에서 확인한 내용을 바탕으로 이 칼럼들을 선택했다. 여기서는 단순함을 유지하고 칼럼을 버렸다. 하지만 이런 비정상적인 경우에 대한 이유를 알기 위해 데이터 팀과 협업하면서 가능한 한 많은 데이터를 목표로 할 것을 권한다. 여기서 버리는 칼럼들은 다음과 같다. "cancellation_reason", "late_aircraft_delay", "weather_delay", "airline_delay", "security_delay", "air_system_delay". 다음 그림을 참조한다.

```
#drop the columns for which the dataset has missing data for a large number of rows
df = df.drop(["cancellation_reason","late_aircraft_delay","weather_delay",
              "airline_delay", "security_delay", "air_system_delay"], axis=1)
```

그림 10.15 chapter10/experiments 노트북 5번 상자

두 번째 drop문은 tail_number 칼럼을 버린다. 이 칼럼은 지연된 항공편에 대해 아무런 역할도 하지 않는다. 실제 상황에서는 SME와 논의할 필요가 있을 것이다.

```
# tail number doesnot seems to effect the predictions
df = df.drop(["tail_number"], axis=1)
```

그림 10.16 chapter10/experiments 노트북 5번 상자

5. 6번 상자에서 Dataframe의 dropna 함수로 데이터가 없는 행들을 버리고 있다. 앞의 3번 단계를 상기해보면 데이터가 없는 행의 수가 데이터가 있는 행과 비교해 작았다. 예를 들어 air_time, arrival_delay, elapsed_time이 있다. 단순화하기 위해 이런 접근 방법을 사용 중이다. 없는 부분의 데이터를 가져올 방법을 찾거나 기존의 값에서 이 데이터를 생성하는 것이 더 좋은 방법일 수 있다.

```
df = df.dropna(subset=["scheduled_time", "ORIG_LONGITUDE", "ORIG_LATITUDE",
                       "DEST_LONGITUDE", "DEST_LATITUDE", "departure_delay",
                       "departure_time", "taxi_out","wheels_off", "taxi_in", "arrival_time",
                       "wheels_on", "elapsed_time", "arrival_delay","air_time"])
```

그림 10.17 chapter10/experiments 노트북 6번 상자

6. 7번 상자에서는 미래의 항공편 데이터가 없는 칼럼들을 버리고 있다. 이 모델은 미래의 항공편 정시 운항율을 예측하는 것을 목표로 하고 있다는 점을 상기하자. 하지만 departure_time, arrival_time과 같이 실제 출발과 도착 시간을 포함하는 칼럼들이다. 미래의 항공편에 대해 예측할 때에는 이러한 데이터가 없으므로, 모델이 학습하는 동안에 이 칼럼들은 버려야 한다.

```
df = df.drop(["departure_time","arrival_time","wheels_on",
              "wheels_off", "departure_delay", "arrival_delay", "diverted",
              "cancelled", "taxi_in", "taxi_out"], axis=1)
```

그림 10.18 chapter10/experiments 노트북 7번 상자

7. 데이터셋에서 출발과 도착 예정 시간은 **HHMM** 형식으로 있으며, **HH**는 시간, **MM**은 분이다. 8번 상자에서 데이터 과학자로서 위 데이터를 2개의 다른 칼럼으로 나누고자 한다. 하나는 시간을 나타내는 칼럼이고, 다른 하나는 분을 나타낸다. 데이터셋을 단순화해서 만약 예측한 분류와 나뉜 데이터가 연관성이 있다면 모델 성능이 향상될 수 있다. 이런 작업은 직관적으로 하거나 **SME**와 의논해서 선택하기도 한다.

우리는 scheduled_departure와 scheduled_arrival 칼럼들을 위에서 언급한 대로 나누고자 한다.

```
df["scheduled_departure_hour"] = df.scheduled_departure.str[:2].astype(int)
df["scheduled_departure_minute"] = df.scheduled_departure.str[2:].astype(int)


df["scheduled_arrival_hour"] = df.scheduled_arrival.str[:2].astype(int)
df["scheduled_arrival_minute"] = df.scheduled_arrival.str[2:].astype(int)
```

그림 10.19 chapter10/experiments 노트북 8번 상자

8. 9번 상자에서 칼럼 몇 개를 더 버리고 있다. 처음 구문은 scheduled_arrival과 같은 시간을 시와 분으로 나누는 칼럼들을 포함하고 있다.

```
#drop the columns for which we have splitted the time into hours and minutes
df = df.drop(["scheduled_arrival", "scheduled_departure"], axis=1)
```

그림 10.20 chapter10/experiments 노트북 9번 상자

두 번째 구문은 나머지 다른 칼럼들을 보여주고 있다. 예를 들어 origin_airport는 공항을 나타내는 키 칼럼이고, ORIG_AIRPORT 칼럼은 상세 이름이다. 이 두 칼럼 모두 같은 정보를 나타낸다.

```
#drop the columns which are repsented in other column too.
#For example origin_airport col has a key for the airport and the ORIG_A
df = df.drop([ "AL_AIRLINE", "ORIG_AIRPORT", "DEST_AIRPORT"], axis=1)
```

그림 10.21 chapter10/experiments 노트북 9번 상자

9. 10번 상자는 head문을 사용해 데이터셋을 다시 시작적으로 보여준다. `airline` 칼럼과 같이 일부 데이터는 문자열 형식이다.

```
pd.set_option('display.max_columns', None)
df.head(5)
```

	month	day	day_of_week	airline	flight_number	origin_airport	destination
0	11	30	1	WN	552	LGA	
1	11	30	1	WN	271	MCI	
2	11	30	1	WN	673	MCO	

그림 10.22 chapter10/experiments 노트북 10번 상자

위 데이터를 숫자로 변환하도록 인코딩을 선택한다. 인코딩에는 오디널^{Ordinal}(순서형) 인코딩, 원-핫 인코딩 등 많은 기술이 있다. 이 예제에서는 간단한 `OrdinalEncoder`를 사용하고자 한다. 이 인코더는 정해진 값들을 정수 배열로 인코딩한다. 12번 상자에서 `airline`, `origin_airport`와 같이 선택한 항목들에 대해 인코딩을 적용했다.

```
import category_encoders as ce

names = ['airline', "origin_airport", "destination_airport", "ORIG_CITY",
         "ORIG_STATE", "DEST_CITY", "DEST_STATE"]
final_df = df
final_df = final_df.drop(['DELAYED'], axis = 1)
enc = ce.ordinal.OrdinalEncoder(cols=names)
enc.fit(final_df)
final_df = enc.transform(final_df)
```

그림 10.23 chapter10/experiments 노트북 12번 상자

위 항목들에 대한 입력 문자열 데이터는 정수로 변환될 것임을 의미한다. 학습하기에 좋지만 추론 시간에 호출자는 우리가 방금 수행한 인코딩에 대해 모를 수 있다. 이 인코더를 저장하고 추론 시에 문자열을 정수로 변환하도록 하는 것도 하나의 방법이다. 즉, 추론 파이프라인이 두 단계로 이뤄지는 것이다. 첫 단계는 인코딩을 적용하고, 두 번째 단계에서 저장된 모드를 사용해 응답을 예측하는 것이다. 12번 상자의 마

지막 네 줄에서 인코더를 저장했고, 이를 MLflow에 등록해야 한다.

```
#save_the_encoder_to_be_used_at_inference_time
import joblib
joblib.dump(enc, 'FlgithsDelayOrdinalEncoder.pkl')
#save_the_file_in_mlflow
mlflow.log_artifact("FlgithsDelayOrdinalEncoder.pkl")
```

그림 10.24 chapter10/experiments 노트북 12번 상자

10. 13번 상자는 head문을 사용해 데이터를 검증한다. airline 칼럼(카테고리 인코딩을 적용한 칼럼 중 하나)이 변경된 것을 주목하자. 예를 들어 10번과 13번 상자의 airline 칼럼의 값을 비교해보면 WN이었던 값이 1로 변경된 것을 알 수 있다. 즉 데이터셋에 인코딩이 잘 적용된 것을 확인한 것이다.

final_df.head(5)						
	month	day	day_of_week	airline	flight_number	origin_airport	destination_airport
0	11	30	1	1	552	1	1
1	11	30	1	1	271	2	2
2	11	30	1	1	673	3	3
3	11	30	1	1	2720	4	4
4	11	30	1	1	805	5	5

그림 10.25 chapter10/experiments 노트북 13번 상자

11. 14번 상자에서는 dftype문을 사용해 데이터셋의 각 칼럼 데이터 타입을 확인했다. 많은 알고리듬에서 숫자 형식의 데이터를 필요로 한다. 우리가 갖고 있는 모델들은 모든 항목을 숫자 형식으로 바꾸는 것이 필요할 수도 있다.

12. 15번 상자에서 데이터를 학습과 테스트 세트로 구분했다. 우리는 X_Train, y_train 세트로 모델이 학습할 것이고, X_Test, y_test 세트는 모델 성능을 검증하는 데 사용할 것이다. 처음 보는 데이터에 대해서도 모델 성능을 평가하는데 교차 검증을 수행할 수 있다. 데이터 과학자로서 이와 같은 개념을 알고 있다고 가정하고 더 세부적인 내용은 다루지 않을 것이다.

```
from sklearn.model_selection import train_test_split

labels = df['DELAYED']
X_train, X_test, y_train, y_test = train_test_split(final_df, labels, test_size=0.2)
```

그림 10.26 chapter10/experiments 노트북 15번 상자

13. 16번 상자는 데이터셋의 데이터 분산을 시각화한다. 다음 그림은 화면의 일부이며,
전체 그림을 보기 위해서는 이 코드를 독자의 환경에서 실행해야 한다.

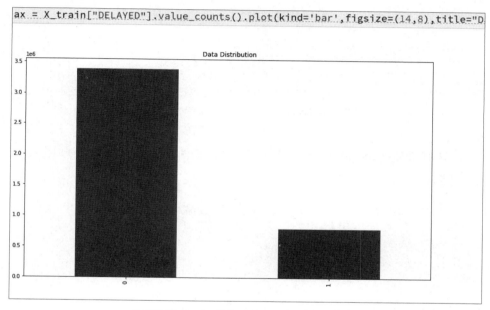

그림 10.27 chapter10/experiments 노트북 16번 상자

위의 차트에서 데이터는 정시 항공편으로 편중돼 있는 것을 볼 수 있다. 이는 모델 성
능에 영향을 줄 수도 있다. 다행히도 사이킷 라이브러리의 RandomForestClassifier
객체가 class_weight 파라미터를 제공한다. 각각의 레이블에 대해서 우리가 원하는
가중치를 부여할 수 있도록 dictionary 객체를 사용할 수 있다. 예를 들어 정시 항
공편을 나타내는 0의 값을 가진 DEALYED 칼럼에 대해 더 낮은 가중치를 할당하는 것
이다. class_weight에 대해 다른 값은 balanced다. 이는 알고리듬이 데이터가 나타
나는 주기와 반대되는 비율로 레이블에 가중치를 부여한다. 간단히 말하면 우리의

경우 balanced는 DELAYED 값이 0인 경우와 비교해 값이 1일때 더 높은 가중치를 부여한다.

14. 19번 상자에서 랜덤 포레스트 분류^{random forest classification} 모델을 정의하고 20번 상자에서 모델이 학습한다. 최소한의 하이퍼파라미터만 정의하고, GridSearchCV를 사용해 주어진 데이터셋에 대한 최적의 추정치^{estimator}를 찾고 있다. 이 상자의 주석에는 구분된 하이퍼파라미터 세트가 있다. 독자가 다양한 조합으로 시도해보길 권한다.

```
from sklearn.ensemble import RandomForestClassifier
from sklearn.model_selection import GridSearchCV

#n_jobs = -1 will use all the cores
forest_clf = RandomForestClassifier(random_state=42, n_jobs=-1, class_weight='balanced')
```

그림 10.28 chapter10/experiments 노트북 19번 상자

그림 10.29는 model.fit() 함수를 실행해서 어떻게 모델의 학습이 수행되는지 보여준다.

```
# to save time for the example, we have used minimum paramaters
# this surely can be improved for a better model

# criterion = ['gini']
# n_estimators = [15,22]
# max_depth = [15,30]
# min_samples_split = [6,8]
# min_samples_leaf = [10,12]

n_estimators = [15, 22]
criterion = ['gini']
max_depth = [15, 30]

# Merge the list into the variable
hyperparameters = dict(n_estimators = n_estimators , criterion = criterion, max_depth=max_depth)

model = GridSearchCV(forest_clf, hyperparameters, verbose=0)
rf_best_model = model.fit(X_train,y_train)
```

그림 10.29 chapter10/experiments 노트북 20번 상자

20번 상자에서 학습이 완료될 때까지 시간이 걸릴 것이다. 인내심을 갖자.

15. 21번 상자는 테스트 데이터에 대한 예측 모델을 캡처하기 위한 predict 메소드를 사용했다. 참고로 rf_best_model 모델은 GridSearchCV 객체의 출력이다.

```
y_test_pred = rf_best_model.predict(X_test)
```

그림 10.30 chapter10/experiments 노트북 21번 상자

16. 22번 상자는 confusion_matrix 함수로 행렬을 계산하고 모델의 성능을 검증한다.

```
from sklearn.metrics import confusion_matrix, classification_report
confusion_matrix(y_test, y_test_pred)

array([[845005,    1138],
       [195374,    2883]])
```

그림 10.31 chapter10/experiments 노트북 22번 상자

17. 23번 상자는 precision_score 함수를 사용해 테스트 데이터셋에 대한 모델의 re callscore를 계산한다. 여기서는 약 72%의 예측 정확도를 달성했으며, 이는 첫 시험 실행으로서 좋은 결과다. 시험을 더 실행해서 플랫폼을 활용한 모델의 지표를 향상할 수도 있다.

```
from sklearn.metrics import precision_score, recall_score
precision_score(y_test, y_test_pred)

0.7169858244217856
```

그림 10.32 chapter10/experiments 노트북 23번 상자

여러 파라미터와 RandomForestClassifier 모델을 가지고 하나의 시험 실행을 완료했다. 현재 단계에서 MLflow를 점검하고, 시험 실행 시에 캡처한 파라미터와 모델 성능 데이터들을 살펴보고 싶을 것이다.

특히 데이터 과학자는 주어진 문제에 적합한 것을 찾기 위해 여러 알고리듬을 시험한다. 다른 알고리듬과 비교하기 위해 MLflow를 사용하면서 코드를 실행하고, 향상시키는 것은 독자에게 달렸다.

이제 MLflow가 우리를 위해 무엇을 남겼는지 살펴보자.

모델 시험 추적과 MLflow를 사용한 버전 관리

이번 절에서는 MLflow를 사용해 시험과 모델의 버전을 추적할 것이다. 짧은 절을 진행하는 동안 6장, '머신러닝 엔지니어링'에서 MLflow에 대해 세부적으로 논의했던 핵심 기능을 다시 살펴본다.

모델 시험 추적

이 절은 우리의 시험에 대해 MLflow가 기록한 데이터를 살펴볼 것이다. 방금 전에 MLflow를 등록했고, autolog 함수를 호출했으며, MLflow는 자동으로 모든 데이터를 기록한다는 점을 주목하자. 이는 우리가 여러 실행들을 비교하고, 팀원들과 결과를 공유할 수 있도록 플랫폼이 지원하는 강력한 기능이다.

다음 과정은 MLflow에서 시험 추적을 어떻게 할 수 있는지 보여준다.

1. 플랫폼의 MLflow 화면에 로그인한다.

2. 화면 좌측의 **Experiments** 섹션에서 **FlightsDelay-mluser**라는 이름의 시험을 볼 수 있다. 이를 클릭하면 다음과 같은 화면이 보일 것이다. 화면 우측에서 모든 실행들을 보여주고 있다. 이미 GridSearchCV를 사용했으므로, 여러 개의 실행이 보일 것이다.

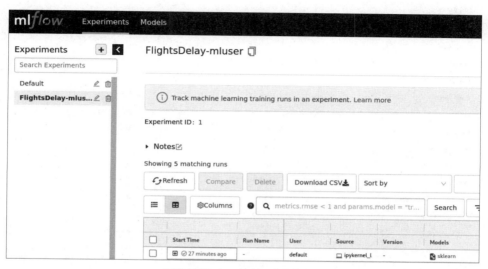

그림 10.33 MLflow의 모델 추적 상세

3. 화면에서 **+** 아이콘을 클릭하면 모든 실행을 보여준다. 하이퍼파라미터를 기준으로 4개의 실행이 있고, 자동으로 최적의 실행을 선택한다. 이 기능은 데이터 과학자로서 작업 방법을 개선하고, 시험이 기록된 시스템을 많은 변경 작업 없이도 손쉽게 사용할 수 있다. 단지 `autolog` 기능을 활성화해 **MLflow**가 자동으로 지표들을 캡처했다. 4개의 실행 모두 선택하고 **Compare** 버튼을 클릭한다.

그림 10.34는 각각의 실행과 실행에 관련된 하이퍼파라미터를 보여준다.

ml*flow*	Experiments	Models		
FlightsDelay-mluser > Comparing 2 Runs				
Run ID:			0b5fd03d3fea4f359d3c892e01f15baf	1b2b44b2179649dead4b571c6ab023a6
Run Name:				
Start Time:			2022-03-31 23:31:01	2022-03-31 23:31:01
Parameters				
bootstrap			True	True
ccp_alpha			0.0	0.0
class_weight			None	None
criterion			gini	gini
max_depth			15	15
max_features			auto	auto
max_leaf_nodes			None	None
max_samples			None	None
min_impurity_decrease			0.0	0.0
min_samples_leaf			1	1
min_samples_split			2	2
min_weight_fraction_leaf			0.0	0.0
n_estimators			22	15
n_jobs			-1	-1
oob_score			False	False

그림 10.34 MLflow에서 모델의 비교

374

4. **+** 아이콘 옆의 **Run**을 클릭하면 **MLflow**가 이 실행의 상세를 보여준다. 아티팩트 섹션에서 모델 파일을 찾을 수 있다. 또한 이름이 `FlightsDelayOrdinalEncoder.pkl`인 오디널 인코더 파일을 볼 수 있다.

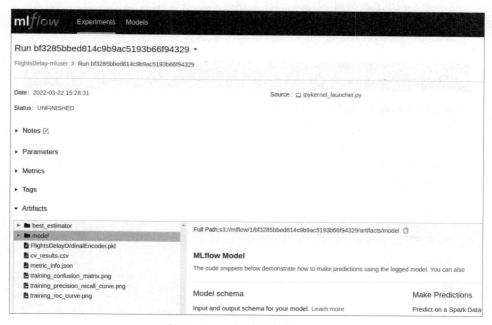

그림 10.35 MLflow가 캡처한 파일과 데이터

이번 절에서 우리의 학습 실행에서 **MLflow**가 캡처한 모든 지표들을 봤고, 비교 함수를 통해 올바른 모델 선택에 도움을 받았다.

다음 단계는 모델의 버전 관리다.

모델 버전 관리

모델의 성능에 대해 고민하고 다른 팀원들과 데이터를 공유한 후에 프로젝트에 활용할 모델을 선택했다. 이번 절에서는 사용할 모델의 버전을 관리한다. 6장, '머신러닝 엔지니어링'에서 논의한 모델 버전 관리 세부 사항을 참조할 수 있다.

다음 과정은 모델의 버전을 어떻게 관리하는지 안내할 것이다.

1. MLflow를 열고, 화면 좌측에 **FlightDelay-mluser** 시험을 클릭한다.

2. 다음으로, 화면 우측에서 실행에 대한 + 아이콘을 클릭한다. 다음과 같은 화면을 볼 수 있을 것이다.

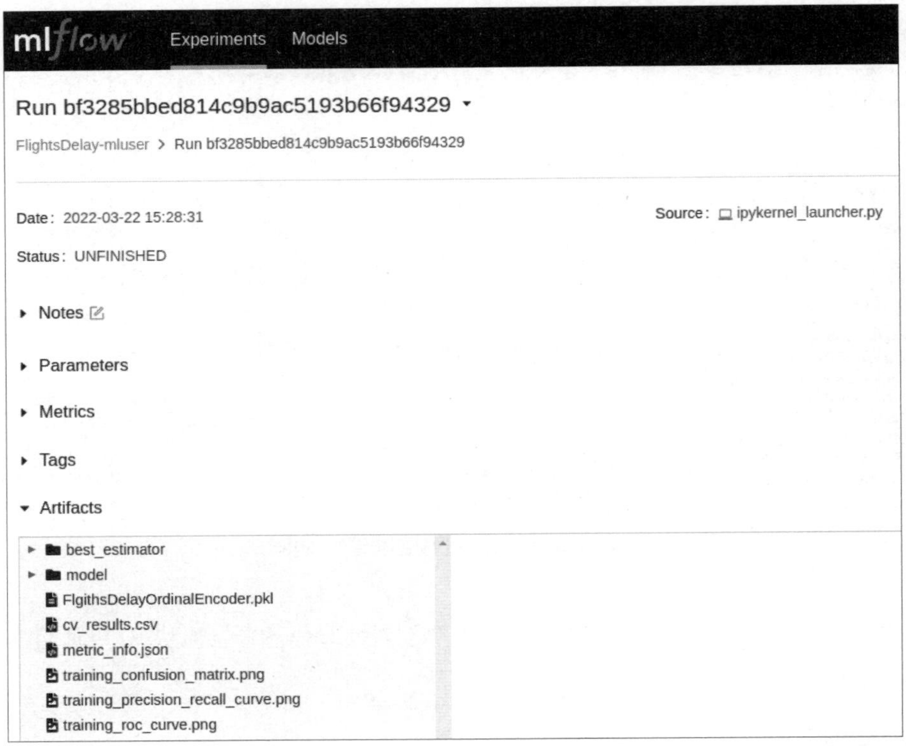

그림 10.36 MLflow가 캡처한 파일과 데이터

3. 아티팩트 아래의 **model** 폴더를 클릭하면 **Register Mode**라고 쓰여진 파란 버튼이 나타난다.

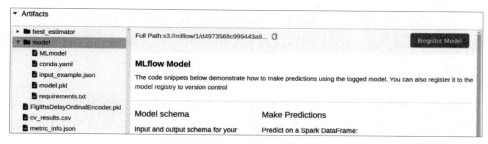

그림 10.37 MLflow의 모델 버전 관리

4. **Register Model** 버튼을 클릭하고, 모델을 확인할 수 있는 이름을 입력한다. 예를 들면 flights-ontime과 같다.

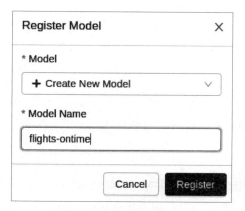

그림 10.38 MLflow의 모델 등록

데이터 과학자로서 항공편 지연 예측에 대한 모델을 모델 레지스트리에 등록했다. 다음은 모델을 배포하는 것이다.

모델을 서비스로 배포

이번 절에서는 모델을 REST 서비스 형태로 배포할 것이다. 팀에서 모델을 서비스로 패키징하고 배포했던 7장, '모델 배포와 자동화'에서 언급한 세부 내용을 볼 수 있을 것이다. 다음으로 모델의 사용자들은 이 서비스를 활용할 수 있을 것이다. 이 절에 앞서 7장, '모델 배포와 자동화'에서 배운 지식들을 다시 살펴볼 것을 권한다.

7장, '모델의 배포와 자동화'에서 모델을 REST 서비스 형태로 노출시킨 Predictor 클래스를 배포했다. 여기서도 같은 클래스를 사용하지만 이 항공편 프로젝트에서는 모델 학습에 데이터를 사용하기 전에 단정적^{categorical} 인코딩을 적용한다. 즉, 추론하는 시점에 입력 데이터에 대해 위의 인코딩을 적용해야 한다. 10장의 앞부분에서 FlightsDelay OrdinalEncoder.pkl 파일을 저장했었고, MLflow의 리포지터리에 있다는 것을 상기하자.

다음 단계는 입력 데이터를 변환하기 위한 간단한 클래스를 작성하는 것이다. 이 클래스를 일단 정의하면, 셀돈을 사용해 추론 파이프라인을 정의하고, 모델을 컨테이너로 패키징할 것이다. 그러므로 추론 파이프라인은 두 단계로 이뤄진다. 첫 번째는 인코딩을 적용하는 것이고, 두 번째는 모델의 클래스를 사용하는 것이다.

위 내용이 어렵게 보일 수 있다. 플랫폼이 세부 사항은 추상화하는 것을 알게 될 것이다. 우리는 단지 몇 개의 파라미터만 제공해서 모델을 서비스로 패키징하여 배포할 것이다.

먼저 FlightsDelayOrdinalEncoder.pkl 파일을 읽고 입력 데이터에 인코딩을 적용할 Transformer 클래스를 살펴보자. chapter10/model_deploy_pipeline/model_build_ push/Transformer.py 파일을 연다. 여기서 __init__ 함수가 인코더 파일을 열고, trans form_input 함수가 입력 데이터를 표준 transform 함수를 사용해 변환하는 것을 볼 수 있다. 이 함수는 모델 학습에 사용한 것과 동일한 함수다. 그림 10.39는 코드 파일을 보여준다.

```
1    import joblib
2    import pandas as pd
3
4    class Transformer(object):
5        """
6        this class loads the encoder filesets and apply it to the data passed
7        """
8        def __init__(self):
9            self.encoder = joblib.load('FlightsDelayOrdinalEncoder.pkl')
10
11        def transform_input(self, X, feature_names, meta):
12            '''
13            Seldon will call this function to apply the transformation
14            '''
15            df = pd.DataFrame(X, columns=feature_names)
16            df = self.encoder.transform(df)
17            return df.to_numpy()
```

그림 10.39 Transformer 클래스

두 번째 아티팩트는 모델 추론 그래프를 정의한다. 7장, '모델 배포와 자동화'에서 컨테이너와 SeldonDeploy.yaml 파일로 추론 그래프를 정의했던 부분을 상기해보자. 이번 절에서 그 추론 그래프를 확장해 추론 파이프라인의 변환과 예측 부분까지 다뤄보자. 그래프에서 새로운 구성 요소를 정의할 때는 자연스럽게 그래프 노드에 대한 서비스를 제공하는 컨테이너를 정의해야 할 것이다.

예제의 단순함을 유지하기 위해 Predict.py의 변환 로직을 실행하고자 한다. 하지만 셀돈이 복잡한 그래프를 어떻게 만드는지 보여주려고 했고, 각 그래프는 별개의 컨테이너 인스턴스가 될 수 있다. 이러한 접근 방법은 탄력적으로 운영 모델을 실행하기에 좋은 다양성을 가져다준다.

이제 chapter10/model_deploy_pipeline/model_deploy/SeldonDeploy.yaml 파일을 살펴보자. 이 파일은 7장, '모델 배포와 자동화'에서 복사했고, 다음과 같이 변경했다.

첫 번째 변경 사항은 추론 그래프를 만드는 것이다. 변환부터 먼저 적용하고, 예측 모델을 실행한다. 그림 10.40은 이 그래프를 보여준다. 그래프의 루트 요소는 transformer란 이름의 TRANSFORMER 타입이고, 그래프에서 children 노드를 갖고 있다. 이 children 노드는 루트 노드 이후에 실행된다. 이는 모델의 요구 사항에 따라 어려운 그래프도 지원할 수 있는 구성이다. 여기서 children 노드는 실제 예측이다.

```yaml
graph:
  name: transformer
  type: TRANSFORMER
  endpoint:
    type: REST
    service_host: localhost
    service_port: 9000
  children:
  - name: predictor
    type: MODEL
    endpoint:
      type: REST
      service_host: localhost
      service_port: 9001
```

그림 10.40 셀돈 배포 YAML

두 번째 chapter10/model_deploy_pipeline/model_deploy/SeldonDeploy.yaml 파일의 변경 사항은 루트와 하위 노드 모두에 대한 컨테이너를 등록하는 것이다. 그래프에서 name 항목은 그래프 노드의 컨테이너와 연관이 있다. 즉, 2개의 컨테이너 인스턴스를 가질 것이다. 하나는 transformer이고, 다른 하나는 predictor다. transformer 인스턴스는 Transformer.py 파일을 실행하고, predictor 인스턴스는 Predictor.py 파일을 실행한다. 지금까지 위 모든 파일들에 대한 하나의 컨테이너 이미지를 만들었고, 우리의 컨테이너 이미지도 동일하다. 하나의 컨테이너 이미지로 패키징할 chapter10/model_deploy_pipeline/model_build_push/Dockerfile.py 파일을 검토해보자. 그림 10.41은 컨테이너들을 설정한 SeldonDeploy.yaml 파일의 일부를 강조한 것이다.

첫 번째 컨테이너가 이름이 transformer인 것을 주목해보자. MODEL_NAME 변수는 파이썬 파일의 이름을 말하고, SERVICE_TYPE 변수는 셀돈이 호출할 콜백 타입을 말한다. Transformer.py는 transform_input 메소드를 가지며, SERVICE_TYPE은 셀돈 시스템이 올바른 함수를 호출할 수 있도록 안내한다. 마찬가지로 predictor 컨테이너 인스턴스에 대해서도 적용되며, MODEL_NAME과 SERVICE_TYPE이 predictor 인스턴스의 경우에는 어떻게 다른지 알아보자.

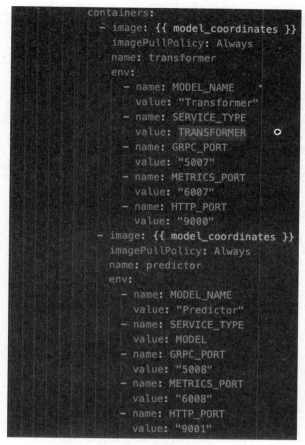

```yaml
containers:
  - image: {{ model_coordinates }}
    imagePullPolicy: Always
    name: transformer
    env:
      - name: MODEL_NAME
        value: "Transformer"
      - name: SERVICE_TYPE
        value: TRANSFORMER
      - name: GRPC_PORT
        value: "5007"
      - name: METRICS_PORT
        value: "6007"
      - name: HTTP_PORT
        value: "9000"
  - image: {{ model_coordinates }}
    imagePullPolicy: Always
    name: predictor
    env:
      - name: MODEL_NAME
        value: "Predictor"
      - name: SERVICE_TYPE
        value: MODEL
      - name: GRPC_PORT
        value: "5008"
      - name: METRICS_PORT
        value: "6008"
      - name: HTTP_PORT
        value: "9001"
```

그림 10.41 셀돈 배포 YAML

다 됐다! 조금 압도된 느낌을 받은 독자가 있을 수 있지만 일단 프로젝트의 구조를 정의했으면 이 파일들은 표준화되고, 데이터 과학자는 프로젝트마다 바꿀 일이 없을 것이다. 우리는 머신러닝 플랫폼이 모델을 만드는 과정만이 아니라 패키징하는 과정도 충분히 독립적일 수 있도록 지원하는지 살펴봤다.

다음 단계는 단순한 Airflow 파이프라인을 작성해 모델을 배포하는 것이다. 이 절을 시작하기 전에 7장, '모델 배포와 자동화'에서 다룬 Airflow를 활용한 모델 배포 내용을 다시 상기해보길 권한다. 우리가 만든 파이프라인에서 거의 바꿀 것이 없고, 올바른 모델명과 버전을 파이프라인에 전달할 몇 가지 파라미터만 변경할 것이다.

미리 만들어둔 파이프라인이 있으므로 chapter10/model_deploy_pipeline/flights_model.pipeline 파일을 열어보자. 이 파일을 열어서 7장, '모델 배포와 자동화'에서 다룬 두 단계가 같은지 확인해보자. 첫 단계는 컨테이너 이미지를 만들어 컨테이너 레지스트리에 푸시하고, 두 번째 단계는 셀돈으로 모델을 배포하는 것이다.

그림 10.42는 첫 단계를 컨테이너 이미지 빌드와 푸시를 위한 파라미터와 함께 보여준다. **Runtime Image**와 **File Dependencies**는 이전과 값이 동일하다. **Environment Variables** 섹션에서는 변수 이름은 같지만, 값은 다르다는 점을 유의한다.

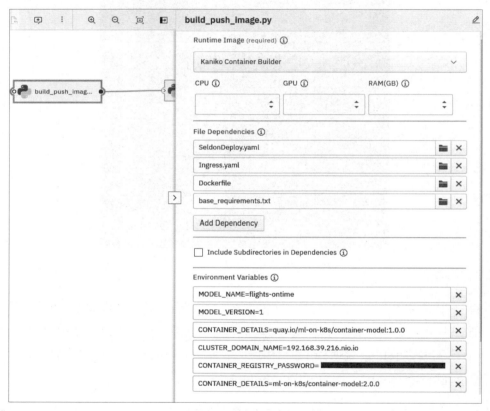

그림 10.42 항공편 모델 배포 파이프라인

위 그림에서 하나씩 알아보자.

- MODEL_NAME은 flights-ontime 값을 가진다. 모델을 MLflow에 등록할 때 주어진 모델 이름이다.

- MODEL_VERSION은 값이 1이다. 우리가 배포하려는 모델 버전이다. 이 버전은 MLflow 시스템에 저장된다.

- CONTAINER_DETAILS는 모델의 리포지터리다.

- CONTAINER_REGISTRY는 컨테이너 레지스트리 API 엔드포인트다. 도커허브에서는 https://index.docker.io/v1다. 이 값은 https://index.docker.io/v1/로 설정한다. 이 예제에서 레지스트리는 quay.io를 사용했고, 우리가 사용할 수 있는 무료 레지스트리다.

- CONTAINER_REGISTRY_USER는 이미지를 이미지 레지스트리에 푸시할 사용자 이름이다. 이 값은 도커허브 사용자명이나 Quay 사용자명을 설정한다.

- CONTAINER_REGISTRY_PASSWORD는 컨테이너 레지스트리 사용자의 암호다. 운영에서는 이와 같이 설정하지 않는다. 암호를 제공하기 위한 암호화 관리 도구를 사용하기도 한다.

CONTAINER_DETAILS는 또한 이미지와 이미지 태그를 푸시할 리포지터리 이름이다. 그림 10.43은 두 번째 단계에서 셀돈을 사용해 컨테이너 이미지를 배포하기 위해 사용할 파라미터들을 보여준다. **Runtime Image**와 **File Dependencies**는 예전과 동일한 값들을 가진다. **Environment Variable**은 이 배포에 대한 여러 값들을 보여주는 섹션이다. 필요한 변수들은 MODEL_NAME, MODEL_VERSION, CONTAINER_DETAILS, CLUSTER_DOMAIN 등이다. 이전 절에서 모두 본 적이 있는 변수이지만, CLUSTER_DOMAIN은 쿠버네티스 클러스터의 DNS 이름이다. 이 경우 minikube의 IP 주소를 사용한 <Minikube IP>.nip.io다.

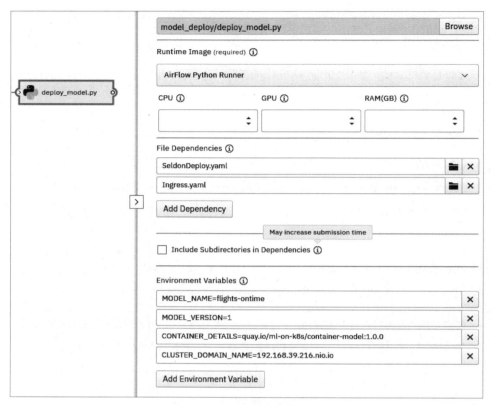

그림 10.43 항공편 모델 배포 파이프라인

이 DAG를 저장하고, Airflow 환경에 배포한다. Airflow DAG의 실행이 끝나면 모델을 사용할 준비가 된 것이다. 이 DAG가 올바르게 실행됐는지 Airflow 로그로 확인하고, DAG의 상태를 점검하자. 그림 10.44는 DAG의 상태를 점검했던 Airflow 화면이다. 우리는 이미 `flights-model-deploy` 이름으로 DAG를 저장했다. 다른 이름을 선택했다면, 거기에 맞게 DAG 이름이 반영됐을 것이다.

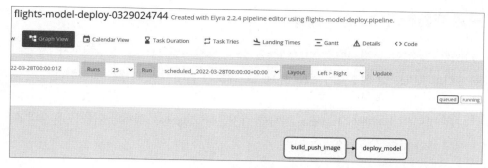

그림 10.44 항공편 파이프라인의 Airflow DAG

MLflow에서 각 시험의 실행은 실행 아이디와 연계된다. 모델 레지스트리에 있는 시험들 중 하나를 등록해서 배포할 수 있다. 이 모델의 실행 아이디를 보여주는 그림 10.34를 참고하자.

이 모델 실행은 배포한 모델과 연결돼 있다. 팀은 개별 실행에 대해 추적이 가능하다. 이 기능을 활용해 여러 환경에서 어느 버전의 모델이 실행 중인지 역으로 추적할 수 있다. 다음 명령을 실행해 모델이 생성한 자원을 살펴보자.

```
kubectl get service,ingress,SeldonDeployment -n ml-workshop |
grep bf32
```

다음과 같은 화면 출력을 볼 수 있을 것이다. 화면에 보듯이 쿠버네티스 서비스와 인그레스는 이 예제에서 bf32로 시작하는 실행 아이디를 갖고 있다. 독자의 경우 다른 값일 수 있으며 위의 명령에서 실행 아이디(bf32) 부분을 변경해야 할 것이다.

```
$kubectl get service,ingress,SeldonDeployment -n ml-workshop | grep bf32
service/model-bf3285bbed814c9b9ac5193b66f94329-flights-ontime   ClusterIP   10.108.84
ingress.networking.k8s.io/model-bf3285bbed814c9b9ac5193b66f94329-flights-ontime   ngi
   15m
seldondeployment.machinelearning.seldon.io/model-bf3285bbed814c9b9ac5193b66f94329    1
```

그림 10.45 플랫폼이 생성한 쿠버네티스 객체

이제 모델을 배포했다. 모델의 **RESTful** 호출을 실행해서 모델을 테스트해보자.

모델 호출하기

자동화로 생성한 쿠버네티스 인그레스를 통해 노출시킨 모델을 상기해보자. 모델이 RESTful API로 잘 실행될 수 있는지 테스트해보기 위해 다음 과정을 진행한다.

1. 다음 명령을 실행해서 ingress 객체를 가져온다. ingress 객체의 이름은 독자의 설정에 따라 다르다는 점을 참고한다.

```
kubectl get ingress <INGRESS_NAME> -n ml-workshop
```

2. 이제 추론을 위한 모델의 경로를 HTTP로 호출해보자. 다음의 명령을 실행한다. chapter10/inference 폴더는 항공편 데이터와 그 결과를 보유하고 있다. 모델은 지연되는 항공편 확률을 예측할 것이다.

3. 먼저 chapter10/inference 폴더로 이동한다.

```
cd chapter10/inference
```

4. 이제 curl 명령을 사용해 모델에 요청 데이터를 보낸다. 독자의 구성에 따라 HTTP 주소를 변경해야 한다.

```
curl -vvvvk --header "content-type: application/json" -X
POST -d @data.json https://flights-ontime.192.168.39.216.nip.io/
api/v1.0/predictions; done
```

윈도우 사용자는 HTTP 호출을 위해 Postman 앱(https://www.postman.com/)을 사용해야 할 수 있다.

5. chapter10/inference/data.json 파일을 열고 모델에 전달한 데이터를 보자. json에서 2개의 섹션을 볼 수 있을 것이다. names 키를 가진 첫 섹션은 모델을 학습시키기 위해 사용한 피처 칼럼들을 캡처한다. 모델은 DELAYED 칼럼의 확률을 예측할 것이기 때문에 여기에는 DELAYED 칼럼이 없다는 것을 알 수 있다. 두 번째 부분은 키가 ndarray

이며 피처 칼럼들의 값을 갖고 있다. 단정적 칼럼들의 값은 원래의 폼에 있으며 추론 파이프라인이 모델을 실행하기 전에 단정적 값들로 변환할 것이다. 그림 10.46에서 파일을 볼 수 있다.


```
{
    "data": {
        "names": [
            "month","day","day_of_week","airline","flight_number","origin_airport","destination_airport","scheduled_time",
            "elapsed_time","air_time","distance","ORIG_CITY","ORIG_STATE","ORIG_LATITUDE","ORIG_LONGITUDE",
            "DEST_CITY","DEST_STATE","DEST_LATITUDE","DEST_LONGITUDE","scheduled_departure_hour","scheduled_departure_minute",
            "scheduled_arrival_hour","scheduled_arrival_minute"
        ],
        "ndarray": [
            [
                9,9,3,"WN",611,"LGA","DAL",89.0,82.0,64.0,447,"New York","NY",32.73356,-117.18966,
                "Dallas","TX",37.619,-122.37484,15,31,17,0
            ]
        ]
    }
}
```


그림 10.46 항공편 모델 추론을 위한 샘플 데이터

이제 HTTP를 통해 성공적으로 추론 호출을 수행했다. 모니터링 시스템이 어떻게 정보를 캡처했는지 살펴보자.

모델 모니터하기

마지막 섹션에서는 플랫폼이 어떻게 자동으로 모델의 전형적인 성능 지표들의 수집을 시작하는지 살펴본다. 플랫폼은 또한 추론 성능의 시각화를 지원한다. 플랫폼은 셀돈으로 모델을 패키징하고 수집한 기본 지표를 공개한다. 또한 셀돈은 특정 모델에 대한 사용자 정의 지표를 만들 수 있지만 이 책에서 다루는 범위는 아니다.

어떻게 지표를 캡처하고 시각화하는지 이해하는 것부터 시작해보자.

모니터링 구성 요소의 이해

지표를 수집하는 방법은 셀돈이 모델을 감싸는 것이다. 7장, '모델 배포와 자동화'에서 언급했듯이 셀돈은 지표들을 정의된 URL 엔드포인트에 노출한다. 프로메테우스는 이

러한 정보를 수집하고 데이터베이스에 저장한다. 플랫폼의 그라파나는 프로메테우스에 연결해서 저장된 지표들을 시각화한다.

그림 10.47을 모델과 모니터링 구성 요소의 관계를 요약하고 있다.

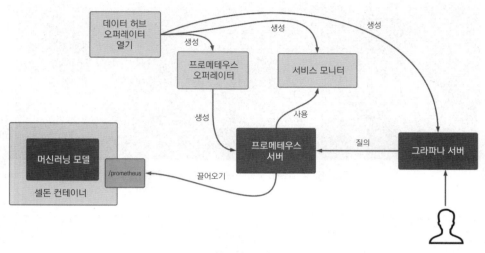

그림 10.47 머신러닝 플랫폼 모니터링 구성 요소

각각의 구성 요소를 이해해보자.

- **오픈 데이터 허브 오퍼레이터**: 플랫폼의 기본 오퍼레이터다. 플랫폼에 여러 다양한 구성 요소를 제공하는 역할을 한다. 이 오퍼레이터는 이 책의 여러 장에서 논의했고, 이 절에서는 더 다루지 않는다.

- **프로메테우스 오퍼레이터**: 프로메테우스 오퍼레이터는 프로메테우스 서버를 생성하는 역할을 한다. ODH 오퍼레이터가 프로메테우스 오퍼레이터에 대한 쿠버네티스 구독을 생성한다. 이 구독 파일은 `manifests/prometheus/base/subscription.yaml` 이다. 다음에 나올 코드 일부는 OLM을 사용해 프로메테우스 오퍼레이터를 설치 한다.

```
manifests > prometheus > base > ! subscription.yaml > ...
1    apiVersion: operators.coreos.com/v1alpha1
2    kind: Subscription
3    metadata:
4      name: prometheus
5    spec:
6      installPlanApproval: Automatic
7      name: prometheus
8      source: community-operators-redhat
9      sourceNamespace: olm
```

그림 10.48 프로메테우스 오퍼레이터에 대한 구독

- **프로메테우스 서버:** 프로메테우스 오퍼레이터는 프로메테우스 서버를 설치하고 설정한다. 플랫폼은 프로메테우스 오퍼레이터가 그 서버를 생성하도록 파일을 설정한다. 이 파일은 manifests/prometheus/base/prometheus.yaml에 있다. 다음은 파일의 일부를 보여준다.

```
manifests > prometheus > base > ! prometheus.yaml > {} spec
     prometheus.json (prometheus.json)
1     ---
2     apiVersion: monitoring.coreos.com/v1
3     kind: Prometheus
4     metadata:
5       name: odh-monitoring
6       labels:
7         app: odh-monitoring
8         namespace: ml-workshop
9     spec:
10      replicas: 1
11      serviceAccountName: prometheus-k8s
12      securityContext: {}
13      serviceMonitorNamespaceSelector: {}
14      serviceMonitorSelector: {}
15      podMonitorSelector: {}
16      ruleSelector: {}
```

그림 10.49 프로메테우스 서버 설정

- **서비스 모니터:** 서비스 모니터는 프로메테우스 서버가 실행 중인 쿠버네티스 서비스와 파드의 정보를 찾고 수집하도록 설정하는 객체들이다. 서비스 모니터는 플랫폼에서

정의하고 예제는 manifests/prometheus/base/prometheus.yaml에서 찾을 수 있다. 다음 화면에서 파일의 일부를 볼 수 있다. 이 설정은 **8000**번 포트를 사용하며, 셀돈이 지표 정보를 공개하는 포트다. selector 객체는 프로메테우스가 어떤 파드의 데이터를 가져올지 정하는 필터를 정의한다.

```
manifests > prometheus > base > ! prometheus.yaml > {} spec
23     ---
24     apiVersion: monitoring.coreos.com/v1
25     kind: ServiceMonitor
26     metadata:
27       name: seldon-services
28       labels:
29         team: opendatahub
30     spec:
31       selector:
32         matchLabels:
33           app.kubernetes.io/managed-by: seldon-core
34       namespaceSelector:
35         any: true
36         # matchNames:
37         # - ml-workshop
38       endpoints:
39       - port: "8000"
40         path: /prometheus
41         interval: 10s
```

그림 10.50 프로메테우스 서버가 셀돈 파드들을 모니터하고 있다.

- **그라파나 서버**: 그라파나는 프로메테우스가 수집한 데이터를 시각화하는 구성 요소다. 그라파나의 경우 프로메테우스가 지원하고, 계속 개선되는 대시보드를 선호한다. 플랫폼은 manifests/grafana/base/deployment.yaml 파일을 통해 그라파나를 배포한다.

이번 절에서 감시 능력을 갖추기 위한 시각화 프레임워크를 어떻게 다양한 구성 요소들과 함께 제공하는지 살펴봤다.

다음은 그라파나 설정이다.

그라파나와 대시보드 설정

이번 절에서는 그라파나가 프로메테우스에 연결하도록 설정하고, 모델의 지표들을 시각화할 대시보드를 만들 것이다. 대시보드란 무엇일까? 그래프, 테이블, 모델의 여러 다른 시각화 요소의 모음이다. 이제 항공편 모델에 대한 대시보드를 만들어볼 것이다.

참고로 이 작업은 한 번만 하는 설정이고, 모델마다 다시 반복할 필요가 없다. 즉 일단 대시보드를 만들면 여러 모델에 대해서 사용할 수 있다. 독자의 팀은 아마도 몇 개의 표준 대시보드를 만들어서 새로운 모델을 배포하자마자 플랫폼이 자동으로 찾아서 모니터링할 수 있도록 만들어준다.

그라파나 인스턴스의 설정부터 시작해보자.

1. 그라파나에 `https://grafna.192.128.36.219.nip.io`를 사용해 로그인해보자. 독자의 구성에 맞게 **IP** 주소는 변경해야 한다. 로그인 페이지에서 화면 맨 아래에 있는 **Sign in With KeyCloak** 버튼을 클릭한다.

그림 10.51 그라파나 로그인 페이지

2. 데이터 소스부터 추가해야 한다. 데이터 소스는 그라파나가 시각화할 데이터를 제공하는 시스템이다. 프로메테우스의 데이터 제공자는 모델로부터 지표 데이터를 끌어온다. 화면 좌측 메뉴에서 **Configuration › Data sources**를 선택하자.

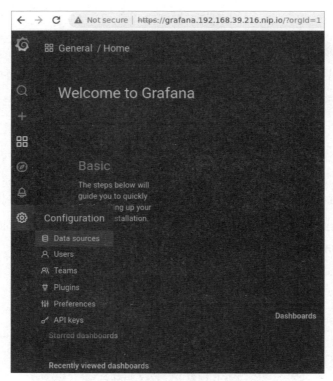

그림 10.52 그라파나 데이터 소스 메뉴

3. 다음 화면과 같이 **Add data source** 버튼을 클릭한다.

그림 10.53 새로운 그라파나 데이터 소스 추가

4. 데이터 소스 타입을 선택한다. 이 예제의 경우 프로메테우스다. 그라파나가 Influx DB, YYYY 등과 같이 다양한 데이터 소스와 연계가 가능함을 알 수 있다.

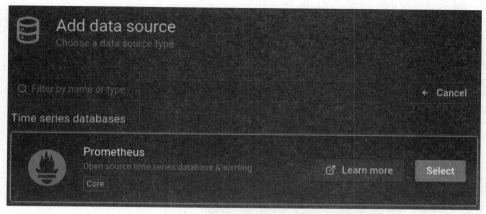

그림 10.54 새로운 프로메테우스 그라파나 데이터 소스 추가

5. 이제 프로메테우스 서버 세부 정보를 추가해야 한다. 그라파나는 이 정보를 사용해 프로메테우스 서버에 연결하고 데이터를 가져올 것이다. 다음 화면과 같이 다음의 정보를 사용해 추가하자.

- **Name**: Prometheus
- **URL**: http://prometheus-operated:9090

6. 다음으로 **Save & test** 버튼을 클릭한다. URL은 플랫폼이 생성한 프로메테우스 서비스 경로다. 그라파나 파드는 프로메테우스 파드와 내부 쿠버네티스 네트워크를 통해 통신하기 때문에 위 URL은 독자의 설정과 동일하다.

그림 10.55 프로메테우스 그라파나 데이터 소스 설정

다음 명령으로 prometheus 서비스 세부 정보를 알 수 있다.

```
kubectl get service -n ml-platform | grep prometheus
```

7. 그라파나가 프로메테우스에 연결하도록 설정하고 나서 다음 단계는 대시보드를 만드는 것이다. 앞에서 언급했듯이 대시보드는 시각화 요소의 모음이고, 각각의 시각화 요소는 쿼리로 구성돼 있다. 그라파나는 이러한 쿼리들을 실행해 데이터를 그릴 수 있다. 대시보드를 만드는 것은 이 책에서 다루는 범위가 아니지만, 독자가 사용할 수 있는 대시보드를 제공하고 있다. 화면 좌측 메뉴의 **Import**를 선택한다.

그림 10.56 그라파나에서 새로운 대시보드 추가

8. **Import** 화면에서 chapter10/grafana-dashboard/sample-seldon-dashboard.json
   파일 내용을 복사해 **Import via panel json** 입력란에 붙여넣는다. 대시보드를 가져
   오기 위해 **Load** 버튼을 클릭한다.

그림 10.57 그라파나에서 셀돈 대시보드 가져오기

9. 가져온 대시보드 이름을 설정하고, **Import** 버튼을 클릭해 대시보드를 가져오는 과정을 마무리한다. 이 이름은 독자가 원하는 대로 설정한다. 여기서는 `Flights Prediction Analytics`로 화면과 같이 설정했다.

그림 10.58 그라파나에서 셀돈 대시보드 가져오기

10. 대시보드를 가져오면 그라파나가 바로 대시보드를 보여주기 시작한다. 응답 시간, 성공률 등과 같은 배포한 모델에 대한 지표들을 볼 수 있다. 이 대시보드를 공개하려면 모델을 몇 번 정도 사용할 필요가 있다. 10장의 '모델 호출하기' 절을 참조해 배포한 모델을 어떻게 호출할 수 있는지 참고하자.

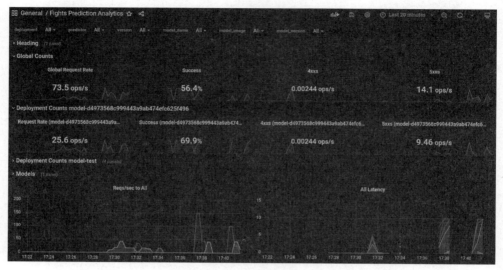

그림 10.59 셀돈 모델에 대한 대시보드

셀돈이 감싸고 있는 모델에서 나오는 지표들을 캡처하고 있는 대시보드를 볼 수 있다. 모델을 더 배포하면 이 대시보드에서 마찬가지로 볼 수 있으며, 대시보드 화면 상단의 막대에 있는 필터를 사용해 모델을 필터할 수도 있다.

우리의 항공편 정시 예측 서비스는 이제 사용할 준비가 됐다. 이제 운영 팀, 웹 사이트 팀과 협업해 기능을 통합해 고객에게 더 좋은 서비스를 제공하도록 해야 한다. 여기서 작업이 끝난 것은 아니다. 지속적으로 모델이 잘 실행 중인지 살펴봐야 하고, 새로운 데이터와 최적화된 모델로 이후에 개선할 수 있다. 플랫폼은 이러한 순환 과정을 더 빠르게 수행할 수 있도록 지원하며, 지속적으로 고객에게 제공할 가치를 향상시킨다.

⠿ 요약

10장은 항공편 정시 성공률 프로젝트에 대한 모델 개발과 배포 라이프사이클을 다룬 기나긴 장이었다. 아울러 플랫폼이 독자와 독자의 팀의 자율적인 데이터 탐색과 분석, 모델 시험과 추적, 모델 레지스트리, 모델 배포 등을 지원하는지 살펴봤다.

11장에서는 한 걸음 뒤로 물러나서 전반적인 플랫폼의 여정을 요약해보고, 독자에게 적합한 솔루션으로 어떻게 활용할 수 있을지 알아보자. 이 책에서 다룬 개념과 도구를 가지고 독자의 팀을 위한 플랫폼을 만들고, 독자의 업무에서 AI의 힘을 깨달을 수 있도록 활용해보자.

11

쿠버네티스 기반의 머신러닝

여러 장에 걸쳐서 기존 소프트웨어 개발 과정과 머신러닝의 차이점을 배웠다. 머신러닝 라이프사이클을 배우고, 전통적인 소프트웨어 개발 라이프사이클과 매우 다르다는 점을 이해했다. 쿠버네티스에서 전체 머신러닝 플랫폼을 만들기 위해 어떻게 오픈소스 소프트웨어를 사용하는지 살펴봤다. 머신러닝 프로젝트의 라이프사이클을 제시하고 여러 작업을 수행하면서 프로젝트 라이프사이클 각 단계를 어떻게 실행하는지 경험했다.

11장에서는 이 주제에 대한 지식을 더하고자 몇 가지 핵심적인 생각을 나눌 것이다. 11장에서 다루는 주제는 다음과 같다.

- 머신러닝 플랫폼 사례 검토

- 머신러닝 운영 최적화

- 쿠버네티스 실행

위의 주제들은 이 책에서 제시한 머신러닝 플랫폼을 언제 어디에서 사용해야 할지 결정할 때 도움을 줄 것이다. 또한 운영에서 플랫폼을 실행하고 관리하기 위한 올바른 조직 구조를 구성할 때에도 도움이 될 것이다.

⋙ 머신러닝 플랫폼 사례 검토

10장에서 논의했듯이 머신러닝의 정의와 데이터 분석, 데이터 과학 등 관련 규칙들의 다른 점을 이해하는 것이 중요하다. 머신러닝 알고리듬이 문제를 해결할 수 있는지 확신이 서지 않을 때 연구와 탐색 과정도 필요하다. 10장에서 문제 정의, 업무 지표 구분, 알고리듬 비교 등의 데이터 과학 실습을 경험했다. 데이터 과학은 필수적인 반면, 데이터 과학만큼 많은 작업은 아니지만 머신러닝의 활용 사례도 알아봤다. 이러한 사례 중 하나로 AutoML 프레임워크를 사용해보는 것도 있는데, 이는 다음 절에서 알아볼 것이다.

머신러닝이 문제 해결에 최선인지 검토하는 것과 머신러닝 플랫폼을 선택하는 것은 일종의 닭이 먼저인지 달걀이 먼저인지와 같은 문제다. 머신러닝 알고리듬이 특정 업무 문제 해결에 최선책인지 알기 위해서는 데이터 탐색과 같은 데이터 과학 작업이 필요하고, 작업할 플랫폼도 필요하기 때문이다. 이런 상황에 처한다면, 이 책에서 제시한 ODH와 같은 오픈소스 플랫폼이 최선의 선택이다. 완전한 오픈소스이고, 플랫폼을 설치하고 사용하면서 상업적 라이선스가 필요 없기 때문이다. 우리는 이미 얼마나 이 플랫폼이 유능한지 살펴봤다. 일단 플랫폼이 있다면 연구와 데이터 탐색을 시작해 머신러닝이 업무 문제 해결에 올바른 접근 방식인지 결론이 날 때까지 사용할 수 있을 것이다. 그런 다음 남은 프로젝트 라이프사이클 동안 플랫폼을 계속 사용하거나 플랫폼비용 없이 프로젝트를 중단할 수 있다.

유사한 구현 과정을 다른 곳에서 본 경우라면, 이미 머신러닝이 문제를 해결할 수 있는지 알 수도 있다. 이 경우 우리가 제공한 머신러닝 플랫폼을 택하는 것은 좋은 선택이다. 하지만 훌륭한 데이터 과학 팀이 없는 상황을 만날 수도 있다. 모델 개발 과정을 이해하는 데이터 엔지니어와 머신러닝 엔지니어가 별로 없거나, 데이터 과학에 필요한 기술을 보유했는지 확신이 없는 경우도 있다. 이러한 상황에서 AutoML 도입을 고려한다.

AutoML 검토하기

가장 간단한 형태로 정의하면 AutoML은 데이터 과학에 대한 작업 없이, 또는 매우 조금만 하더라도 자동으로 머신러닝 모델을 생성하는 것이다. 조금 더 얘기해본다면 자동 알고리듬 선택, 자동 하이퍼파라미터 조정, 자동 모델 평가 등에 관한 것이다.

AutoML 기술은 주어진 데이터셋으로 머신러닝 모델을 만들 수 있는 프레임워크 또는 소프트웨어 라이브러리다. 이 책을 쓰는 시점에도 몇 개의 활용 가능한 AutoML 프레임워크가 이미 시장에 있다. 다음 목록은 현재 활용할 수 있으면서 인기 있는 AutoML 프레임워크다. 이 목록에 없는 AutoML 프레임워크도 많은데, 독자가 그들도 탐색해보면 좋을 것이다.

- **BigML** – 엔드-투-엔드 AutoML 기업용 플랫폼으로, 상업용이다.
- **MLJAR** – 오픈소스 AutoML 프레임워크다.
- **H2O.ai** – AutoML 프레임워크를 포함하는 전체 머신러닝 플랫폼으로, 오픈소스다.
- **TPOT** – 데이터 과학자를 지원하는 도구라고 생각할 수 있다. 펜실베이니아대학교의 Computational Genetics Lab에서 만든 오픈소스 AutoML 프레임워크다.
- **MLBox** – 오픈소스 AutoML 파이썬 라이브러리다.
- **Ludwig** – AutoML을 포함해 코드 없이 머신러닝 모델을 개발하는 도구 모음이다.
- **Auto-sklearn** – 사이킷런 머신러닝 라이브러리를 기반으로 한 오픈소스 AutoML 도구 모음이다.
- **Auto-PyTorch** – 자동 신경망 구조 검색 기능을 가진 오픈소스 AutoML 프레임워크다. 자동으로 신경망 구조를 최적화할 수 있다.
- **AutoKeras** – Keras 머신러닝 라이브러리 기반의 오픈소스 AutoML 프레임워크다.

우리의 머신러닝 플랫폼에서 사용하게 될 수도 있는 위의 여러 프레임워크와 라이브러리를 알아두는 것도 중요하다.

상업적 플랫폼

클라우드 서비스 회사들을 포함해 여러 기업들의 상업적인 머신러닝 플랫폼도 Auto ML 제품과 서비스를 포함하고 있다. 구글은 구글 클라우드 AutoML, MS는 애저 머신 러닝, 아마존은 Sagemaker Autopilot, IBM은 왓슨 스튜디오^{Watson Studio} 등이 Auto ML과 AutoAI 구성 요소를 포함하고 있다. 하지만 위 기업들은 머신러닝 플랫폼의 일 부로서 AutoML 제품과 서비스를 파는 것이므로 AutoML 기능을 활용하려면 그들의 머신러닝 플랫폼을 사용해야만 한다.

ODH

ODH^{Open Data Hub}를 사용해 설치할 구성 요소를 선택하거나 kfdef 매니페스트 파일을 사용해 다른 구성 요소로 대체하는 방법을 살펴봤다. 플랫폼의 일부로 어떤 구성 요소 를 선택할 수 있기 때문에 유연성을 더하는 기능이다. 예를 들어 주피터허브와 MLflow 만 필요하다면 우리는 바로 데이터 과학 팀이 업무 문제를 해결하기 위해 머신러닝을 사용해 탐색을 시작하도록 지원할 수 있다. 이 경우 우리는 위의 몇 가지 구성 요소만 설 치하도록 선택할 수 있다. 이렇게 연산 자원을 절약할 수 있고, 결국 클라우드 컴퓨팅 비 용을 줄일 수도 있다.

어느 머신러닝 플랫폼을 선택하든지 머신러닝 플랫폼을 운영할 수 있도록 만드는 과정 을 확실하게 구축하는 것은 필수적이다. 이는 플랫폼을 운영에서 실행할 수 있는 적합 한 사람들을 찾는 것과 머신러닝 라이프사이클에 맞는 구성원들을 기존의 조직과 연계 하는 것도 포함한다. 업무 프로세스와 소통할 수 있는 채널을 구축하는 것도 포함되며, 이것이 다음에 다룰 주제다.

⁜ 머신러닝 운영 최적화

10장에서 언급했듯이 독자의 모델을 배포하고 운영 환경에서 활용하고 있다면 업무적으로 머신러닝의 모든 이점을 즐길 수 있다. 운영의 최적화는 단순히 머신러닝 모델을 배포하는 것 이상이다. 운영에서 성공적인 머신러닝 기반의 앱을 갖기 위해서 확인해야 할 것들이 있다. 지금부터 살펴보자.

업무 기대치 설정

업무 관계자들이 머신러닝 모델의 예측을 사용해 업무적 의사 결정을 내리는 것에 대한 위험을 이해하는 것은 매우 중요하다. 독자의 조직이 머신러닝 때문에 실패하는 상황을 원하지 않을 것이다. 부동산 회사인 Zillow는 Zestimate란 머신러닝 제품에 많은 투자를 했지만, 잘못된 부동산 가격 예측으로 5억 달러를 잃었다. 머신러닝 모델이 설정한 가격으로 자산을 구입했지만 결국 훨씬 낮은 가격으로 팔아야 했다.

머신러닝 모델들은 완벽하지 않다. 그들은 실수한다. 업무 팀은 반드시 이러한 사실을 받아들이고, 데이터 소스를 간과하며, 머신러닝 모델의 예측에 전적으로 의지하면 안 된다. 만약 업무 팀이 이 사실을 받아들이지 못하면 잘못된 기대치로 인해 돌이킬 수 없는 손해를 보는 방향으로 향하게 된다. 이러한 손해는 명성을 잃거나 업무적 신용을 잃는다거나, 심지어 규정 위반에 대한 벌금 등도 포함한다.

또 다른 예를 들면 일부 알고리듬은 특히 딥러닝의 경우에 설명이 불가능하다. 이는 반드시 업무 팀과 협의돼야 하는데, 어떤 경우 정책적인 이유로 설명이 가능한 알고리듬을 사용해야 하기 때문이다. 일부 정책 담당자들은 독자에게 업무적 판단에 대한 이유를 설명할 것을 요구할 필요가 있다. 예를 들어 머신러닝 모델이 신규 은행 고객이 위험한 개인이 아니라고 판단한 고객이 일부 규제 기관의 블랙리스트 또는 제재 대상자로 밝혀졌다고 가정하면, 금융기관은 조사 및 사후 분석 과정에서 규제 기관에 이 결정의 근거를 설명해야 할 수 있다. 또는 최악의 경우 수백만 달러의 벌금이 부과될 수도 있다.

지나친 업무적 기대치에 대한 결과를 예방해야 한다. IBM 왓슨은 머신러닝이 몇 개의 의료 연구소에서 온 진단 데이터로 암을 진단할 수 있으며, 미래에는 더 신뢰할 수 있는 암 진단을 수행해서 잠재적으로 의사를 지원하거나 대체할 수 있다는 생각을 했다. 이는 많은 주목을 받았고 여러 조직에서 위와 같은 생각에 투자를 했다. 하지만 매우 어려운 일이라는 것으로 결론이 났다. 이로써 단순한 결과적 손실만이 아니라 브랜드 가치에도 손상을 입었다.

요약하면 업무적 의사 결정을 위해 머신러닝 모델을 사용해야 할지 결정하기 전에 업무 팀이 모델이 예상대로 동작하지 않을 경우의 위험과 결과에 대해 이해해야 한다. 올바른 기대치를 설정하자. 무엇이 가능한지, 무엇이 어려운지 투명하게 하자. 일부 머신러닝 모델은 특정 업무 프로세스에서 사람을 대체할 수도 있겠지만, 모든 머신러닝 모델이 슈퍼맨이 되는 것은 아니다.

지저분한 실제 데이터 처리

모델 학습을 위해 사용한 데이터는 관리되는 환경에서 테스트해서 준비된 데이터셋이다. 하지만 이는 우리가 사는 세상의 설정이 아니다. 독자의 모델을 운영에 배포하고 나면 지저분한 데이터를 반드시 예상해야 한다. 잘못된 구조의 데이터를 받을 수 있고, 대부분의 데이터는 새것이거나 모델이 학습하는 동안 본 적이 없는 것들이다. 모델이 운영 환경에 적합한지 확인하기 위해 오버피팅을 피하고, 운영에서 볼 수 있는 데이터와 최대한 가까운 데이터셋으로 모델을 테스트하자. 가능하다면, 데이터 보강augmentation 기술이나 직접 가공한 데이터로 운영 시나리오를 시뮬레이션해보자. 예를 들어 어느 병원에서는 환자의 가슴 X-ray 검사 진단에는 잘 동작하는 모델이지만, 다른 병원에서 예전 의료 장비를 사용하는 경우에는 잘 동작하지 않을 수 있다. 이는 실제로 있었던 사례이고, 잘 동작하지 못했던 이유는 X-ray 검사기가 생성한 스캔에 포함된 장비 센서의 먼지 입자 때문이었다.

요약하면 오버피팅을 피해야 한다. 견고한 데이터 정제 프로세스를 추론 파이프라인의 일부로 가져가야 한다. 다양한 데이터 소스로부터 적합한 데이터셋을 확보해 최악의 입력 데이터에 대비해자. 모델이 예상하지 못한 결과를 반환할 때를 대비해야 한다.

부정확한 결과 처리

독자가 사기 거래 방식을 인식하는 신용카드 사기 감지 시스템을 갖고 있다고 상상해보자. 일례로 모델이 크리스마스에 평소보다 많은 지출에 대해 모르는 등의 여러 가지 이유가 있어서 여러 시나리오를 조사할 수 있는 능력이 필요하고 이와 같은 이유로 로그를 확보하는 것이 중요할 것이다. 즉, 모델의 운영 시스템에 던진 특정 질문에 대한 답을 상기해볼 수 있다. 모델의 문제들을 파악하기 위해 필요한 것이다.

이런 문제가 발생하면 모델이 반환한 잘못된 정보라는 결과를 마주할 준비가 돼 있어야 한다. 또한 언젠가 새로운 모델 업데이트에 의한 오류 결과를 파악할 수 있는 능력도 있어야 한다. 시간이 지남에 따라 모델의 성능을 추적하는 능력도 가져야 한다. 어떻게 모니터할 수 있는지는 10장에서 본 적이 있다. 시간이 지남에 따라 변하는 모델의 성능을 드리프트drift라고 한다. 드리프트에는 두 종류가 있다. 데이터 드리프트는 모델이 학습한 적이 없는 새로운 타입의 데이터를 받기 시작할 때 발생한다. 예를 들어 보험 사기 감지 모델의 경우, 모델이 본 적이 없는 새로운 보험 제품을 포함한 새로운 데이터를 만나기까지는 잘 동작한다. 이 경우 모델은 신뢰할 수 있는 결과를 생성하지 못할 것이다. 즉, 모델 성능이 떨어진 것이다. 또 다른 예로는 모델이 특정 인구 층 또는 연령 그룹으로만 학습했기 때문에 새로운 연령의 그룹이 나타나기 시작하면 문제가 발생하는 것이다. 마찬가지로 머신러닝 모델은 신뢰할 수 없는 결과를 보일 것이다. 콘셉트 드리프트Concept Drift는 입력 데이터와 레이블의 기능적 관계가 변했을 때 발생한다. 예를 들어 사기 감지 모델에서 예전에는 사기라고 보지 않았던 거래를 이제는 새로운 규정에 따라 사기나 이례적이라고 판단하는 것이다. 즉 모델이 더 많은 부정적 결과를 만들어내서 결과적으로 모델을 신뢰할 수 없게 된다.

위와 같은 사례에서 우리는 문제에 접근하기 위한 프로세스를 갖고 있어야 한다. 모델을 재학습시킬 때에 필요한 프로세스, 심지어 자동으로 드리프트를 감지해 재학습하는 프로세스가 있어야 한다. 또한 입력 데이터에서 이상을 감지하는 것을 구현하고자 할 것이다. 즉 입력이 의미가 있는 경우에만 모델이 역할을 한다. 또한 모델에 대한 공격이나 오용을 막을 수 있다. 이와 같은 자동화 요구 사항은 지속적 통합과 배포 파이프라인으로 구축할 수 있다.

CD 관리

우리는 모델 제작과 배포를 플랫폼에서 수동으로 처리하는 방법을 살펴봤다. 또한 배포 워크플로를 Airflow를 사용해 자동화하는 것도 다뤘다. 팀의 데이터 과학자나 머신러닝 엔지니어가 이러한 작업들을 수동으로 수행할 수 있겠지만 실제로는 위의 작업들이 언제나 잘 동작하도록 팀에서 파이프라인을 관리할 필요가 있을 것이다. 지정된 플랫폼 팀에서 파이프라인을 실행하는 플랫폼을 관리해주거나 이러한 역할을 데이터 엔지니어링 팀에서 맡아주기를 원할 수도 있다. 어떤 방식을 선택하더라도 중요한 것은 배포 파이프라인이 항상 동작하도록 관리할 책임을 가진 누군가는 있어야 한다는 것이다.

ODH 오퍼레이터가 머신러닝 플랫폼을 전체적으로 관리하지만 여전히 관리에 책임질 사람이 필요할 것이다. 쿠버네티스 오퍼레이터는 항상 최신으로 유지되도록 해야 한다. 필요할 때마다 보안 패치를 적용해야 한다.

일부 중요한 작업의 경우 자동으로 운영에 배포하지 못할 수도 있다. 운영의 모델에 대한 업데이트를 올리기 전에 수동으로 승인이 필요할 수 있다. 이 경우 승인받기 위한 워크플로가 플랫폼의 프로세스에 포함되도록 구축하거나 수동 승인 과정이 필요하다. 결국 목표는 CD^{Continuous Delivery}(지속적 배포) 서비스를 관리할 책임이 있는 누군가가 있어야 한다는 것이다.

요약하면 CD는 항상 동작함으로써 모델 배포 라이프사이클이 더 빠른 피드백 주기를 가질 수 있는 것이다. 또한 드리프트를 감지하면 항상 준비된 파이프라인을 통해 업데이트된 최신 버전의 모델을 운영할 수 있을 것이다.

보안 관리

보안은 머신러닝 프로젝트 운영에서 또 하나의 중요한 영역이다. 10장에서 머신러닝 플랫폼은 OpenID Connect[OIDC] 또는 표준 인증 방식인 OAuth2를 사용해 보안을 강화할 수 있었다. 다양한 플랫폼 구성 요소들이 동일한 인증 방식을 활용할 수 있기 때문에 일관되고 매끄러운 사용자 경험을 지원할 수 있었다. 주로 OIDC, SAML[Security Assertion Markup Language] 등을 지원하는 IAM[Identity and Access Management]의 업계 표준 구현 방식인 오픈소스 도구, 즉 Keycloak을 사용했다. 셀돈 코어 API는 REST 형태로 공개한 머신러닝 모델을 동일한 인증 방식 안에서 보호할 수 있었다. 더 자세한 내용은 셀돈 코어 문서를 참조할 수 있다.

요약하면, 머신러닝 플랫폼은 반드시 인증 방식을 사용해 보호해야 하며, OIDC를 선호한다. 이는 또한 SSO 구현을 지원한다. 더군다나 배포한 모델을 보호해서, 오직 의도한 사용자만이 머신러닝 모델에 접근하도록 할 필요가 있다. 마지막으로 누군가는 플랫폼이 사용할 Keycloak 인스턴스를 관리하는 역할을 해야 한다. 그 담당자 또는 팀은 플랫폼 자원에 대한 접근도 관리할 수 있어야 한다.

규정 준수

어떤 업무 분야에서는 규정 준수[compliance]가 운영의 중심이다. 금융기관은 규정 준수를 관리하는 부서가 따로 있다. 규정은 특히 금융기관의 운영을 감시하는 규제 기관에서 온다. 머신러닝 플랫폼을 어느 국가에서 운영하는지에 따라서 규제 정책은 데이터를 기관 내에서 밖으로 옮기는 것이 제한되거나 최소한 데이터를 암호화해야 할 것이다.

우리에게 좋은 소식은 이러한 규정 준수에 대해서도 플랫폼 구성이 가능할 만큼 충분히 유연하다는 것이다. 쿠버네티스 덕분에 기관 내에서 운영할 수도 있고 클라우드 기업을 사용할 수도 있다. 저장소는 기관 안에 두면서 머신러닝 플랫폼은 클라우드에서 실행할 수도 있고, 또는 하이브리드 클라우드 전략을 활용할 수도 있다.

또한 플랫폼의 각 구성 요소는 대체가 가능하고 연결도 가능하다. 예를 들어 Keycloak 전용 인스턴스를 사용하는 대신에 규정에 의해 승인된 기존 OIDC 제공자를 사용할 수도 있다.

규정 준수는 가끔 머신러닝 프로젝트의 진행에 장애물이 되기도 한다. 이 책에 있는 것 대신에 상업적 플랫폼을 사용하고자 한다면, 결정하기 전에 규정 준수 요구에 대해 고민해야 한다. 클라우드의 어떤 상업적 플랫폼은 데이터 주권에 관한 규정을 준수할 수 없으며, 주요 클라우드 기업의 현지 데이터 센터가 아직 없는 경우에 특히 그렇다.

머신러닝 플랫폼의 설계를 기획할 때에는 항상 규정 준수 요구 사항에 대해 검토해야 한다.

거버넌스 적용

앞에서 다룬 고려 사항들을 검토했다면 독자의 머신러닝 플랫폼을 운영하기 위해 필요한 또 다른 중요한 사항은 거버넌스governance다. 조직의 구조, 역할과 책임, 협업 모델, 에스컬레이션escalation 지점 등을 설계하는 것이다. 우리는 조금 더 수평적인 팀들이 빠른 속도로 협업할 것을 지지한다. 하지만 이것이 실제 세상에서 항상 가능한 것은 아니다. 수직적으로 잘 정리된 조직들이 있고 변화를 거부하는 집단도 있다. 만약 독자가 이런 유형의 조직에 있다면 여기서 제시한 머신러닝 플랫폼을 구현하면서 여러 장애물을 만나게 될 것이다.

플랫폼의 주요 기능 중 하나는 셀프서비스 플랫폼이다. 이는 데이터 과학자, 머신러닝 엔지니어, 데이터 엔지니어가 그들의 노트북 서버들과 스파크 클러스터를 구동한다. 하지만 이는 클라우드 비용, 운영비 등의 예측이 더 어렵다. 독자가 프로젝트의 데이터 설계자라면 독자의 역할 중 일부는 관리자 그룹과 플랫폼 팀이 데이터 과학자와 머신러닝 엔지니어를 신뢰할 수 있도록 확신을 주는 일이다.

머신러닝 프로젝트와 관련된 조직 구조를 설계하는 좋은 방법으로 플랫폼 팀이 있는 것이 이상적이다. 이 팀은 머신러닝 플랫폼의 운영을 담당한다. 그리고 데이터와 애플리케이션 팀에 대해서 서비스 제공자 역할을 하는 것이다. 여기서 데이터, 응용프로그램 팀을 SaaS^Software as a Service 모델의 stream-aligned 팀(작업 공정에 맞게 구성한 팀, 이하 공정 팀)이라고 한다. 플랫폼 팀의 목표는 공정 팀의 플랫폼에서 매끄럽고 신속하게 작업을 수행할 수 있도록 지원하는 것이다. 데이터 과학자와 데이터 엔지니어 팀도 공정 팀이 될 수 있고, 이들이 플랫폼의 주된 사용자이며, 플랫폼 팀의 주 고객이다. 플랫폼 팀은 DevOps 서비스도 제공하므로, DevSecOps(개발, 보안, 운영) 또는 DevOps 팀은 같은 조직 단위에서 자리를 함께 있을 수 있다. 그림 11.1은 우리가 실행할 머신러닝 프로젝트를 구현할 때의 팀 조직 구조를 표시한 예다.

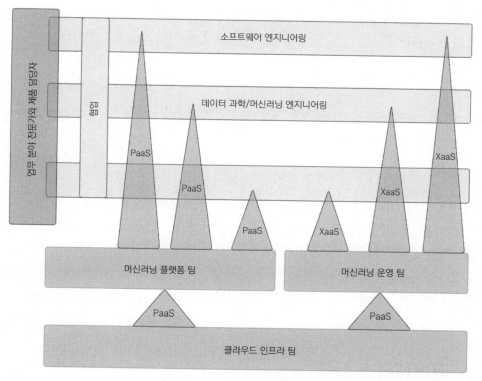

그림 11.1 머신러닝 프로젝트 팀 구조 예시

그림 11.1은 데이터 과학 팀, 데이터 엔지니어링 팀, 소프트웨어 엔지니어링 팀과 같이 총 3개의 공정 팀이 있다. 3개의 공정 팀 모두 머신러닝을 사용하는 앱을 운영에서 제공

하는 목표를 가지고 서로 협업한다. 또한 3개의 플랫폼 팀이 있다. 클라우드 인프라 팀은 다른 2개의 플랫폼 팀에게 클라우드 기반의 PaaS^Platform as a Service를 제공한다. 머신러닝 플랫폼 팀과 MLOps 팀을 말한다. 이 두 팀은 머신러닝 PaaS, MLOps 서비스를 3개의 공정 팀 모두에게 제공한다. 그림의 보라색 상자는 지원해야 하는 팀을 나타낸다. 업무 분야 전문가^SME와 제품 담당자가 위치하고 있다. 이 팀은 모든 공정 팀을 지원한다.

위 내용은 하나의 예시일 뿐이다. 아마도 머신러닝 플랫폼 팀과 MLOps 팀, 또는 데이터 과학과 데이터 엔지니어링 팀을 합치고자 할 수도 있다. 물론 괜찮은 생각이다.

위와 같은 조직 설계 유형에 대해 더 배우고 싶다면 팀 체계^team topologies에 대해 더 읽고 싶을 수 있다.

요약해보면 다음과 같다.

- 현재 조직 구조를 연계하는 2장, 'MLOps 이해하기'에서 그림 2.7의 머신러닝 라이프사이클 다이어그램을 사용하자.
- 역할과 책임에 대해 선명하게 소통한다.
- 설계 회의, 대화 그룹과 같은 협업 채널과 피드백 지점을 설정한다.

저항하는 팀을 이길 수는 없을 것이다. 저항하는 팀과 정기적인 회의를 갖고 더 자연스런 인수인계 프로세스를 구축한다. 하지만 머신러닝 플랫폼의 모든 잠재력을 끌어내고 싶다면 머신러닝 프로젝트를 이끌어갈 자율적이고 기능적인 수평 조직을 구성하자.

⠿ 쿠버네티스 실행

ODH 오퍼레이터를 사용해 머신러닝 플랫폼의 인프라 계층으로서 모든 쿠버네티스의 잠재력을 끌어낼 수 있다. 오퍼레이터 라이프사이클 관리^OLM 프레임워크는 ODH 오퍼레이터가 머신러닝 플랫폼의 운영과 관리의 단순화를 지원한다. 대부분의 운영 작업은 쿠버네티스가 가진 기능으로 수행 가능하고, 클릭 몇 번만으로 여러 머신러닝 플랫폼을 구동할 수 있다. 쿠버네티스와 OLM은 또한 코드형 플랫폼PaC, Platform as Code의 구현을 지원하고 GitOps 예제 또한 구현할 수 있다.

이 책에서 확인한 머신러닝 플랫폼은 바닐라 쿠버네티스 인스턴스나 선호하는 다른 유형의 쿠버네티스에서도 잘 동작한다. 사실 원래의 ODH 리포지터리는 주로 레드햇 오픈시프트OpenShift를 위해 설계 및 제작된 것이다.

벤더 의존성 방지

쿠버네티스는 특정 기업의 서비스에 의존해야 하는 상황을 예방할 수 있다. 추가적인 컨테이너 계층과 컨테이너 오케스트레이션 덕택에 인프라 계층에서 직접 작업을 실행하는 것이 아니라 컨테이너를 통해서 실행한다. 즉 머신러닝 플랫폼을 어느 인프라에도 호스트할 수 있다. 기업 내의 시스템이나 클라우드와 관계 없이 동일하게 운영할 수 있다. 필요하다면 다른 클라우드 서비스로 매끄럽게 교체할 수도 있다. 이는 클라우드 서비스 기업이 제공하는 상업적 플랫폼과 비교해볼 때, 우리의 머신러닝 플랫폼의 장점이다. 우리는 특정 벤더에 갇혀서는 안 된다.

예를 들어 애저 머신러닝을 독자의 플랫폼으로 선택한다면 인프라 제공자로서 애저 안에 갇힐 수 있다. 전체 머신러닝 프로젝트를 다른 클라우드 벤더로 플랫폼과 설계의 변경 없이 이동할 수 없을 것이다. 즉 다른 클라우드 벤더로의 변경 비용이 매우 높아져서 초기의 벤더에 계속 갇혀 있게 된다.

다른 쿠버네티스 플랫폼 검토

머신러닝 플랫폼을 반드시 바닐라 쿠버네티스 플랫폼에서만 운영해야 하는 것은 아니다. 이전 절에서 언급했듯이 초기의 ODH는 레드햇 오픈시프트에서 실행하기 위해 설계됐고, 우리는 단일 노드의 바닐라 쿠버네티스의 minikube에서 실행하도록 구축했다.

주요 클라우드 서비스 기업이 제공하는 것들을 포함해 많은 쿠버네티스 플랫폼이 있다. 다음 목록은 특정 순서 없이 정리한 주요 플랫폼들이다. 다른 성장 중인 쿠버네티스 기반 플랫폼도 시장에 등장하고 있거나 지금 시점에 베타 또는 개발 상태다.

- Kubernetes

- Red Hat OpenShift Container Platform[OCP]

- Google Kubernetes Engine[GKE]

- Amazon Elastic Kubernetes Engine[EKS]

- Azure Kubernetes Service[AKS]

- VMware Tanzu

- Docker Enterprise Edition[Docker EE]

우리는 쿠버네티스와 레드햇 오픈시프트에서 테스트했지만, minikube에서 우리가 만든 머신러닝 플랫폼은 위의 다른 쿠버네티스에서도 만들 수 있다. 하지만 미래에는 어떨까? ODH가 맨 앞에 있을까?

⁙ 로드맵

ODH는 가장 큰 오픈소스 회사인 레드햇이 주로 관리하는 활발한 오픈소스 프로젝트다. ODH는 제품에 더 많은 기능들을 추가하도록 계속 업데이트될 것이다. 하지만 머신러닝과 MLOps 영역은 상대적으로 새롭고 여전히 발전하는 중이다. 시간이 지나면서 많이 변하거나 방향이 바뀌는 것은 자연스런 일이다.

그림 11.2와 같이 이 책을 쓰는 시점에 ODH의 다음 버전은 다음 변경 사항을 포함하고 있다.

Open Data Hub 1.3 – 2022년 1분기

RH 서버리스와 KF 통합
Knative를 서버리스로 대체하는 것과 KFServing이 동작하는 것을 포함한다.

KF 1.4 OCP 스택 업데이트
KF OCP 스택을 KF 1.4로 업그레이드. opendatahub-io github KF 작업에 대한
개발 프로세스를 포함한다.

Kubeflow와 ODH Disconnected
Kubeflow와 비연결(disconnected) 클러스터의 ODH 설치 지원

ODH+ KF 인증 통합
ODH 대시보드에서 Kubeflow를 포함한 모든 구성 요소에 대한 매끄러운 인증

TRINO를 Hue, Superset과 통합
Thrift 서버를 TRINO로 대체한다.

KF 파이프라인(Tekton, Argo)의 KF 다중 사용자 지원
지금은 Kubeflow 네임스페이스에서 실행하는 단일 사용자 파이프라인을 설치하고 있다.
자신의 네임스페이스에서 파이프라인을 실행하는 여러 사용자를 허용해야 한다.

ODH+ KF 인증 구현
ODH 1.2.0에서 설계한 통합 인증 솔루션 구현

그림 11.2 ODH의 다음 릴리스 정보

아직 다루지 못한 **ODH**의 많은 기능이 있다. 주로 데이터 엔지니어링과 분석 분야에 더 깊이 들어가는 내용이기 때문이다. 예를 들어 Trino, Superset을 사용한 데이터 가상화와 시각화다. 이러한 기능에 대해 더 알아보고 싶다면 우리가 만든 머신러닝 플랫폼에서 `kfdef` 파일을 업데이트해서 Trino와 Superset을 구성 요소로 포함시키면 된다. ODH 깃허브 프로젝트에서 `kfdef` 파일의 예제들을 찾을 수 있다.

ODH의 미래 로드맵은 다음 **URL**(https://opendatahub.io/docs/roadmap/future.html)을 참고할 수 있다.

미래에는 또 다른 오픈소스 머신러닝 플랫폼이 시장에 출현할 수 있을 것이다. 계속 마음을 열고 다른 오픈소스 프로젝트 탐색을 멈추지 말자.

⁞⁞ 요약

이 책을 통해 얻은 머신러닝, 데이터 과학, 데이터 엔지니어링, MLOps, 머신러닝 라이프사이클 등의 지식은 다른 머신러닝 플랫폼에도 적용되는 것이다. 머신러닝의 운영에 관한 중요한 통찰력과 지식을 얻은 것만이 아니라 처음부터 플랫폼을 완성해나가는 경험도 얻었다. 후반부 장들에서는 직접 실제로 작업해보는 경험을 했고 데이터 엔지니어, 데이터 과학자, MLOps 엔지니어의 역할도 체험했다.

이 책을 쓰는 동안 이 책의 주제가 방대함과 각 주제를 깊이 다루기엔 너무 많음을 알게 됐다. 비록 대부분의 머신러닝 플랫폼 구성 요소를 건드렸지만 여전히 배워야 할 구성 요소가 많다. 특히 셀돈 코어, 아파치 스파크, 아파치 Airflow가 그러하다. 이러한 앱들에 대해 더 알아보길 원한다면 공식 문서를 살펴보길 권한다.

머신러닝, AI, MLOps는 여전히 발전하고 있다. 반면 쿠버네티스는 비록 여덟 살이지만, 대부분의 기업 조직에서는 상대적으로 새로운 것이다. 그래서 이 분야의 전문가들도 새로운 표준을 구축하면서 여전히 배우고 있다.

최신 머신러닝과 쿠버네티스의 트렌드에 보조를 맞추자. 독자는 이미 이 주제에 대해 직접 배움을 키워 나갈 수 있는 충분한 지식을 갖추고 있다.

⁞⁞ 더 알아보기

- 셀돈 코어 문서: https://docs.seldon.io/projects/seldon-core/en/latest/index.html

- 팀 토폴로지: https://teamtopologies.com

- 오픈 데이터 허브: https://opendatahub.io

찾아보기

쿠버네티스로 구현하는 머신러닝
오픈소스 기반 머신러닝 플랫폼 구축과 활용

발 행 | 2024년 1월 30일

옮긴이 | 최 준
지은이 | 파이살 마수드 · 로스 브리골리

펴낸이 | 권 성 준
편집장 | 황 영 주
편 집 | 김 진 아
　　　　임 지 원
디자인 | 윤 서 빈

에이콘출판주식회사
서울특별시 양천구 국회대로 287 (목동)
전화 02-2653-7600, 팩스 02-2653-0433
www.acornpub.co.kr / editor@acornpub.co.kr

한국어판 ⓒ 에이콘출판주식회사, 2024, Printed in Korea.
ISBN 979-11-6175-818-3
http://www.acornpub.co.kr/book/ml-kubernetes

책값은 뒤표지에 있습니다.